谨以此书献给我的良师和向导

——韩德力院长，作为对这位长者的深切谢意！

This book is dedicated to my mentor and guide

—— Fr. Jeroom Heyndrickx, with great gratitude!

圣母圣心会传教士在草原搭帐篷

图片来源：KADOC-KU Leuven, Photo archive of the Generalate of CICM

旅途中的圣母圣心会传教士

图片来源：KADOC-KU Leuven, Photo archive of the Generalate of CICM

本书为国家社会科学基金冷门绝学专项复旦大学东亚海域史研究创新团队"16—17世纪西人东来与多语种原始文献视域下东亚海域剧变研究"（项目号：22VJXT006）成果

复旦全球史书系·东西之间丛书

董少新 主编

比利时来华圣母圣心会及其荷语汉学家闵宣化（1886—1976）研究

上册

[比]郑永君／著

（Simon Yongjun Zheng）

新汉学计划出版项目资助

上海古籍出版社

用筷子吃饭的圣母圣心会传教士

图片来源:KADOC-KU Leuven, *Missiën van Scheut*

着中国服装的圣母圣心会传教士
图片来源：KADOC-KU Leuven, *Missiën van Scheut*

松树嘴子公学师生合影

图片来源：KADOC-KU Leuven, Photo archive of the Generalate of CICM

赴华前夕的闵宣化（1909）
图片来源：Butaye-Mullie Family Archive

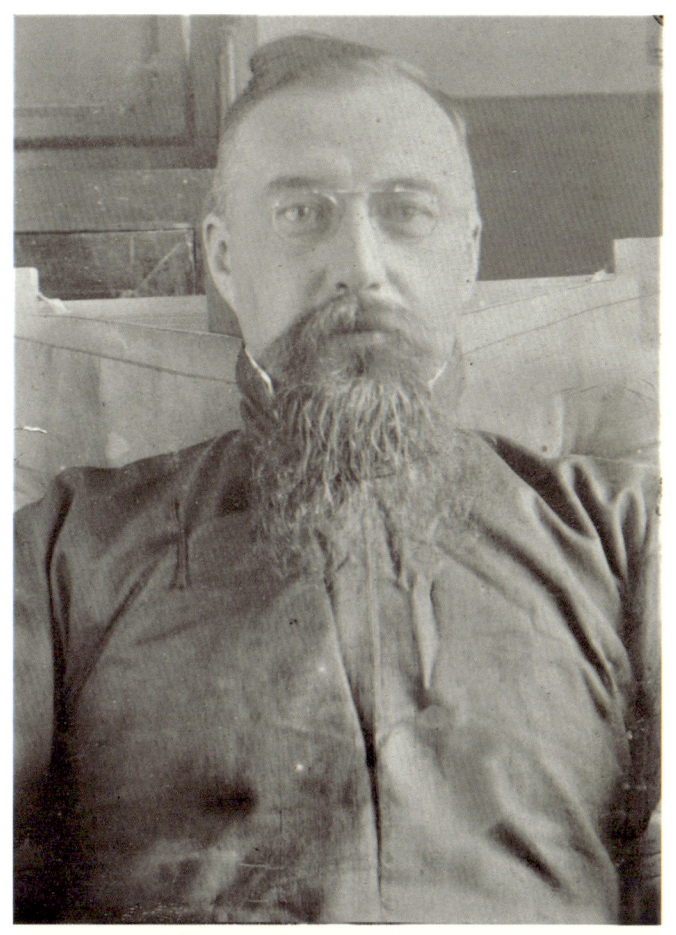

在热河的闵宣化

图片来源：Beeldarchief Verbiest Institute, KU Leuven

在热河的闵宣化（1930）

图片来源：Beeldarchief Verbiest Institute, KU Leuven

在中国生活时的闵宣化（一）
图片来源：Butaye-Mullie Family Archive

在中国生活时的闵宣化(二)

图片来源:Butaye-Mullie Family Archive

与同伴旅行的闵宣化（左三）
图片来源：Beeldarchief Verbiest Institute, KU Leuven

在热河乘船的闵宣化（左二）

图片来源：KADOC-KU Leuven, Photo archive of the Generalate of CICM

晚年的闵宣化（一）

图片来源：Butaye-Mullie Family Archive

晚年的闵宣化（二）

图片来源：Butaye-Mullie Family Archive

返回比利时后与家人在一起的闵宣化（一）
图片来源：Butaye-Mullie Family Archive

返回比利时后与家人在一起的闵宣化(二)

图片来源:Butaye-Mullie Family Archive

"复旦全球史书系·东西之间丛书"总序

> 我们需要的不是那种被制造出来的文明的冲突,而是聚精会神于相互交叠的文化间的慢慢合作,这些文化以远为有趣的方式彼此借鉴、共同生存,绝非任何删繁就简的虚假理解方式所能预想。
>
> ——萨义德《东方学》2003版序言

当前我们的历史研究领域呈现一片繁荣景象,成果发表和出版量极大,各类学术会议、讲座、论坛极为繁多,期刊、集刊琳琅满目,在传统媒体和新媒体上各路学者也是你方唱罢我登场。但如果看其内容和质量,可能就不得不承认,我们仍处在学术研究的"第三世界"。

本世纪以来,我们的历史学领域鲜有拿得出手的理论创建,比较多的是对国外学术理论的翻译和介绍,但往往仅限于介绍、模仿或跟风,甚少建设性对话和发展,偶有针对国外某一学术理论的大范围批评,也往往超出了纯粹学术回应的范畴。

我们缺少萨义德、彭慕兰那样具有国际影响力的学者,我们的成果为国际学界引用的次数虽有所增加,但真正有影响的、引起广泛讨论的成果不多。

我们的历史学科各专业方向的发展极为不平衡,很少有哪个专业领域是我们开创的。传统的区域、国别史诸领域中,我们居于领先地位的几乎没有,这些领域中的经典著作、权威研究成果很少是用中文撰写的。以东南亚史为例,如果给研究生开一份重要著作的研读书单,其中会有几部是中国学者的成果呢?即使在中国史的领域,年轻的学者和学生是不是更倾向于读《剑桥中国史》《洪业》《叫魂》和李约瑟《中国科学技术史》呢?

造成这一现状的原因很多,也很复杂,这里不做分析,相信业内人士都有各自的看法。如何提升中国的历史学研究水平,起码做到与快速发展的中国经济、综合国力、国际地位相匹配,是所有中国的历史学者共同面对的问题。

兴起于美国的"全球史"在本世纪已成为国际学界的显学。我读本科的时候,同学们大都对学校使用的世界通史教材感到厌倦,但不少同学会自己购买斯塔夫里阿诺斯的《全球通史》研读。从那时起,全球史在中国越来越受到重视,不过这种重视更多地表现为对西方全球史理论的介绍和全球史著作的翻译。二三十年过去了,全球史理论在中国并未得到进一步发展,在欧美乃至日本学界的全球通史著作推陈出新的时候,中国学界几乎没有参与到全球通史的书写中,对美国的全球史理论也缺乏学术批评。

全球史理论并非没有进一步讨论和完善的空间,全球史书写也应该存在更多的可能性。法国历史学家格鲁金斯基就曾评论道:"当今的全球史本质为北美洲版本的全球史,并再次承担起相同的任务,将民族主义和文化中心主义曾经忽视、放弃或拒绝解决的问题历史化。"[①]从这个角度说,刚刚出版的葛兆光先生主编的《从中国出发的全球史》是一个很好的尝试,[②]为中国学界的全球

---

① 塞尔日·格鲁金斯基:《殖民记忆:历史的再造与西方化的开端》,焦舒曼译,北京:北京科学技术出版社,2024 年,第 313 页。
② 葛兆光主编:《从中国出发的全球史》,昆明:云南人民出版社,2024 年。

史书写开了个好头。

全球史书写肩负着打破西方中心论的使命,起码截至目前已出版的大部分全球通史著作都是这么声称的。但如果全球史仅由西方学者从事研究和书写,会给人一种"好刀削不了自己的把"的感觉。① 只有把全球史变成复数的,真正的全球史才有可能。

主要由英、法、德等欧洲国家学者建立起来的欧洲(西方)中心主义,自 19 世纪以来在全球范围内造成了深远的影响。它不仅合理化了西方殖民主义,而且随着西方殖民运动的强势开展和经济、军事、科技的突飞猛进,被殖民国家和地区的人民也欣然接受了它,希望它能够成为本国、本民族全方位向西方学习以达自强目的的依据。②

这种带有极强种族色彩,蔑视非西方民族、文化和历史的理论,至今在曾被西方侵略或殖民的国家中仍有着广泛的影响,甚至被奉为真理。例如,黑格尔(G. W. F. Hegel, 1770—1831)发明了"世界精神"这一抽象概念,进而认为中国历史是停滞的、循环的,因而被他排除在世界历史之外,而只有日耳曼民族才有能力做"精神高等原则的负荷者",日耳曼精神就是新世界的精神。这种几近凭空想象的大论断,本应早已被丢进历史的垃圾桶中了,但我们仍有学者试图论证其正确性,更不要说这种论调因黑格尔在哲学上的崇高地位而产生的广泛的、持久的、潜在的影响了。

---

① 我曾以美国全球通史书写中有关明清史的叙述为例探讨其对中国的呈现,认为其仍留有较重的欧洲中心主义影子,并倡议中国学界应该参与全球通史的书写,为更合理的全球史书写提供中国视角。参见拙文:《美国全球通史书写中的中国——以其中有关明清史的叙述为例》,《首都师范大学学报》2020 年第 3 期,第 52—61 页。

② 格鲁金斯基已关注到这一现象,他写道:"欧洲式的历史在世界范围内被广泛认可,其势头非常强劲,以至于不再只为殖民者和统治者所用。中国和日本便是很好的例子。……欧洲式的历史并未跟着闯入者的脚步、伴着炮艇的航迹进入这两个国家,反而是当地的历史学家主动采用了它。"塞尔日·格鲁金斯基:《殖民记忆:历史的再造与西方化的开端》,第 13 页。

黑格尔之外,持西方中心主义的还有赫尔德(Johann Gottfried Herder,1744—1803)、穆勒(Johann von Müller,1752—1809)、孔德(Auguste Comte,1798—1857)、兰克(Leopold Von Ranke,1795—1886)、阿克顿(Lord Acton,1834—1902)等一大批著名哲学家和历史学家,①在他们的推动下,西方中心主义成了世界范围内的主流认知和观念。

20世纪,尤其是两次世界大战之后,西方学界对这一观念进行了系统的反思和批判,其中就包括后殖民主义理论和全球史理论。萨义德在《东方学》2003年版序言中写道:"这种将一切本质化的废话的最龌龊之处就在于人类遭受的沉重苦难和痛苦就这样被轻易地消解而烟消云散了。记忆以及与其相关的历史被一笔勾销。"②这话虽然不是专门针对黑格尔的观点讲的,但用于批判黑格尔的历史观也同样是合适的。

萨义德还说:"东方曾经有——现在仍然有——许多不同的文化和民族,他们的生活、历史和习俗比西方任何可说的东西都更为悠久。"③这几乎是重新回到了18世纪法国启蒙思想家伏尔泰的观点。④萨义德在《东方学》中主要分析了西方对中东地区的描述和话语权,但其结论是可以扩展至整个"东方"的。

遗憾的是,我们的学术界至今缺少对西方的东方话语中的中国部分的系统批判。在我们的海外汉学研究中很少看到对东方学的萨义德式的批判。如果我们能够系统地、深入地清理西方中心

---

① 张广勇:《从文明中心的到全球文明的世界史——〈全球通史〉中译本导言》,见斯塔夫里阿诺斯《全球通史——1500年以前的世界》,吴象婴、梁赤民译,上海:上海社会科学院出版社,1988年。
② 萨义德:《东方学》,北京:生活·读书·新知三联书店,2007年,第8页。
③ 萨义德:《东方学》,第7页。
④ 关于中国历史,伏尔泰说:"不容置疑,中华帝国是在4000多年前建立的。……如果说有些历史具有确实可靠性,那就是中国人的历史。"伏尔泰:《风俗论》,梁守锵译,北京:商务印书馆,2016年,第85页。

主义观念和西方的东方学,我们或将更容易获得对本民族文化和历史(尤其是近500年的历史)的新认识。正如格鲁金斯基所说:"世界的开放是同步性的,但是以一种对立的方式展开。要想完全理解,我们需要摒弃既存的国家、殖民和帝国之历史的老旧框架,此乃全球研究方法的一大阻碍。"①是时候打破老旧框架了。

一时代有一时代之学术。梳理现代性的由来、分析现代世界形成的原因,无论如何都应该成为学界的主要议题。西方中心主义提供了线性的解释,即认为现代性完全诞生于欧洲,是在古希腊、罗马文明孕育下,在优秀的欧罗巴民族的智慧和努力下自然发展出来的结果,欧洲人有义务将西方文明带到全世界,以解放世界其他落后乃至低等民族于野蛮愚昧之中。

全球史提供了新的解释思路。全球史学者承认文明的多样性,并把不同文明、民族、区域、国家间的交流与互动视为人类历史发展的重要动力。这样一来,现代世界便不是从某一个文明、民族或区域发展而来,而是不同文明、民族和区域交流的结果。西方中心主义的坟墓已经挖好了。

全球史大大拓展了以往的"文化交流史"的视野。在这一视野中,双边关系史或两种文化互动一类的研究的弊端显露无遗,因为纯粹的双边关系几乎是不存在的。任何双边关系都处于一个复杂的网络之中,尤其是进入全球化时代以后,传统的区域网络变得更为密切也更为复杂,而相距遥远的两个或多个区域间的频繁交流也成为可能。全球互动共同铸就了一张全球网络,从而形成了"全球体系"。构成网络的每一条线都像血管一样,在近代早期,欧洲人及其宗教、科技和舰船武器,非洲的黄金和奴隶,南美洲的农作

---

① 塞尔日·格鲁金斯基:《鹰与龙:全球化与16世纪欧洲在中国和美洲的征服梦》,崔华杰译,北京:中国社会科学出版社,2020年,第263页。

物和白银,旧大陆的传染病,东南亚的香料和粮食,南亚的药材和棉花,中国的丝绸、茶叶、陶瓷和儒家经典,日本的白银、瓷器和漆器,就像血液一样流淌于这个复杂的血管网络之中,全球也因此成为一个有机整体。因此,文化交流史研究需要有区域史和全球史的视野,超越简单的双边关系,关注复杂网络中的交流和互动现象。

如果我们接受全球范围大规模交流是现代性和现代世界形成的重要动力这一观点,那么接下来就需要研究这一复杂交流的过程,以及各区域、民族和国家到底在这一进程中扮演何种角色、发挥什么样的作用。自近代早期欧洲开启全球航行、探险和扩张以后,欧洲人的足迹遍布世界,但这不仅是一个欧洲文化、科技、物质文明和宗教向非欧洲区域传播的过程,更是全球的物质文明、知识和文化传到欧洲的过程。对于欧洲而言,后者要远重要于前者,或者说全球化远重要于西化。非欧洲区域的文化是1500年以来欧洲之所以成为欧洲的重要因素,但这也只是全球化中的一部分。

重视包括亚洲在内的非欧洲文化对欧洲的影响,构成了全球史研究的重要内容。美国历史学家拉赫(Donald F. Lach,1917—2000)毕生致力于研究亚洲对欧洲的影响,其皇皇巨著《欧洲形成中的亚洲》(*Asia in the Making of Europe*)系统呈现了近代早期亚欧大陆的大规模交流,其目的是想考察亚洲知识、技术和观念在欧洲近代化过程中产生了什么影响,但遗憾的是影响的部分未能完成。法国历史学家艾田蒲(René E. J. E. Etiemble,1909—2002)、英国政治史家约翰·霍布森(John M. Hobson)等人的研究可被视为拉赫的巨大框架的局部补充,[1]但关于所有非欧洲区

---

[1] 可参见艾田蒲:《中国之欧洲》(*L'Europe Chinoise*),许钧、钱林森译,桂林:广西师范大学出版社,2008年;约翰·霍布森:《西方文明的东方起源》(*The Eastern Origins of Western Civilisation*),孙建党译,于向东、王琛校,济南:山东画报出版社,2009年。

域对欧洲的影响，以及全球化、近代化的过程和本质，仍有很多研究的空间。

年轻一代的中国学者真的应该好好介入这些问题的研究了，因为这是当前这个全球化深入发展同时又不断出现各种问题和挑战的时代的召唤，并且这个时代也为年轻学者提供了空前便利的机会。首先是语言的障碍已不再那么难以克服，不仅学习外语便利很多，而且机器翻译也越来越精确了，掌握或能够阅读多语种文献是该领域年轻一代学者的基本要求。其次是国际交流越来越频繁了，大批的中国学生到国外拿学位或长期访学，也有不少外国留学生来到中国交流学习，外国学者请进来、中国学者走出去已是司空见惯的现象。再次，随着互联网的发展，获取原始史料和二手研究论著的途径既多且快。戒除浮躁、屏蔽干扰、安心读书、深入思考、潜心研究，以及扩大视野、勇于讨论大问题，这些对于年轻学者而言反倒更具挑战性。

本丛书的策划始于2020年，初衷就是出版一批东西方交流领域年轻学者的优秀著作。能够使用多语种原始文献，对近代早期以来的跨文化交流和全球化、近代化进程做扎实的研究，并能提出有见地的看法，这是本套丛书的入选标准。我们不敢奢望这套书的出版能在学术界引起重要的反响，但希望能够鼓励年轻学者提升大处着眼、小处着手的能力和戒骄戒躁、潜心学术的定力。

董少新

2024年9月11日

序 一

　　郑永君博士在复旦大学撰写完成的博士论文今日得以付梓出版，这是我们鲁汶大学南怀仁研究中心的骄傲。比利时汉学家闵宣化以毕生精力投身汉语语言学的研究，其杰出的学术贡献在西方汉学界闻名遐迩。因此，早在1982年南怀仁研究中心创建之初，我们就把研究闵氏的学术列为应该优先开展的工作。然而，这一研究计划在42年之后的今天才得以真正地展开，其挑战性可想而知。我相信，郑博士这部论文的问世，标志着学术界对闵宣化个案研究迈出了崭新的第一步，同时我们也期望这部著作能够带动更多的学术机构积极地参与到中比交流的研究领域，以学术研究来推进两国之间的深厚友谊，在新的时代里巩固和加深中西文化上的互通和理解。事实上，这始终是创立南怀仁研究中心的宗旨和目标。

　　1957年我习得中文后，在接下来的25年里一直活跃于中西文化交流中。1978年中国推行改革开放政策，为中外学界在文化和学术交流上搭建了广阔的平台，这让我为之兴奋。1981年10月，在加拿大蒙特利尔举办的一次主题为"新开端"的国际会议上，我与中国社科院世界宗教研究所主任赵复三教授长谈。不久，在意大利特伦托的一次探讨来华耶稣会士卫匡国的国际会议中，我又与中国社科院历史研究所的马雍教授相识。当我同这两位中国学者分享在鲁汶大学创立南怀仁研究中心的计划时,获得了他们异口同声的强烈支持。这样的鼓励让我更加坚定了自己的信念。

1982年4月,我把创立南怀仁研究中心,并致力于推动中比关系史研究的计划与鲁汶大学校长彼得·德·桑莫(Piet De Somer)教授进行了商议。桑校长对我致力于与中国展开学术交流与合作的想法极为赞赏,欣然批准了我在鲁汶大学建立汉学学术机构的申请,并同意担任研究中心董事会的主席。南怀仁研究中心的建立开启了比利时与中国各大学术机构展开紧密合作的序幕。目前为止,研究中心已在鲁汶大学举办了14次国际性学术会议,以此来推动中西文化、汉学学术的发展。并分别以"鲁汶中国学丛书"和"怀仁丛书"的形式推出了45本英文专著和15本中文著作。

然而,数十年已经走过,南怀仁研究中心却一直未能开启"闵宣化个案研究"这一既定课题。身为比利时弗拉芒籍的语言学家闵宣化,他的学术专长是以自己的母语荷兰语来反观汉语的语法特征,推崇以科学、缜密的语言学方法来阐释古今汉语丰富的表达方式和深刻内涵。因此,能够胜任这项研究工作的学者,不仅需要具备扎实的语言学、历史学、文献学的专业功底和跨学科的研究能力,而且还必须同时熟练地掌握中文和荷兰文,有能力通读和辨析大量富有年代感的荷语手稿和档案资料。最终在2017年,也就是我们研究中心建立的35年后,郑永君,一位年轻的华裔学生来到了南怀仁研究中心的大门前。永君在中国出生,在比利时成长,这样的生活环境不但赋予他娴熟运用汉荷双语的优势,而且也培养了他对中比两国文化的深度认知。因此,研究中心毫不犹豫地支持永君在华读博的心愿,尽力为其提供学术资源上的协助。我们也有感于复旦大学的各位教授学者,为永君提供了高品质的学术指导和研究环境，使他在 2021 年顺利地获得了博士学位。今天，郑博士撰写的博士论文得以出版，我们诚挚地祝贺他与他的母校复旦大学。

我们看到，这部著作是走向更多研究成果和学术合作道路上的起点。闵宣化不仅是一位卓越的汉学家和语言学家，他也是一位文献学家，生前曾把自己大量的中文藏书赠与鲁汶大学图书馆。此外，闵宣化还精于考古，对辽上京遗址和帝王陵的发现让学界刮目相看。他笔耕不辍，在西方各大报刊和学术杂志上发表的各类文章有百余篇之多，这些文章展现了 20 世纪初期中国语言、文化以及社会生活的方方面面，在东学西渐上贡献良多。我们感到郑博士所撰写的博士论文仅仅是我们与其合作的一个开端。如今，南怀仁研究中心邀请他作为全职研究员来到鲁汶大学继续开展学术工作。等待郑博士的不仅是对闵宣化的进一步研究，其他那些鲜为人知的比利时荷语汉学家、传教士以及他们的汉学学术著作同样需要他来挖掘、研究、考证。我们知道，这些默默无闻的学者在过往的岁月里曾为中比交流作出了巨大的贡献。

南怀仁研究中心和复旦大学在学术合作上也有渊源。实际上，我们的联系可追溯到数十年之前。1991 年，我在上海教书时曾受邀到复旦大学的哲学学院做过一次关于我们中心发展的演讲。随后，数位复旦大学的学者也莅临鲁汶大学参加我们中心举办的学术会议并发表文章。我希望郑博士这部论文的出版能够开启我们与中国学界更多的合作机会，双方在中西文化和学术交流上共同前进。

韩德力
Jeroom Heyndrickx
鲁汶大学南怀仁研究中心创始人兼董事

序 二

我是通过永君博士才了解比利时圣母圣心会及其荷语汉学家闵宣化的。2018年秋，永君作为中国教育部中外语言交流合作中心"新汉学计划"博士生来复旦大学文史研究院攻读博士学位时，便自带此题目。当他向我介绍了闵宣化其人并表达了从事此项研究的决心后，我彻底被这个题目的重要性和他表现出来的学术热情所说服，决定完全放手让他按照自己的设想做下去。

与其他传教修会不同，比利时圣母圣心会是专门为向中国传教而建立的团体。1865年首批传教士来华，此后90年间共有近700位圣母圣心会会士来华传教，足迹遍布大半个中国，尤其是华北和西北省份。在华期间，他们开办学校、举办各类慈善活动，尤其重要的是，他们做了大量学术研究。逐渐地，向欧洲介绍中国文化、人民、语言、社会、风俗成为这个传教士群体的重要工作内容，由此也催生了比利时最早的一批专业汉学家。圣母圣心会为19—20世纪中比乃至中欧文化交流作出了重要贡献，而闵宣化则是其中的典型代表，其对汉语言（尤其是北方方言和文言）的研究，至今仍有其学术价值和影响力。

圣母圣心会是在19世纪比利时独立运动和弗拉芒民族主义思潮的政治背景下创建的。这个传教团体的主要交流语言是荷兰语,以荷兰文撰写书信、文章和著作是该会的一大特色。因此,与圣母圣心会在华活动有关的西文资料,尤其在手稿和信件方面,绝大部分是荷兰文的,法文、德文的资料也有一些,但不多。研究圣母圣心会在华传教史及其汉学学术史,需要同时精通荷兰文和中文,且能够阅读手稿文献。满足这些条件的学者甚为罕有,这是制约学界深入研究圣母圣心会在华传教史和中比文化交流史的重要因素。也正因为如此,圣母圣心会长达一个世纪的在华传教活动及其在欧洲汉学、中比关系上的贡献,至今在学界(尤其是中文学界)未获彰显,甚为遗憾。

　　永君选择这一题目之际便有一种纯粹的学术责任感和使命感,他希望能够通过发掘大量的原始档案资料,呈现这段几乎被遗忘的历史,并对圣母圣心会会士在中比文化交流、欧洲汉学研究上的贡献予以客观公正的评价,更重要的是,把自己的工作放在圣母圣心会前辈贡献的延长线上,立志为中比、中荷文化交流贡献自己的力量。

　　而永君完全拥有这样的条件。永君出生在中国,成长在比利时,自幼便生活于汉语—荷兰语的双语环境中,成为不可多得的中—荷双语人才,而且精通英文,并能够阅读法文、德文文献。此外,他是我见过的最勤奋的学生,攻读博士期间,夜以继日地读文献、写作,不肯浪费一点时间在其他事情上。2020—2021年,受疫情影响,他在比利时家中专心撰写博士论文,经常写到天亮。也正是在这段时间,他得以到鲁汶大学天主教历史档案与文献研究中心查阅大量的圣母圣心会原始档案,从而奠定了此项研究坚实的史料基础。在不懈的努力下,他仅用了三年时间便完成了40余万字的博士论文,并顺利通过了答辩,获得了博士学位。永君的语言能力、恒心和孜孜以求的精神被鲁汶大学南怀仁研究中心看到了。他一毕业就获得了该中心的教职,且仅用了一年半时间便完成了三年期的考核任务,顺利转为正式的研究员。他的这一从读研究生到获得名校教职的经历,在人文学科领域是罕见的,也是难以复制的。用他自己的话说,"这也许就是天意"。

考虑到中国学界对圣母圣心会的历史还不够了解,对该会重要的汉学家闵宣化更是所知甚少,因此我建议永君把博士论文修订成书,并协助他尽早出版。在永君一如既往的努力下,在中国教育部中外语言交流合作中心和比利时鲁汶大学南怀仁研究中心的大力支持下,经过上海古籍出版社徐卓聪先生的细心校对,这部著作终于顺利出版了。我认为,这部书为中欧文化交流史、欧洲汉学史等领域的研究拼上了一块重要的拼图,将进一步推动中国学界在这些领域中的研究。我更相信,永君博士会继续深入研究圣母圣心会在华传教史和中比文化交流史的课题,最终实现他的夙愿。

董少新
2024 年 11 月 7 日
复旦大学光华楼

目　录

"复旦全球史书系·东西之间丛书"总序 ………… 董少新　1
序一 ………………………………………………… 韩德力　1
序二 ………………………………………………… 董少新　1

前言 ……………………………………………………………… 1
 第一节　研究对象及学术意义 ……………………………… 1
 第二节　中国学术界研究回顾 ……………………………… 5
  一、圣母圣心会在华史的研究 …………………………… 5
  二、在华圣母圣心会传教士的个案研究 ………………… 17
 第三节　海外学术界研究回顾 ……………………………… 19
  一、圣母圣心会在华史的研究 …………………………… 19
  二、在华圣母圣心会传教士的个案研究 ………………… 25
 第四节　研究基础和史料来源 ……………………………… 28
  一、档案文献 ……………………………………………… 28
  二、年鉴、报章 …………………………………………… 31
  三、文献汇编 ……………………………………………… 32
  四、相关著作 ……………………………………………… 34

上篇　圣母圣心会创会及其在华传教史

第一章　为中国而建的圣母圣心会 ………………………… 39
　第一节　天时 …………………………………………………… 41
　　一、比利时的独立及民族振兴 ……………………………… 42
　　二、欧陆天主教从没落到复兴 ……………………………… 45
　第二节　地利 …………………………………………………… 51
　　一、从"闭关锁国"到"一体通用" ………………………… 52
　　二、从中法修约到在华"保教权" ………………………… 57
　　三、法国护照 ………………………………………………… 63
　第三节　人和 …………………………………………………… 71
　　一、比利时国王 ……………………………………………… 71
　　二、比利时枢机主教 ………………………………………… 76
　　三、教廷传信部部长 ………………………………………… 85
　　四、宗教善会与比利时信众 ………………………………… 95
　　五、孟振生与在华遣使会 ………………………………… 101
　小结 …………………………………………………………… 107

第二章　从元代基督教到热河代牧区的沿革 ……………… 111
　第一节　塞外传教：从"也里可温"到耶稣会 …………… 115
　　一、元代与天主教的最初接触 …………………………… 117
　　二、耶稣会士初入塞外 …………………………………… 121
　　三、巴多明开辟口外教务 ………………………………… 127
　第二节　遣使会在长城口外的教务 ………………………… 132
　　一、遣使会士来华接管耶稣会教务 ……………………… 136
　　二、遣使会士进入塞外 …………………………………… 141

三、长城口外信仰中心的形成 ················· 149
　　四、巴黎外方传教会的介入与辽东代牧区的建立
　　　 ······································· 155
　　五、法籍遣使会争取来的蒙古代牧区 ············ 159
第三节　圣母圣心会进入蒙古代牧区 ·············· 167
　　一、孟振生弃蒙赴京 ························ 168
　　二、蒙古代牧区转交圣母圣心会 ················ 177
　　三、蒙古代牧区的再划分 ···················· 186
　　四、热河代牧区与其首任代牧 ·················· 196
小结 ·· 208

下篇　闵宣化传教生平及其汉语语言学研究

第三章　闵宣化的生平及其在华传教的足迹 ········ 213
第一节　赴华之前的闵宣化 ······················ 214
　　一、由高师带领的中学生 ···················· 214
　　二、热爱语言学的修道生 ···················· 219
　　三、晋铎以及赴华路线 ······················ 227
　　四、闵宣化之汉名考 ························ 234
第二节　传教的训练场 ·························· 238
　　一、实习地松树嘴子 ························ 239
　　二、放垦蒙地建立大营子 ···················· 246
　　三、"库伦独立事变"与大营子天主堂 ·········· 252
　　四、向巴林的蒙古族人传教 ·················· 261
第三节　闵宣化领导的赤峰公学 ·················· 267
　　一、赤峰堂口的建立 ························ 267
　　二、筹办赤峰公学 ·························· 271

三、赤峰公学的教学水平 …………………………… 276
　第四节　深井堂口的传教时期 …………………………… 283
　　　一、从康平县到深井 …………………………… 283
　　　二、深井的早期公教进行会 …………………………… 290
　　　三、开办女童学校 …………………………… 298
　　　四、自给自足的"教友村" …………………………… 310
　第五节　在华传教的最后时光 …………………………… 319
　　　一、直奉战争中的传教堂口 …………………………… 319
　　　二、最后的传教驿站承德 …………………………… 333
　小结 …………………………… 350

第四章　闵宣化汉语语言学的研究 …………………………… 354
　第一节　弗拉芒与中国——比利时的荷语汉学的发展
　　　　…………………………… 356
　　　一、比利时荷语区的早期汉学先驱 …………………………… 357
　　　二、比利时汉学及其首位教席的诞生 …………………………… 366
　第二节　圣母圣心会在汉学领域上的贡献 …………………………… 378
　　　一、传教士与"杂学家" …………………………… 379
　　　二、语言学 …………………………… 387
　　　三、民族民俗学 …………………………… 393
　　　四、历史与地理 …………………………… 399
　　　五、中国美术 …………………………… 403
　　　六、怀仁学会的创立 …………………………… 406
　第三节　闵宣化的汉语观 …………………………… 412
　　　一、弗拉芒运动影响下的汉语研究 …………………………… 413
　　　二、圣母圣心会的汉语教学 …………………………… 424
　　　三、汉字的荷语化拼音 …………………………… 432

四、文言语法的重要性 ················· 447
　第四节　闵宣化的汉语语言著作 ············· 461
　　一、《热河方言文法》的成书过程 ············ 462
　　二、《热河方言文法》的内容概述 ············ 468
　　三、文言语法著作《古文原则》的问世 ········· 482
　小结 ·························· 490

结语 ·························· 493

附录一　闵宣化生平年表 ················ 499

附录二　闵宣化的汉学著作列表(以出版时间为序) ···· 502

附录三　《热河方言文法》目录中文译文 ········· 515

附录四　《古文原则》目录中文译文 ··········· 520

附录五　外国人名中西文对照表 ············· 530

参考文献 ······················· 547

后记 ·························· 600

图表目录

图 1-1　奥斯坦德公司的商船 …………………………… 53
图 1-2　担任圣婴会比利时全国主任时的南怀义 ……… 57
图 1-3　南怀义赴华前 …………………………………… 62
图 1-4　杨森教士的法国护照 …………………………… 67
图 1-5　杨森教士的比籍证明信 ………………………… 69
图 1-6　比利时国王利奥波德二世 ……………………… 72
图 1-7　枢机主教史戴勒克斯 …………………………… 77
图 1-8　圣母圣心会初学院(左)与恩宠之母教堂(右) … 82
图 1-9　圣婴会会员入会纪念画片 ……………………… 96
图 1-10　蒙古代牧主教孟振生 ………………………… 102
图 2-1　圣母圣心会初到西湾子的情形 ………………… 112
图 2-2　二十世纪初期的蒙古代牧区 …………………… 114
图 2-3　在华耶稣会士巴多明 …………………………… 128
图 2-4　刘方济各残留的墓碑 …………………………… 142
图 2-5　1862年建立的西湾子教堂 ……………………… 152
图 2-6　松树嘴子主教府 ………………………………… 167
图 2-7　原葡国北京教区主教赵若望 …………………… 169
图 2-8　老虎沟教堂里南怀义的墓碑,摄于1907年 …… 191

图 2-9	巴耆贤	193
图 2-10	年轻时代的吕之仙	200
图 2-11	叶步司晋升代牧银庆留影	207
图 3-1	闵宣化就读的高中——圣阿曼中学	216
图 3-2	"中国苗圃"(Seminarium pro Sinis)的石刻原件，现置于司各特总院大门入口处的草坪上	220
图 3-3	圣母圣心会在鲁汶建立的神学院	221
图 3-4	闵宣化的第一位中文老师桑贵仁	224
图 3-5	标题为"本月21和23日派往中国和菲律宾的传教士"的照片，第一排左边第二位是闵宣化	228
图 3-6	圣母圣心会传教士所拍摄的在西伯利亚铁路上行驶的火车	231
图 3-7	贝加尔湖上航行的"安果拉"号渡船	231
图 3-8	赴华前的闵宣化	233
图 3-9	闵宣化刻有"雨生"的印章	236
图 3-10	闵宣化的亲笔签名"Min Yu-sjeng"与热河当地官员写给闵宣化的中文信	237
图 3-11	圣母圣心会在北京太平仓建立的汉语语言学校	241
图 3-12	松树嘴子公学的外观	244
图 3-13	闵宣化任校长时期的赤峰公学	274
图 3-14	写有"松堂公学"字样的锦旗照片	276
图 3-15	顾永珍为设计深井教堂最初绘制的图纸	289
图 3-16	闵宣化任期内的深井教堂	289
图 3-17	闵宣化在深井的住院	290
图 3-18	闵宣化在深井领导的公进会成员	297
图 3-19	圣母圣心会设计的"裤子教堂"	303
图 3-20	热河代牧区的贞女	305

图 3 - 21	热河的女童学校与贞女	306
图 3 - 22	热河代牧区的教友村	312
图 3 - 23	搭建"教友村"的高大围墙	317
图 3 - 24	闵宣化在承德最初安身的公所	336
图 3 - 25	在芝加哥博览会上的"万法归一殿"	346
图 3 - 26	闵宣化(左一)、汤玉麟与斯文·赫定	348
图 3 - 27	斯文·赫定所拍摄的闵宣化	350
图 4 - 1	《西儒耳目资》内页	360
图 4 - 2	南怀仁的墓碑,右方第一行有"西拂郎德里亚国人"一词	365
图 4 - 3	鲁汶大学的弗拉芒籍学生示威运动,高举"瓦隆人回家"的标语	374
图 4 - 4	闵宣化收集的契丹文字	382
图 4 - 5	1889 年的创刊号封面	386
图 4 - 6	在大同的贺登崧	391
图 4 - 7	方希圣绘制的教堂主祭台壁画	404
图 4 - 8	方希圣在画中国画	405
图 4 - 9	怀仁学会"半亩园"入口处	409
图 4 - 10	在怀仁学会的圣母圣心会传教士	410
图 4 - 11	《热河方言文法》中发音口型的图例	435
图 4 - 12	闵宣化设计"闵式拼音"方案的手稿	437
图 4 - 13	闵宣化研究文言文的手稿	449
图 4 - 14	乌特勒支大学任教时的闵宣化	464
图 4 - 15	荷兰的玛利亚若瑟仁爱会修女	465
图 4 - 16	《热河方言文法》内页中的例句和注音	467
图 4 - 17	《汉语口语手册:北方官话,非北京方言》中的汉字注音	470

图4-18 《热河方言文法》第三册内页 ………………………… 479
图4-19 《古文原则》第一册内页 …………………………… 483
图4-20 土山湾出版的《国文新课本》封面 ………………… 484
图4-21 晚年的闵宣化 ………………………………………… 492

表3-1 闵宣化在修院时期购买的语言学类书籍 …………… 225
表3-2 大营子买地情况(1908—1913) …………………… 249
表3-3 1912年松树嘴子公学的课程安排 …………………… 277
表3-4 闵宣化为赤峰公学编写的教科书 …………………… 278
表4-1 五种汉字注音对照表 ………………………………… 440

前　言

第一节　研究对象及学术意义

在数世纪的中西交流史中，西方传教士曾扮演了重要的角色。以明清耶稣会士为代表的有识之士，为中西文化的交流与融合作出了卓越贡献。十九世纪以降，工业革命的兴起和生产技术的革新，推动了西欧经济的发展。交通运输技术的革新和殖民主义思想的扩张，不但让西方列强把寻求利益的目光放到海外，也为新一代的"福音使者"拓宽了通往异国的道路。正如冈萨雷斯（2016）所言，十九世纪是一个西方向"海外宣教"的时代，林林总总的传教组织如雨后春笋般相继建立，形成了这一时代的鲜明特色。[①]

与此同时，刚刚经过法国大革命和独立运动双重洗礼的比利时，民族意识的高度觉醒带动了天主教信仰在国内的全面复兴。时任布鲁塞尔军事学校校牧的南怀义（Theofiel Verbist，1823—1868）及锋而试、白手起家，经过数年努力在1862年创立起该国第

[①] 胡斯托·冈萨雷斯（Justo L. González）：《基督教史》下卷，赵城艺译，上海：上海三联书店，2016年，第380页。

一个专门向中国输送传教士的团体——圣母圣心会。从1865年第一批4名传教士入华到1955年全部离境,近百年中共有679位该会成员涉足中国。作为在华最大的比利时传教群体,他们的足迹分布在内蒙古、热河、陕北、宁夏、甘肃、新疆、青海等地。直到1948年,仍有二百余位成员在长城周边生活与传教。这个被誉为"中国苗圃"的天主教修会成为比利时有史以来最大,也是独一无二的中国传教团。

与明清之际在中国大地独领风骚的耶稣会不同,鸦片战争之后来华的天主教传教士大多源自不同的修会团体。这些团体虽皆由罗马教廷统一部署领导,但因每个修会的来源国、创会目的及创会者自身背景不尽相同,所以其成员的国别特色、传教策略以及学术研究等方面都具有一定的"独特性"。以圣母圣心会的学术研究为例,该修会以说荷兰语的弗拉芒籍传教士为绝大多数,因此以本民族语言撰写的学术著作颇为丰富,让其他在华修会望尘莫及。又因他们的传教区域地处中国西北、内蒙古边疆地区,因此对于汉蒙学术的推广和研究也同样有着卓越的贡献。

我对圣母圣心会在华史产生浓厚的兴趣,主要是因为它与中国的紧密联系。在比利时弗拉芒地区,老一辈的人只要提到"司各特传教士",都会自然而然把他们冠上"中国"的帽子。当我着手搜集圣母圣心会的中西文资料并阅读这些浩瀚文献时,我也给自己提出了很多疑问:他们这样一个去中国的传教团体是怎么建立的?他们是怎么在荒凉的内蒙古生活的?他们是怎么看待汉语的?中国在他们眼里是什么样的?带着一系列这样的问题,我开启了探索这一比利时在华传教团体的道路。

在研究中,我发现每一个来华传教士都不是孤立的,他们身后的传教团体是其精神和生活上的支柱。我认为,一个传教修会的创立和发展史,不仅是研究基督宗教在华史的一个部分,更是深入挖掘"传教士汉学"的一个根基。莱顿大学历史学家克尼布希（Harry Knipschild）的博士论文关注的是圣母圣心会传教士韩默理（Ferdinand Hamer，1840—1900）的生平，他曾提到圣母圣心会作为一个人员众多的荷语传教团体，其历史却被本国学者忽略的问题。① 汤开建、马占军、曾金莲、米晨峰、房建昌、梅荣等学者在研究边疆史、教案史的过程中，强调了西文原始文献的重要性，并对因为语言障碍而只有少量西文文献能为学者利用表示了遗憾。② 而当我自己在查阅和收集这些材料时，也与前辈学者有所共鸣。

首先，是对圣母圣心会档案文献的挖掘。这些文献，尤以二十世纪初之后的文献为主，绝大多数都是以荷兰文撰写的。而那时的荷兰文在拼写、表达上又与当今稍有不同，加之诸多文件和书信都是手写稿，这让非母语的学者难以正确辨识。此外，传教士之间不少的往来信件中都穿插着一些"拼音汉语"，而这些"汉语"大多都是华北方言土语，没有一定汉语基础的学者也很难明白其中的真意。因此，我很庆幸自己有能力摆脱这两个基本难题的困扰。

其次，是对圣母圣心会汉学家的个案研究。二十世纪初的这一代圣母圣心会汉学家是把近代中国带入比利时社会的主力军。他们把在华生活的所见所闻以文字的形式带回自己的国家，对塑

---

① 在其导师包乐史（Leonard Blussé）的提议下，克尼布希撰写了博士毕业论文《在华传教士的先锋和殉道者韩默理》，后来他又围绕韩默理的生平，写了《基督的勇兵》（*Soldaten van God*，2008），参见 Knipschild Harry, *Soldaten van God: Nederlandse en Belgische priesters op missie in China in de negentiende eeuw*, Amsterdam: Bakker, 2008, pp. 18 - 19.

② 米辰峰：《从二十四顷地教案日期的分歧看教会史料的局限》，《清史研究》2001 年第 4 期，第 74—84 页。房建昌：《热河天主教与基督教新教史考略（1835—1949 年）——以法国神父与英国牧师的地图为中心》，《内蒙古师范大学学报》（哲学社会科学版）2019 年第 48 卷第 4 期，第 72—88 页；房建昌：《天主教宁夏教区始末》，《固原师专学报》（社会科学版）1998 年第 5 期，第 70—75 页；梅荣：《庚子年内蒙古阿拉善旗王公礼送外籍神父出境事件述略》，《内蒙古师范大学学报》（哲学社会科学版）2013 年第 42 卷第 5 期，第 14—17、86 页；汤开建、曾金莲：《中国西北地区天主教及基督新教史研究现状与史料》，《西北民族研究》2011 年第 4 期，第 103—121 页。

造近代中国在西方的形象起到了推波助澜的作用。此外,他们的学术研究也推动了比利时本土汉学学科的创立和发展。在十九、二十世纪弗拉芒民族主义运动的影响下,很多圣母圣心会传教士坚持用本民族语言——荷兰语为自己的同胞传播知识。他们不为学术而学术,但却也为学界推出了很多有价值的研究著作。以闵宣化为例,其用荷兰语撰写的口语语法和文言文语法书,每部都有上千页。然而研究这些"大部头"的著作对比利时本土学者来说会比较吃力,扎实的汉语水平是研究汉语语言学著作的前提条件。而不熟识荷兰文的中国学者,也不容易把握作者对汉语语法的深层解释。

综上所述,笔者认为对在华圣母圣心会史料的进一步挖掘、梳理和分析有其重要的学术意义。本书以藏于比利时鲁汶大学KADOC研究中心的圣母圣心会档案资料为基础文献,结合中国国内史料及研究成果,以闵宣化的生平为叙事线索,从两个主要方面展开论述:

第一,是从中西交流史的角度对圣母圣心会的入华史进行梳理。克尼布希(2005)曾言,"我发现要对任何一个史学家的著作有一个更深的认识,了解他的个人背景是至关重要的"。① 因此,对闵宣化个案研究的展开,就应以系统地认识其终生归属的圣母圣心会为开端。当今中国学界已从诸多方面展开了对圣母圣心会在华传教史的研究。但以"溯本求源"的角度来看,如果对该修会的创立背景以及在华建立根基的历程有所挖掘,将为该修会在华活动的进一步研究奠定更为扎实的基础。与此同时,本书将以闵宣化在热河地区的传教足迹作为叙事线索,在原始文献的基础上梳

---

① Harry H. Knipschild, *Ferdinand Hamer 1840 - 1900, Missiepionier en martelaar in China: een nieuwe kijk op de missiemethode van de Scheutisten in het noorden van China, en de reactie daarop van de Chinezen* (Unpublished doctoral dissertation), Universiteit Leiden, Leiden, 2005, p. 11.

理出其工作过的若干传教站或堂口的沿革史。此举不仅可以呈现出圣母圣心会来华传教的初期面貌，更重要的是能够为中国部分地区地方志的修纂提供一些具有参考价值的史料。

第二，是从西方汉学学术史的角度对汉学家闵宣化的汉学著作进行阐述。本书首先对比利时荷语汉学发展史进行介绍，并在这一脉络中对圣母圣心会汉学研究的贡献和以闵宣化为中心的汉语教学史做深入探讨，进而阐明该修会以及闵宣化在比利时汉学史上的独特地位。本书最后通过对闵宣化两部汉语语言学代表著作的具体分析，概括出他对汉语口语和文言所持有的基本观点，以及对后世带来的学术影响。

最后还需说明的是，在讨论闵宣化的汉学贡献上，本书只涉及他的汉语语言学研究。原因是我在收集文献的过程中，很惊奇地发现，作为以研究汉语为毕生事业的闵宣化，其两部重要的语言学著作几乎被学界遗忘了，仅有很少学者做过此方面的专题介绍。究其原因，可能是因为以荷兰语撰写的汉语语言学著作流通不广，且发行量有限，以致得到原书进行研究的机会不多；又或许是因为研究此类著作要求学者具备较为扎实的中、荷双语能力。总而言之，闵宣化的语言学著作不但长期用于圣母圣心会的汉语教学，同时也开创了荷语汉学界以母语撰写汉语语法著作的先河。其学术地位和影响力是不应被学界忽视的。

第二节　中国学术界研究回顾

一、圣母圣心会在华史的研究

八十年代以降，基督宗教在华史以及传教士汉学的研究，已有大量学者参与,成绩也颇为显著。在天主教在华史的研究方面,无论在文献上、方法上还是中西学者的学术交流上,涉及明清传教士的成果最为突出。① 相对而言,民国时期的教会史研究则较弱。中西文献的匮乏和多语言的要求或许是国内学界未能深入研究该领域的原因之一。而西方学者在这方面的优势,使其研究成果相对丰富一些。然而,中国学者具有与西方学者不同的研究视角,并且对中国近代史的理解更为透彻,这对西方学术研究是一个重要的补充。

陶飞亚、杨卫华在其《改革开放以来的中国基督教史研究》中,把大陆中国基督宗教史的研究分为三个阶段:学术破冰的努力(1978—1988)、突破性进展(1989—2002)以及全面探讨阶段(2002以后)。② 纵观国内学界对圣母圣心会的研究,这一框架也同样适用。除此之外,我也将简要介绍新中国成立前的一些研究成果。

(一) 新中国成立前

新中国建立之前,对圣母圣心会史的研究多集中在教会内部,且大多出自圣母圣心会传教士之手。严格意义上来说,这些应属于西方学者的研究成果。但其中一些文章或专著已译为中文,因此,我简要介绍一下这些译本。

圣母圣心会的教会史学家贺歌南(Jozef Van Hecken,1905—1988)和该修会档案室主任隆德理(Valeer Rondelez,1904—1983)都在其本会的历史研究上做出过突出成就,他们的一些作品

---

① 赵晓阳:《建国以来中国天主教史研究综述》,《中国史研究动态》2015年第5期,第74—81页;陈开华:《二十世纪汉语界的天主教传华史研究综述》,《中国天主教》2014年第3期,第14—20页;王皓:《19世纪至20世纪初的中国天主教史研究述评》,《基督宗教研究》2015年第1期,第127—150页。

② 陶飞亚、杨卫华:《改革开放以来的中国基督教史研究》,《史学月刊》2010年第10期,第5—20页。

也曾被译成中文。其中隆德理的《西湾子圣教流源》(1939)被中国学界引用的次数最多。西湾子是圣母圣心会来华初期的传教基地,对该地沿革史的研究意义不言而喻。隆德理的作品还有《张雅各伯司铎行传》(1939),文章对西湾子村民张雅各伯如何在圣母圣心会的培育下成为神职,及其在地方教会史中的角色进行了论述。以上两篇作品均收录在古伟瀛主编的《塞外传教史》(2002)一书中。①

高乐康(François Legrand,1903—1984)的著作《文化方面的传教工作》(1947)原文为法文,详述圣母圣心会在文化传播事业,如新闻、广播、出版上的工作,以及传教士在中国现代化进程中应当负起的责任。②王守礼(Carol Van Melckebeke,1898—1980)的著作《边疆公教社会事业》(1947)对圣母圣心会在内蒙古地区近百年来从事的垦殖耕种、慈善救济、卫生医疗、文化教育、汉学研究、战时服务等事业作了详尽叙述,其中的数据和史料至今仍被研究边疆史的学者所重视。③贺登崧(Willem A. Grootaers,1911—1999)的《在华圣母圣心会士之学术研究》(1947)一文,首次介绍了该修会从入华至上世纪五十年代开展的各项汉学研究工作,内容涉及哲学、宗教、民俗、人类学、语言学、自然科学、医学、美术、文学、历史、地理等诸多方面。④

(二) 学术破冰时期

新中国成立到改革开放初期,圣母圣心会在华史的研究进入

---

① 古伟瀛主编:《塞外传教史》,台北:光启文化事业,2002年。
② [比]高乐康(F. Legrand):《文化方面的传教工作》,景声译,北京:铎声月刊社,1947年。
③ [比]王守礼(C. Van Melckereke):《边疆公教社会事业》,傅明渊译,北京:普爱堂/上智编译馆,1947年。
④ [比]贺登崧(Willem A. Grootaers):《在华圣母圣心会士之学术研究》,常守义译,《益世报》(天津),1947年1月25日,第6版。

了起步阶段。五六十年代,戴学稷发表了《"光绪二十六年正,绥远到处起神兵"——洋教士的罪恶和义和团的反帝运动》(1959)、《一九〇〇年内蒙古西部地区各族人民的反帝斗争》(1960)、《西方殖民者在河套鄂尔多斯等地的罪恶活动——帝国主义利用天主教侵略中国的一个实例》(1964)三篇文章。① 作者参照当时稀见的内部文史档案和手稿,梳理了圣母圣心会创会简史,在内蒙古地区的传教史、传教策略、垦地开荒和文化事业,义和团的活动,以及后期赔款等内容。虽然作者在文中所阐述的观点带有一定的时代特征,但却为后辈的研究奠定了重要的学术基础。

八十年代,陈育宁的《近代鄂尔多斯地区各族人民反对外国教会侵略的斗争》(1982)以地方史的研究视角对圣母圣心会在鄂尔多斯地区的传教活动以及涉及的教案进行了阐述。② 赵坤生的《近代外国天主教会在内蒙古侵占土地的情况及其影响》(1985)以圣母圣心会在内蒙古的移民垦殖活动作为研究切入点,对其条件、策略、数量以及影响等方面作了系统的分析。③ 王庆余的《在华圣母圣心会士对近代中西文化交流的贡献》(1987)对在华圣母圣心会传教士的各种学术研究和著作作了梳理和介绍,让学界对该修会在汉学研究领域的贡献有了一定的认识。④

除了历史学者们对圣母圣心会在华史开展的研究外,从事地

---

① 戴学稷:《"光绪二十六年正,绥远到处起神兵"——洋教士的罪恶和义和团的反帝运动》,《内蒙古大学学报》(社会科学) 1956 年创刊号;戴学稷:《一九〇〇年内蒙古西部地区各族人民的反帝斗争》,《历史研究》1960 年第 6 期;戴学稷:《西方殖民者在河套鄂尔多斯等地的罪恶活动——帝国主义利用天主教侵略中国的一个实例》,《历史研究》1964 年第 5—6 期。
② 陈育宁:《近代鄂尔多斯地区各族人民反对外国教会侵略的斗争》,《内蒙古社会科学》1982 年第 4 期。
③ 赵坤生:《近代外国天主教会在内蒙古侵占土地的情况及其影响》,《内蒙古社会科学》1985 年第 3 期。
④ 王庆余:《在华圣母圣心会士对近代中西文化交流的贡献》,《东南文化》1987 年第 2 期。

方文史资料修订工作的学者也开始从各种渠道收集该修会在中国活动的历史烙印。据目前笔者所见，除地方志外，涉及此领域的文史资料文章和书籍有十多种。鉴于篇幅有限，在此只列举几例：西湾子村（河北省崇礼县）是圣母圣心会首次来华开教的起点，在后期成为中蒙古代牧区的主教驻地，在该会传教史上有着重要的地位。因此《崇礼文史资料》第一辑（1986）中即有数篇文章涉及圣母圣心会的在华活动。[①] 比如，记述西湾子教区发展史的文章有《崇礼县天主教历史沿革》《日伪统治时期的西湾子》和《收缴西湾子天主教堂》，介绍教会文化教育事业的文章有《崇礼县教育史沿革》。这些文章虽然在行文措辞上略有时代色彩，在史料的记述上也略显粗略并有若干笔误，如把"比国圣母圣心会"写成"比国圣母会"（第20页），但这并没有磨灭其宝贵的史料价值，成为当时为数不多的中文参考资料。又如在《磴口文史资料辑》第6辑（1984）中，有数篇文章讲述了曾作为西南蒙古代牧区主教驻地，位于磴口县三盛公的堂区发展情况，对该地区在垦殖土地、兴修水利、开办学校等方面的情况作出阐述。[②] 其中的史料不仅来自地方档案馆，也有当地神职人员和信教群众的口述记录。再如，《史料忆述》第一辑（1986）中刘映元的文章《天主教在河套地区》，全面概述了圣母圣心会在西南蒙古教区，即河套地区的传教简史。该作者曾为抗战期间的新闻记者，多次在当地实地考察，其后又在内蒙古文史资料研究委员会的派遣下，到各县、各堂口进行走访。[③] 这些田野调查让该篇文章内容丰富，史料翔实。朝阳县东大屯乡松树嘴

---

① 中国人民政治协商会议崇礼县委员会文史资料研究委员会编：《崇礼文史资料》第一辑，1986年。

② 中国人民政治协商会议磴口县委员会编：《磴口文史资料辑》第6辑，1984年。

③ 刘映元：《天主教在河套地区》，内蒙古自治区文史研究馆编：《史料忆述》第一辑，1986年。

子村曾是圣母圣心会在东蒙古代牧区的主教驻地,张建民在《朝阳县文史资料》第三辑(1986)《松树嘴子天主教会沿革》一文中,对其做了详尽的历史考证。不仅如此,他在文中还列出东蒙古各堂口及公所的名称,松树嘴子历任本堂的中文姓名、服务年限等信息,为后辈学者提供了宝贵的参考依据。①

此外,中国教内人士也投身于地方文史资料的编撰中。王学明曾任绥远教区主教(1951—1997),亲历了内蒙古教区一系列的变革和发展。他的两篇文章分别刊登在《内蒙古文史资料》第二十二辑和《呼和浩特史料》第三集中。其中《天主教在内蒙古地区传教简史》一文,除了概述内蒙古教区的开教经过、梳理历代主教之名录外,又详细记录了绥远教区在新中国建立前的发展过程。②但美中不足的是,文中的西文部分存在大量的拼写错误,令其史料价值略有失色。王学明的另一篇《绥远公教医院》,是中文史料中为数不多的介绍圣母圣心会在华开办医疗事业的文章。③绥远公教医院不同于其他的施药所,是该修会在边疆地区开办的唯一一所大型医院,为内蒙古地区现代医学的先声。作者担任该院院长两年有余,对其创建和发展情况均有深入的了解,所述亲身经历和所见所闻实为珍贵的一手史料。

虽然八十年代中国学界对圣母圣心会的研究成果不算丰富,且行文也略带时代色彩,但学者们在当时有限的文献基础条件下,尽可能地收集和考证了散落各地的教会资料,实为难得。又鉴于一些历史叙述者对过往的事件记忆模糊,也没有足够的条件与西

---

① 张建民:《松树嘴子天主教会沿革》,中国人民政治协商会议辽宁省朝阳县委员会文史资料办公室编:《朝阳县文史资料》第三辑,1986年。

② 王学明:《天主教在内蒙古地区传教简史》,中国人民政治协商会议内蒙古自治区委员会文史资料研究委员会编:《内蒙古文史资料》第二十二辑,1987年。

③ 王学明:《绥远公教医院》,中共呼和浩特市委党史资料征集办公室、呼和浩特市地方志编修办公室编:《呼和浩特史料》第三集,1983年。

文文献进行互证和考查，因此所述难免存在一些差误，西文的拼写错误更是可以理解的。

(三) 突破性进展

在新旧世纪交替之际，中国进一步对外开放也带来了学术上的进步。中国学者在这一时期开始尝试以中西文献相结合的方式，推进圣母圣心会在华史的研究。例如房建昌的《天主教宁夏教区始末》(1998)一文，在运用中文史料的基础上，又尝试引用拉丁文、英文、法文、日文等文献，虽然数量不多，但在一定程度上突破了前期学者在梳理传教史时遇到的瓶颈，体现了中西文献互证互补的重要性。① 房建昌在文中特别强调了国内教会史料缺乏的困境、边疆教会史无人问津的局面，以及圣母圣心会西文史料难以识读的问题，为后辈学者点明了需要努力的方向。

米辰峰的《从二十四顷地教案日期的分歧看教会史料的局限》(2001)一文，是对房建昌观点的一种肯定。② 作者进一步希望国内学界在圣母圣心会在华史的研究上提高对西文文献的重视程度，摆脱只依靠中文文献来研究历史事件的局限，指出学术论文应跳出民族、宗教、政治的狭隘圈子。作者呼吁中西学者皆要多查看对方的档案和著作，这样才会有助于解决一些历史悬案和争端，也能促进国际历史研究领域的交流合作。

在文史资料的收集方面，国内学者们开始着眼于在地方志中补充教会史内容的工作，其中涉及圣母圣心会的地方志有《赤峰市志》(1996)的《天主教》、《红山文史》(1991)的《赤峰天主教记事》、

---

① 房建昌：《天主教宁夏教区始末》，《固原师专学报》(社会科学版) 1998 年第 5 期。
② 米辰峰：《从二十四顷地教案日期的分歧看教会史料的局限》，《清史研究》2001 年第 4 期。

《内蒙古教育史志资料》(1995)的《教会教育》等。① 除此之外,对具体教会人物的史料内容也有补充,例如涉及闵宣化的史料可见于《承德文史文库》(1998)的《承德市区的天主教堂变迁和夏树卿神甫》以及《赤峰人物(总近代卷)》(2002)的《闵宣化》。② 这些个案文献的收集在一定程度上充实了西文资料未能详见的内容,但其中与西文文献不同之处也有待考证查实。例如在闵宣化1931年返国的原因上,《承德文史文库》指出是因为闵宣化在比利时下火车时摔伤了腿,而未能再回到中国。但据闵宣化自己所言,他是奉命回国任汉语教授才决定返比的。仅此一例,已可说明中西文献互证的重要性和必要性。

(四) 全面探讨阶段

千禧年之后,学界对圣母圣心会在华史的研究进入了新的阶段。这一时期,陆续涌现出一批涉及该课题的硕博论文,这些论文大多抛弃了此前将传教士视为"罪恶的洋教士、帝国主义的侵略工具"的观点,以史料为据,对圣母圣心会传教士在华的各项事业给予公允、客观的评价,肯定了其在内蒙古历史发展中所发挥的作用。冯健在其硕士论文《圣母圣心会在内蒙古及周边地区的发展和影响》(2005,宁夏大学)中,论及了圣母圣心会在内蒙古及周边地区的发展状况和特点,内容涉及经济投资、慈善教育、医疗救济,

---

① 《天主教》,赤峰市地方志编纂委员会编:《赤峰市志》卷二十,呼和浩特:内蒙古人民出版社,1996年;冯允中:《赤峰天主教记事》,中国人民政治协商会议赤峰市红山区委员会文史资料研究委员会编:《红山文史》第四集,1991年;《教会教育》,《内蒙古教育志》编委会编:《内蒙古教育史志资料》第一辑(下),呼和浩特:内蒙古大学出版社,1995年。

② 裘凤仪:《承德市区的天主教堂变迁和夏树卿神甫》,《承德文史文库》编委会编:《承德文史文库》第二卷,北京:中国文史出版社,1998年;《闵宣化》,赤峰市政协文史委员会编:《赤峰人物(总近代卷)》,北京:中国文史出版社,2002年。

以及学术研究等方面。① 虽然其论述与考证仍显单薄,但对传教士在内蒙古进行的各项事业作出了清晰和客观的描述。除了对圣母圣心会传教活动的整体梳理外,这一时期的研究还深入到一些具体问题的讨论上,如郭晶波的《十九世纪中叶后比利时圣母圣心会在内蒙古西部地区的慈善活动》(2006,内蒙古师范大学),对该修会在内蒙古西部兴办学校、育婴堂、养老院、医疗机构,以及开垦荒田、兴修水利等慈善活动作出评述。② 探讨圣母圣心会在文化和教育事业方面的论文可见于尹万才的《清末民初基督教文教事业研究——以西北及内蒙古地区为例》(2010,兰州大学)、闫海霞的《民国时期绥远社会教育初探》(2014,内蒙古师范大学)等。③在博士论文中,暨南大学张彧的《晚清时期圣母圣心会在内蒙古地区的传教活动研究》(2006)是目前所见中国大陆对圣母圣心会在内蒙古传教活动比较全面的研究成果。④ 但纵观其论文框架,研究重点仍偏重于蒙、民、教之间的冲突,段振举的地亩案,反洋教运动以及赔教方面,对在华史的梳理未能有所突破,其参考文献中也只列有九篇外文文献,在引用数量上与中文文献有着明显的差距。在分析民教冲突上,只借助于中文文献是缺乏说服力的,如能引用中西双方的研究成果来进一步考证就会更有突破。暨南大学马占军的《晚清时期圣母圣心会在西北的传教(1873—1911)》(2005)一文,虽然仍以两章之多的篇幅阐述西北地区的教案和赔教,但借助

---

① 冯健:《圣母圣心会在内蒙古及周边地区的发展和影响》,硕士学位论文,宁夏大学,2005年。
② 郭晶波:《十九世纪中叶后比利时圣母圣心会在内蒙古西部地区的慈善活动》,硕士学位论文,内蒙古师范大学,2006年。
③ 尹万才:《清末民初基督教文教事业研究——以西北及内蒙古地区为例》,硕士学位论文,兰州大学,2010年;闫海霞:《民国时期绥远社会教育初探》,硕士学位论文,内蒙古师范大学,2014年。
④ 张彧:《晚清时期圣母圣心会在内蒙古地区的传教活动研究》,博士学位论文,暨南大学,2006年。

中国地方志和文史资料，对圣母圣心会在西南蒙古教区和甘肃教区的整体传教活动也有具体的梳理。① 不过详查该论文中引用的西文文献，大部分都是转引自谭永亮（Patrick Taveirne）的博士论文《汉蒙相遇与福传事业：圣母圣心会在鄂尔多斯的历史 1874—1911》（英文版：*Han-Mongol Encounters and Missionary Endeavors: A History of Scheut in Ordos [Hetao], 1874 - 1911*, 2004）。② 如作者能直接引用西文一手资料，定会增色不少。内蒙古大学梅荣的《清末鄂尔多斯天主教历史研究》（2014）对圣母圣心会在西南蒙古教区鄂尔多斯的传教活动进行了研究。③ 该论文的最大亮点就是在中西文文献的基础上，又运用了蒙文的史料档案作为参考，这是许多中外学者所不及的。但其西文文献的引用，仍如马占军的论文一样，大部分是转引自谭永亮的博士论文。内蒙古大学刘青瑜的《近代以来天主教传教士在内蒙古的社会活动及其影响（1865—1950）》（2008）主要论述了圣母圣心会在内蒙古地区所从事的各种医疗、慈善、教育事业和在抗日战争中所作的贡献。④ 此外，该论文又以一章的篇幅梳理出六位在考古和蒙古学领域有造诣的传教士，虽然论述的内容有限，但为个案研究感兴趣的学者提供了一定的启示。然而据笔者目前的观察，现今国内论及圣母圣心会的硕博论文，在西文文献引用上，大多都以谭永亮的论文为基础，因此

---

① 马占军：《晚清时期圣母圣心会在西北的传教（1873—1911）》，博士学位论文，暨南大学，2005 年。

② Patrick Taveirne, *Han-Mongol Encounters and Missionary Endeavors: A History of Scheut in Ordos (Hetao), 1874 - 1911*, Leuven: Leuven University press, 2004；中文版见谭永亮（Patrick Taveirne）：《汉蒙相遇与福传事业：圣母圣心会在鄂尔多斯的历史 1874—1911》，台北：光启文化事业，2012 年。

③ 梅荣：《清末鄂尔多斯天主教历史研究》，博士学位论文，内蒙古大学，2014 年。

④ 刘青瑜：《近代以来天主教传教士在内蒙古的社会活动及其影响（1865—1950）》，博士学位论文，内蒙古大学，2008 年。

在西文文献的收集和利用上仍有待提升。

除学位论文之外,这一时期研究圣母圣心会的文章也大量涌现。其研究角度大致可分为传教史、教案史、社会活动、学术活动以及传教区域争端等,其中以前三者为主。在笔者关心的传教史方面,研究广度基本覆盖了圣母圣心会所管辖的各个教区,论及中蒙古教区(察哈尔教区)的文章有张彧的《圣母圣心会呼和浩特传教述论》(2006)与《晚清圣母圣心会中蒙教区传教述论》(2007);①论及西南蒙古教区(绥远教区、宁夏教区)的有张彧的《圣母圣心会清末民初在陕蒙交界的传教活动》(2007)和《晚清圣母圣心会在阿拉善旗的传教活动》(2008),汤开建、马占军的《晚清圣母圣心会宁夏传教述论(1874~1914)》(上下)(2004)和《晚清天主教在陕西三边的传播》(2004),刘志庆的《内蒙宁夏地区天主教的教区历史沿革述略》(2017);②论及伊犁教区的有汤开建、马占军的《清末民初圣母圣心会新疆传教考述(1883~1922年)》(2005),木拉提·黑尼亚提的《近代新疆天主教会历史考》(2002);③甚至由圣母圣心会短暂接管的甘肃教区也有文章涉及,如汤开建、马占军的《清末民初圣母圣心会甘肃传教述论(1878—1922)》(2003),汤开建、刘清华的《明清之际甘青地区天主教传教活动钩沉》(2007),马啸的

---

① 张彧:《圣母圣心会呼和浩特传教述论》,《阴山学刊》2006年第6期;张彧、汤开建:《晚清圣母圣心会中蒙古教区传教述论》,《中国边疆史地研究》2007年第2期。

② 张彧:《圣母圣心会清末民初在陕蒙交界的传教活动》,《西安电子科技大学学报》(社会科学版)2007年第3期;张彧:《晚清圣母圣心会在阿拉善旗的传教活动》,《电子科技大学学报》(社科版)2008年第2期;汤开建、马占军:《晚清圣母圣心会宁夏传教述论(1874~1914)》(上),《西北民族研究》2004年第1期;汤开建、马占军:《晚清圣母圣心会宁夏传教述论(1874~1914)》(下),《西北民族研究》2004年第2期;汤开建、马占军:《晚清天主教在陕西三边的传播》,《西北师大学报》(社会科学版)2004年第4期;刘志庆:《内蒙宁夏地区天主教的教区历史沿革述略》,《中国天主教》2017年第4期。

③ 汤开建、马占军:《清末民初圣母圣心会新疆传教考述(1883~1922年)》,《西域研究》2005年第2期;木拉提·黑尼亚提:《近代新疆天主教会历史考》,《西域研究》2002年第3期。

《西洋教会与陇东社会——以清末民初庆阳传教史为中心的考察》(2011)等。① 但据笔者目力所及,研究圣母圣心会在东蒙古教区(热河)的传教史文章则并不多见,如刘春子的《天主教东蒙古教区初探》(2015)、孙亚军、汤斌、柳晓玲的《从清代热河天主教的传播看十八世纪欧洲对承德的认识》(2017),因此,这一地区的传教史研究还有进一步发展的空间。②

在圣母圣心会在华传教史的研究专著方面,宝贵贞、宋长宏《蒙古民族基督宗教史》(2008)一书,对基督宗教,特别是天主教在内蒙古地区的历史沿革和发展有着深入具体的探讨。③ 作者从元代的聂斯脱利派一直叙述到新中国时期,对天主教,尤其是圣母圣心会在内蒙古地区的传教活动有着详尽的阐述。研究内容囊括了传教史、教案、文化教育、医疗卫生等诸多方面。但文中也不免有一些错误,譬如论及 1927 年赤峰教区时(第 268 页),把中文史料上的"闵神父"误认为是闵玉清,闵玉清(Alfons Bermyn,1853—1915)曾为西南蒙古代牧,从未插手赤峰教区事务,并在 1915 年仙逝。当时赤峰本堂神父也并非"闵神父"(闵宣化当时是赤峰公学校长),而应是郭明道(Oscar Conard,1871—1947)。佟德富所著的《蒙古语族诸民族宗教史》(2007)对蒙古民族的所有宗教信仰都作了论述,如图腾崇拜、萨满教、藏传佛教等,在第五章"基督教在蒙古民族和蒙古地区的传播"中,作者对圣母圣心会在内蒙古的开

---

① 汤开建、马占军:《清末民初圣母圣心会甘肃传教述论(1878—1922)》,《西北师大学报》(社会科学版)2003 年第 3 期;汤开建、刘清华:《明清之际甘青地区天主教传教活动钩沉》,《兰州大学学报》(社会科学版)2007 年第 5 期;马啸:《西洋教会与陇东社会——以清末民初庆阳传教史为中心的考察》,《西夏研究》2011 年第 2 期。

② 刘春子:《天主教东蒙古教区初探》,赵建敏主编:《天主教研究论辑》(第 11 辑),北京:当代中国出版社,2015 年;孙亚君、汤斌、柳晓玲:《从清代热河天主教的传播看十八世纪欧洲对承德的认识》,《河北民族师范学院学报》2017 年第 37 卷第 2 期。

③ 宝贵贞、宋长宏:《蒙古民族基督宗教史》,北京:宗教文化出版社,2008 年。

教史及文化事业作了详细叙述。①

综上所述,在圣母圣心会在华史的研究上,数十年中,大陆学界无论在研究水平还是研究数量上均取得了可喜的成就。但不足之处也不容忽视,如在西文文献的引用和中西文献互证方面还能更进一步。除此之外,圣母圣心会在东蒙古地区的传教史研究与其他传教区,如西南蒙古、中蒙古地区的研究相比,还略显单薄,这也有待学界同仁进行更多的发掘和考证。

二、在华圣母圣心会传教士的个案研究

在圣母圣心会人物个案的研究上,国内学者涉及的并不多。据笔者目前所能掌握的资料来看,其中已被研究的人物有司律义(Henri Serruys, 1911—1983,国内学者写为"司律思",疑有误)、康国泰(Loiuis Schram, 1883—1971)、田清波(Antoon Mostaert, 1881—1971)和贺登崧四位,其中以对于贺登崧和田清波的研究为重点。而对康国泰的研究仅有一篇,即吴宁的《传教士与人类学家——对比利时圣母圣心会传教士康国泰的研究》(2012),文中简述了康氏的生平,并对其在华的学术研究作了梳理,使学界对康氏在甘肃土族研究上的成就有了一定的了解。②但文中论及康国泰的生平时没有列出参考文献,这为其他学者的后续查证带来了一些不便。论及司律义的文章有特木勒、张军的《司律思神父论著译文目录》(2015)以及鲁大维的《司律思先生的学术遗产》(2014),这两篇文章皆对司氏的著作目录进行了梳理,但没有考察

---

① 佟德富:《蒙古语族诸民族宗教史》,北京:中央民族大学出版社,2007年。
② 吴宁:《传教士与人类学家——对比利时圣母圣心会传教士康国泰的研究》,《中央民族大学学报》(哲学社会科学版)2012年第5期。

司氏的生平。① 近年,才仁卓玛撰写的硕士论文《司律思与明代蒙古史研究》(2020,陕西师范大学),让国内学者对司律思的生平与学术贡献有了更进一步的了解。②

相比之下,对贺登崧与田清波的研究较为深入具体。贺登崧是中国方言地理学的创始人,他的著作《汉语方言地理学》是这一领域的奠基之作,其中译本已由上海教育出版社出版。石汝杰的《汉语方言地理学的优良教科书——评介贺登崧〈论中国方言地理学〉》(1997)和《贺登崧和汉语方言地理学》(2003),以介绍贺氏的方言地理学著作为主旨,同时指出当时中国学界在高本汉(Bernhard Karlgren,1889—1978)的影响下大力提倡"重文不重言",这是导致贺氏著作未在中国方言学界产生学术影响的主要原因。③ 遗憾的是,该文作者未能充分参考中文文献,导致在专有名词上误译,如把"圣母圣心会"从日文直译成"淳心会"。其他涉及贺登崧的文章还有邓庆平的《贺登崧神父与中国民间文化研究》(2014),该文认为贺氏把西方的方言地理学理论引进了中国,不但在汉语方言学的研究上有指导意义,在民俗学的研究上也有重要的作用。④

圣母圣心会传教士田清波是蒙古学的创始人,其多部著作至今在学界仍有不可逾越的地位。米济生早在1981年就写了《比利时蒙古学学者田清波》来介绍田氏在蒙古学上的成就。⑤ 文章虽

---

① 特木勒、张军:《司律思神父论著译文目录》,达力扎布主编:《中国边疆民族研究》(第九辑),北京:中央民族大学出版社,2015年;鲁大维:《司律思先生的学术遗产》,中国明史学会主办:《明史研究》(第14辑),合肥:黄山书社,2014年。
② 才仁卓玛:《司律思与明代蒙古史研究》,硕士学位论文,陕西师范大学,2020年。
③ 石汝杰:《汉语方言地理学的优良教科书——评介贺登崧〈论中国方言地理学〉》,《国外语言学》1997年第1期;石汝杰:《贺登崧和汉语方言地理学》,《语言教学与研究》2003年第6期。
④ 邓庆平:《贺登崧神父与中国民间文化研究》,《民俗研究》2014年第3期。
⑤ 米济生:《比利时蒙古学学者田清波》,《内蒙古社会科学》1981年第4期。

短,但把田氏在蒙古学上的著作作了基本的梳理和介绍。其后陈育宁撰写《田清波与鄂尔多斯》(1984)一文,不但简述了田氏在华以及在美时期对蒙古学的研究历程,也对他多部涉及鄂尔多斯方言、地理、民俗等领域的著作逐一作了介绍。① 在视传教士为殖民主义工具的八十年代,陈育宁对田清波在蒙古学上的研究成果和学术贡献予以了积极的肯定,实属可贵。额尔敦孟克的文章《田清波与鄂尔多斯方言研究》(1995)把目光聚集到田清波在鄂尔多斯方言的研究上。② 该文对田氏的三部代表性著作《鄂尔多斯蒙古方言》《鄂尔多斯民间文学》和《鄂尔多斯词典》进行了描述和分析,肯定了田氏在鄂尔多斯方言研究领域带来的开拓性影响。陈育宁的另一篇文章《田清波及其鄂尔多斯历史研究》(1994),集中讨论了田氏在鄂尔多斯历史研究领域上的成果,认为田清波是以近代科学方法研究鄂尔多斯的第一人,并称其著作为研究鄂尔多斯发展进程中的一个里程碑。③ 从以上列举的几篇文章可见,中国学界对贺登崧和田清波的汉蒙学术研究是予以肯定和重视的。

第三节　海外学术界研究回顾④

一、圣母圣心会在华史的研究

在八十年代之前,关注圣母圣心会在华活动的学者主要集中

---

① 陈育宁:《田清波与鄂尔多斯》,《蒙古学资料与情报》1984年第3期。
② 额尔敦孟克:《田清波与鄂尔多斯方言研究》,《内蒙古师大学报》1995年第2期。
③ 陈育宁:《田清波及其鄂尔多斯历史研究》,《西北民族研究》1994年第1期。
④ 本节中涉及的西文著作和文章,在正文中统一被笔者译为中文,其西文书名和文章题目请参见脚注。

在其修会内部的史学家,研究形式多为档案收集及书信解读。这些研究成果对后辈学人在文献使用上有重要的参考价值。譬如,贺歌南所撰写的《蒙古传教沿革史》(1949)频繁地被西方学者转引,此著作是了解圣母圣心会在边疆传教事工的必读书。① 该书由法语写成,但一些专有名词,如人名、地名,均以中西文对照的形式出现,为学者在参考上提供了便利。圣母圣心会大同修院院长桑世晞(Jaak Leyssen,1889—1975)于1941年著有《长城口外的十字架》,该书除了对圣母圣心会在边疆地区的开教经过有详细叙述外,对传教士当时所面对的种种困境,如瘟疫、内战、经济问题、传教策略、本地神职培育等方面也均有阐述。② 沃尔豪斯(Daniël Verhelst)在他的著作《圣母圣心会的过往与现今》(1991)中,详细叙述了圣母圣心会从十九世纪创会到二十世纪八十年代的整个发展历程。③ 书中讲述了该会在中国、刚果、菲律宾等国的传教活动、开展的各项事业以及在各国所执行的不同传教策略。时任圣母圣心会档案室主任的隆德理除了其知名作品《西湾子圣教流源》外,还撰写了《圣母圣心会的创立与早期事工》(1961)、《圣母圣心会在华之见证》(1954)、《圣母圣心会之起源》(1960)等多部著作,是研究圣母圣心会历史的重要参考。④

近年来,西方学界对圣母圣心会的研究并没有停滞不前。其

---

① Jozef Van Hecken, *Les Missions chez les Mongols aux temps modernes*, Peking: Imprimerie des Lazaristes(Petang), 1949.

② Jaak Leyssen, *The cross over China's wall*, Peking: Lazarist Press, 1941.

③ Daniël Verhelst and Hyacint Daniëls, *Scheut vroeger en nu 1862 – 1987: geschiedenis van de Congregatie van het Onbevlekt Hart van Maria C. I. C. M*, Leuven: Universitaire Leuven pers, 1991.

④ Valère Rondelez, *Scheut, congrégation missionnaire: ses origines et ses débuts*, Bruxelles: Éditions de Scheut, 1961; Valère Rondelez, *Scheut getuigt in China*, Brussel Scheut editions, 1954; Valère Rondelez, *Scheut, zo begon het*, Brussel-Leuven: Scheut Editie-Bibliotheca Alphonisana, 1960.

研究重地在比利时鲁汶大学的南怀仁研究中心（Ferdinand Verbiest Institute，KU Leuven）。该中心以"鲁汶中国研究丛书"（Leuven Chinese Studies）的形式出版了一系列有关这一领域的书籍，既包含专著又兼有论文集，至今已出版了四十余部。其中以谭永亮（Patrick Taveirne）的英文著作《汉蒙相遇与福传事业：圣母圣心会在鄂尔多斯的历史 1874—1911》最为中外学界所熟知。该书引用了大量教会文件、修会资料及传教士的往来书信，史料翔实。但其不足之处是涉及的内容过于宽泛，从而略显繁杂而不够深入。全书共分为七章，而真正具体地论及圣母圣心会在河套地区传教的内容仅为第三、四、五章。

"鲁汶中国研究丛书"以论文集形式出版的有关圣母圣心会在华传教史的研究为数不少，较早的有范德华（Willy Vande Walle）和高华士（Noël Golvers）主编的《清代低地国与中国之关系（1644—1911）》（2003）。该论文集中有四篇文章涉及圣母圣心会的研究：丽玫（S. Lievens）的《圣母圣心会在中蒙古代牧区的发展沿革（1865—1911）》一文梳理了圣母圣心会在中蒙古传教区开教的历史沿革。① 该文用英文撰写，但转引文献原文时却用法文，给不熟悉法语的读者造成不便。古瑞桑（B. Gorissen）的《世界上最不兴盛的传教区：圣母圣心会传教士高东升和高培信在新疆的传教事业（1895—1922）》，该文以圣母圣心会荷兰籍传教士高东升（Jozef Hoogers，1867—1945）和高培信（Frans Hoogers，1867—1937）弟兄二人在新疆的活动为叙事主轴，对圣

---

① S. Lievens, "The spread of the cicm mission in the Apostolic Vicariate of Central Mongolia (1865 - 1911): A general overview," in Willy vande Walle and Noël Golvers, eds., *The History of the Relations between the Low Countries and China in the Qing Era (1644 - 1911)*, Leuven: Leuven University press/Ferdinand Verbiest Foundation, 2003, pp. 301 - 324.

母圣心会在新疆的开教、传教策略和遇到的问题进行阐述。① 但略有不足的是,全文鲜有脚注,致使读者查证文中涉及的史实时不知其文献来源。任森(R. Renson)的《中蒙古之贞女研究》一文对圣母圣心会中蒙古传教区的贞女团体进行了考察。② 作者不但追述了贞女这一特殊天主教女性团体在中国教会历史中的形成过程,且把她们在中蒙古地区协助传教、管理孤儿所起到的重要作用给予了清晰阐述。谭永亮的《丰镇地区教案——晚清察哈尔地区的垦荒和传教士活动》一文研究了晚清圣母圣心会在西南蒙古教区面临的一场教案。③ 文章以清廷对蒙政策、汉民赴蒙开垦、蒙汉关系等问题作为叙事背景,阐释了以教民段振举为代表的民教冲突事件,以及圣母圣心会在教案中充当的角色。

在 2000 年,孔之昂(Koen De Ridder)主编的论文集《空谷足音:清代教案、传教策略及行动》出版。该论文集之主旨是阐述晚清在华传教士传教策略的形成、调整以及所带来的影响,并且对以"欧洲中心论"为框架的传教策略所导致的一系列"反洋教"事件进行反省。其中菲尼思(Dries Vanysacker)的《身与灵:1920—1940年间天主教传教区的医疗事工》一文对绥远的圣母圣心会以及甘

---

① B. Gorissen, "The most unfruitful mission in the world – CICM Fathers Frans and Jozef Hoogers in Xinjiang: 1895 – 1922," in Willy vande Walle and Noël Golvers, eds., *The History of the Relations between the Low Countries and China in the Qing Era* (1644 – 1911), pp. 325 – 342.

② Raymond Renson, "Virgins in Central Mongolia," in W. F. Vande Walle, eds., *The History of the Relations between the Low Countries and China in the Qing Era* (1644 – 1911), pp. 343 – 367.

③ P. Taveirne, "The religious case of Fengzhen district: reclamation and missionary activities in Caqar during the Late Qing dynasty," in W. F. Vande Walle, eds., *The History of the Relations between the Low Countries and China in the Qing Era* (1644 – 1911), pp. 369 – 416.

肃的方济各会的医疗传教活动进行了探讨。① 对圣母圣心会建立绥远公教医院的目的、过程给予系统的阐释，并总结出医疗事工在传教策略当中所占有的突出地位。孔之昂的文章《刚果在甘肃：传教士与探险家之辩（1898—1906）》，阐述十九世纪末在甘肃传教的圣母圣心会，为了迎合比利时国王的殖民野心和经济扩张政策，驱使传教士在该地区为母国政治利益服务的事实。② 孔之昂以不同的角度比较了比利时殖民政府在刚果的殖民统治野心与圣母圣心会在甘肃地区的传教目的，从中分析出传教事工与殖民统治之间蕴含的隶属关系，具有一定的启示意义。

南怀仁研究中心在 2015 年出版的另一部论文集《从十七世纪到二十世纪的天主教在华史》中，有五篇涉及在华圣母圣心会的文章：谭永亮的《土地不属于我们，我们则属于土地：再探丰镇教案》是其对 2003 年"丰镇厅教案"研究的拓展。③ 与前文相比，作者参考了其他同时期学者的研究成果，对教民段振举的土地纠纷一案做出更为详尽的分析，从民教冲突的角度来反思圣母圣心会土地开垦传教策略的得失。毕克（Nestor Pycke）的文章《圣母圣心会第二任总会长良明化研究》主要依据传教士的书信文献，考证了圣母圣心会第二任总会长良明化（Frans Vranckx，1830—1911）在

---

① Dries Vanysacker, "Body and Soul. Professional Health Care in the Catholic Missions in China between 1920 and 1940," in Koen De Ridder, eds., *Footsteps in deserted valleys: missionary cases, strategies and practice in Qing China*, Leuven: Leuven University press/Ferdinand Verbiest Foundation, 2000, pp. 39 – 54.

② Koen De Ridder, "Congo in Gansu (1898 – 1906): Missionary versus Explorer/Exploiter," in Koen De Ridder, eds., *Footsteps in deserted valleys: missionary cases, strategies and practice in Qing China*, pp. 111 – 160.

③ P. Taveirne, "The earth does not belong to us, we belong to the earth: The missionary case of Fengzhen sub-prefecture Revisited," in Ferdinand Verbiest Institute, eds., *History of the catholic church in China: from its beginning to the Scheut fathers and 20th century: unveiling some less known sources, sounds and pictures*, Leuven: Ferdinand Verbiest Institute K. U. Leuven, 2015, pp. 459 – 475.

任时所面临的三个问题,即修会神学院的建设问题、会宪的修宪问题和 1883 年的平罗(Pinluo)会议问题,并提及良明化与内蒙古两位代牧韩默理与巴耆贤(Jaak Bax,1824—1895)之间并不稳定的关系,关注到修会内部人事之间的错综复杂。① 高文士(Thomas Coomans)的《圣母圣心会传教士与中国教堂中的弗拉芒风格》一文,以建筑学的角度,详细介绍了圣母圣心会把弗拉芒圣路加哥特复兴式风格(Sint-Lucasneogotiek)带入中国本土教堂建筑中的过程,此建筑风格逐渐成为了圣母圣心会在华的一种外在标志。② 文中又着重阐述了两位该会传教士方济众(Jeroom Van Aertselaer,1845—1924)与和羹柏(Alfons De Moerloose,1858—1932)在此建筑风格的在华建立和传播上所起到的推动作用。古伟瀛《对在华 679 位圣母圣心会传教士(1865—1955)的一些观察》一文是在范·欧沃梅尔(Dirk van Overmeire)主编的《在华圣母圣心会士名录》之数据基础上整理而成的。统计了在华传教的 679 位会士的国籍分布、入会年龄、入华年龄、在华时间、死亡时间等,让读者对来华圣母圣心会士的整体状况有一个宏观上的了解。③ 范德华的文章《语言学与民族学学者贺登崧》整体描述了贺登崧的

---

① Nestor Pycke, "Francois Vranckx, CICM, Second Superior General (1869 - 1886), an Excellent Organizer," in Ferdinand Verbiest Institute, eds. , *History of the catholic church in China: from its beginning to the Scheut fathers and 20th century: unveiling some less known sources, sounds and pictures*, pp. 475 - 494.

② Thomas Coomans, "Mimesis, Nostalgia and Ideology: the Scheut Fathers and Home-Country-Based Church design in China," in Ferdinand Verbiest Institute, eds. , *History of the catholic church in China: from its beginning to the Scheut fathers and 20th century: unveiling some less known sources, sounds and pictures*, pp. 495 - 522.

③ Wei-ying Ku, "Some Observations on CICM in China, 1865 - 1955: life of 679 Scheutists," in Ferdinand Verbiest Institute, eds. , *History of the catholic church in China: from its beginning to the Scheut fathers and 20th century: unveiling some less known sources, sounds and pictures*, pp. 523 - 548.

生平以及学术贡献。① 作者以附录形式把贺登崧从 1937 年到 2003 年出版的文章全部列出,为读者的进一步考察带来了极大的便利。

此外,与比利时毗邻的荷兰也有一些关于圣母圣心会在华史的研究。譬如《基督的勇兵》(2007)一书,作者为荷兰莱顿大学历史学者克尼布希。② 该著作运用了圣母圣心会在荷兰保存的文献资料,对圣母圣心会传教士在十九世纪末,即修会创立初期在中国传教的历史加以考证。鲁汶大学对此发表过一篇书评,指出该书作者在一些史实的分析方面缺乏对特定时代背景的考虑,应避免以现代人的眼光来审视过往的历史事件。

二、在华圣母圣心会传教士的个案研究

海外学者对圣母圣心会传教士作个案研究的专著或文章,笔者目前收集到三十余种,其中较多是关于该修会创会者南怀义生平的考证,比如新近出版的《壮志未酬》。③ 另外还有一些是对该会殉道者(如韩默理)或代牧区主教(如闵玉清)的事迹叙述。再有,就是对某位传教士的追忆性文章,如夏嘉思(Klaus Sagaster)主编的纪念田清波的论文集《圣母圣心会传教士与学者田清波

---

① Willy F. Vande Walle, "Willem A. Grootaers, Linguist and Ethnographer," in Ferdinand Verbiest Institute, eds., *History of the Catholic Church in China: from its beginning to the Scheut Fathers and 20th century: unveiling some less known sources, sounds and pictures*, pp. 549 - 594.

② Knipschild Harry, *Soldaten van God: Nederlandse en Belgische priesters op missie in China in de negentiende eeuw*.

③ Nestor Pycke, *Het avontuur van Theofiel Verbist (1861 -1868): een pionier in Chinees Mongolië*, Leuven: KUL. Ferdinand Verbiest Institute, 2009;中文版见[比]聂斯托·毕克(Nestor Pycke):《壮志未酬,圣母圣心会会祖南怀义的中国梦》,蔡耀伟译,台北:光启文化事业,2015 年。

(1881—1971)》和贺歌南纪念闵宣化的长文《纪念传教士闵宣化神父》等。①

而近年来对圣母圣心会传教士的个案研究,文章远多于专著。这些文章多发表在一些主题会议上,以论文集的形式出版。如论文集《圣母圣心会传教士与学者田清波(1881—1971)》,是基于1993年8月31日到9月3日在鲁汶大学召开的"圣母圣心会会士田清波神父,蒙古人的使者及蒙古学的鼻祖"研讨会。该论文集对田清波的生平、蒙古学研究、语言学研究以及著作等方面均有介绍,是对田清波个案的综合性研究成果。② 南怀仁研究中心主编的论文集《司律义的学术遗产:14到20世纪的蒙古族及汉蒙关系》是在2013年于南京大学召开的"纪念圣母圣心会蒙古学专家司律义神父去世三十年"学术会议的基础上编写的,其中有六篇文章介绍司律义的生平与学术贡献。③ 2011年3月,南怀仁研究中心在罗马召开"中国传教区与汉语语言学家"研讨会,集中讨论了传教士在汉语语言学研究上做出的成绩,其论文集《在华传教士中的语言学家》也随之出版。④ 但遗憾的是,该次研讨会中没有涉及圣母圣心会汉学家,特别是以闵宣化为代表的汉语语言学家的研究内容。

个案研究的专著,也多见于南怀仁研究中心推出的"鲁汶中国

---

① Klaus Sagaster, *Antoine Mostaert (1881-1971). C. I. C. M. missionary and scholar*, Leuven: Ferdinand Verbiest Stichting, 1999; Van Hecken Jozef, *In memoriam Z. E. Pater J. Mullie*, Brussels: Jaarboek van de koninklijke Academie voor wetenschappen, letteren en schone kunsten van België, 1979.

② *Antoon Mostaert, C. I. C. M. (1881-1971), Apostel van de Mongolen en geleerde*, Leuven: Ferdinand Verbieststichting, 1993.

③ F. Verbiest Institute, *The Mongols and Sino-Mongol relations, 14th-20th centuries: in memory of Henry Serruys' scientific heritages*, Leuven: Ferdinand Verbiest Foundation, 2019.

④ Antonucci Davor, Pieter Ackerman, *Chinese missionary linguistics*, Leuven: KUL. Ferdinand Verbiest Institute, 2017.

学研究丛书"中。如孔之昂《方希圣(1903—1974),弗拉芒传教士与中国画家:基督宗教艺术在中国的本土化》(2002)一书,作者对圣母圣心会士方希圣(Mon Van Genechten,1903—1974)的生平及其中国圣像画的创作进行研究。① 集中分析了方希圣在中国天主教艺术本地化进程中所作的贡献,以及他在中比艺术交流上所起到的作用。又如贺安娟(Ann Heylen)的著作《土默特-鄂尔多斯大事纪要:彭嵩寿神父日记精选集(1915—1921)》(2004),作者以圣母圣心会士彭嵩寿(Jozef Van Oost,1877—1939)的法文日记为研究文本,对其在华传教生活进行考证。② 从气候、风俗、疾病、土匪、政治、鸦片、现代化进程七个方面进行论述,揭示出传教士在内蒙古地区的生活面貌及面对的种种境遇。未有公开出版的《在华传教士的先锋和殉道者韩默理》(2005)一书,是克尼布希在莱顿大学的博士毕业论文。③ 作者以大量的荷语一手史料对圣母圣心会西南蒙古代牧韩默理的生平进行了梳理,并以此作为切入点,对该会在西南蒙古的传教史展开了追溯。

　　受笔者能力所限,在学术史的回顾中难免有所疏漏。但以目前收集的材料来看,在圣母圣心会于本土的创会史、东蒙古代牧区的开教史以及汉学研究的学术史方面,均有进一步研究的空间。而对于该会汉学家闵宣化,学界尚未有深入的个案研究。目前对

---

　　① Lorry Swerts, Koen De Ridder, *Mon Van Genechten (1903-1974), Flemish Missionary and Chinese Painter: Inculturation of Christian Art in China*, Leuven: Leuven University press/Ferdinand Verbiest Foundation, K. U. Leuven, 2002.

　　② Ann Heylen, *Chronique du Toumet-Ortos: looking through the lens of Joseph van Oost, missionary in inner Mongolia (1915-1921)*, Leuven: Ferdinand Verbiest Stichting, 2004.

　　③ Harry H. Knipschild, *Ferdinand Hamer 1840-1900, Missiepionier en martelaar in China: een nieuwe kijk op de missiemethode van de Scheutisten in het noorden van China, en de reactie daarop van de Chinezen* (Unpublished doctoral dissertation).

其生平最翔实的记述当属贺歌南的《闵宣化神父,一位传教士、语言学家和汉学家》。① 而他在汉语语言学上的研究,大多只是在一些涉及西方汉学史、汉语语言史的论著中略有提及。其中司马翎(Rint Sybesma)在《荷兰汉语语言学家简史》一文中用八页篇幅来分析闵宣化的两部汉语语言学著作,这是笔者目前发现的对闵宣化汉语研究最为翔实的阐述。②

这些事实表明,闵宣化的学术生涯和他的著作在西方汉学史研究中仍未得到充分的重视和挖掘。因此,我希望本书能为圣母圣心会在华史、比利时汉学史以及闵宣化的个案研究做出一些力所能及的补充和推动。

第四节 研究基础和史料来源

一、档案文献

在圣母圣心会西文文献资料的收集工作上,笔者主要走访了比利时司各特圣母圣心会总院、鲁汶大学南怀仁研究中心以及鲁汶大学 KADOC 研究中心的档案馆。其中,在传教士信件、手稿、官方文件等原始文献的收藏数量上,KADOC 的档案馆最为丰富。

---

① 原文为贺歌南在 1979 年撰写的悼念长文《纪念传教士闵宣化神父》("In memoriam Z. E. Pater J. Mullie")。该文被收录在比利时《全国人物大辞典》(*Nationaal Biografisch Woordenboek*)后,题目改为《闵宣化神父,一位传教士、语言学家和汉学家》。参见 J. V. Hecken, "Jozef L. M. Mullie, missionaris, filoloog en sinoloog," in J. Duverger, eds., *Nationaal Biografisch Woordenboek*, Vol. VIII, Brussel: VIGES, 1992, pp. 517 – 532.

② Rint Sybesma, "A history of Chinese Linguistics in the Netherlands," in Wilt L. Idema, eds., *Chinese Studies in the Netherlands – Past, Present and Future*, Leiden: Brill, 2014, pp. 145 – 152.

KADOC,全称 Katholiek Documentatie- en Onderzoekscentrum（天主教文献与研究中心），是建立在比利时鲁汶大学内的宗教文化研究机构。该机构中收藏着大量比利时耶稣会、方济各会、圣母圣心会等主要传教团体的文献档案，其中以荷兰语、法语、拉丁语文件居多。圣母圣心会的档案材料最初全部保存在位于布鲁塞尔近郊的司各特总院，由该会档案部主任隆德理负责保存和整理。1969 年总院迁往罗马之后，档案也随之移至罗马，由该会会士甘保义（Albert Raskin，1915—2001）任档案室主任。2004 年，圣母圣心会决议把修会从 1862 年至 1967 年的档案迁回比利时以供学术研究，并交由鲁汶大学 KADOC 保存管理。近年来，其 1967 年之后的档案文献也陆续入藏 KADOC，使这批档案资料在收藏上更为集中，查找也更为便利。①

笔者在 KADOC 档案馆主要使用的文献及涉及的内容如下：②

T. I. a. 9. 1. 1. 2（BE/942855/1262/5513）：

闵宣化与圣母圣心会省会长纪星朗（Jozef Verhaert，1876—1949）之间的信件（关于经济问题、热河情况和在比利时的中文学习情况）。

T. I. a. 9. 1. 1. 3（BE/942855/1262/5514）：

闵宣化与田清波之间的信件（关于蒙古学、佛教、闵氏学术文章的情况，1908—1941，1970）；闵宣化与杨峻德等人的信件（关于传教区账目、赤峰传教区、中国政治、闵氏的学术研究及出版物等事宜，1909—1910，1912—1914，1924—1946，1950，1953，1959—

---

① 关于圣母圣心会档案在 KADOC 的收藏情况，信息来自鲁汶大学南怀仁研究中心始创者韩德力（Jeroom Heyndrickx）在 2019 年 6 月与笔者的谈话内容。

② KADOC 在近年重新整理了圣母圣心会的文献，并按照全新的系统编排了档案序号。下文缩号中的序号为新序号。论文所引用的原始档案清单，参见"参考文献"中"原始文献（外文）"的"KADOC 档案馆材料"。

1968);闵宣化收到的关于一战、学术研究、中文课程、比利时和中国的政治等情况的信件（1912—1935,1939）；中国神父写给闵宣化的信(1909,1931,1932,1936—1939)。

T. I. a. 9. 1. 1. 5(BE/942855/1262/5520)：

闵宣化1920年后的信件（内容涉及圣母圣心会、中国和蒙汉学术）。

T. I. a. 9. 1. 2. 4(BE/942855/1262/5524)：

乌特勒支大学寄给闵宣化的信件(1939, 1940—1955)。

T. I. a. 9. 1. 2. 5(BE/942855/1262/5525)：

闵宣化收到的关于汉学学术交流的信件，这些信件来自于B. Karlgren, H. Garnier, L. de la Vallée Poussin, L. Richard, J. L. Duyvendak, L. Marcadé, W. Schmidt, J. Gibert, E. Licent, P. Pelliot, W. Grootaers, J. Martin等,内容涉及中文文化的学习(1907—1966)。

T. I. a. 9. 1. 2. 6(BE/942855/1262/5527)：

闵宣化收到的关于中国文化、汉语学习、书评、自写的新闻专栏和自己的学术出版物等事宜的信件(1899, 1902, 1911—1946, 1958—1960, 1968, 1970)。

T. I. a. 9. 2. 2(BE/942855/1262/5529)：

闵宣化学习汉语的资料和手稿。

T. I. a. 9. 3(BE/942855/1262/5532)：

闵宣化对涉及中国内容的记录、手稿和所写的文章。

T. I. a. 9. 4(BE/942855/1262/5535)：

闵宣化的日记本(1909—1930, 1944, 1945)和圣母圣心会的会规。

T. I. a. 7. 3. 2(BE/942855/1262/5487)：

杨峻德(Karel De Jaegher, 1872—1934)对于圣母圣心会在热

河的历史记录。

T. I. a. 7. 4. 3(BE/942855/1262/5490)：

闵宣化写给杨峻德的信件。

T. I. a. 7. 5(BE/942855/1262/5492)：

杨峻德收藏的中文资料。

T. I. a. 7. 7(BE/942855/1262/5494)：

中国的学校及教育。

T. I. a. 3. 7(BE/942855/1262/2735—2738)：

怀仁学会文献。

二、年鉴、报章

在西文文献方面，除了原始手稿、信件和文件外，圣母圣心会每年出版的荷文年鉴也是本论文参考的重要依据。修会年鉴是传教士之间、传教士与母国之间、传教士与本国信徒之间信息交流的平台，也是传教士传递异国文化的一个重要媒介。比利时司各特总会（Scheut）出版的年鉴《司各特传教事业》(*Missiën van Scheut*)创刊于1889年，发行近一个世纪之久。在荷兰沃赫特（Vught）创建分院后，于1901年发行了独立的《司帕伦道传教会年鉴》(*Annalen der Missionarissen van Sparrendaal*)。这两份荷语文献是了解比利时和荷兰圣母圣心会在华活动的重要史料，其中包括传教士的书信摘录、传教成果汇报、中国时事评论、汉学专栏等诸多丰富内容。此年鉴另有法语版本在比利时出版，但荷、法版本在内容上并不一致。

其他涉及有关中国传教事务的荷文年鉴还有1847年在根特创刊的《圣婴善会年鉴》(*Annalen van het genootschap der H. Kindersheid*)与1833年在梅赫伦创刊的《传信善会年鉴》

(*Annalen van het Genootschap tot Voortplanting des Geloofs*)。圣婴善会和传信善会的善款是圣母圣心会在海外传教的最大经济来源,因此传教士经常在这两份年鉴中对自己传教区的发展状况进行即时报道,其内容多倾向于介绍传教区的各种慈善事工和当地民众的文化风俗,是了解圣母圣心会在华传教策略的重要文献。然而,由于文章以招募欧洲信众的善款为主要目的,因此,其早期对中国的描写多带有浓重的"异教国家"的色彩。另外,于 1822 年、1846 年分别推出的法语版《传信善会年鉴》(*Annales de la Propagation de la Foi*)和《圣婴善会年鉴》(*Annales de l'Œuvre de la Sainte-Enfance*),也为本书的写作带来了帮助。

在闵宣化生平的考证上,除了其书信和日记之外,笔者也选取了一些当时的新闻材料作为参考。比如,闵宣化为比利时《新闻报》(*Het Handelsblad*)撰写过专栏通讯《中国声音》("Uit China")。从 1910 年到 1913 年期间,他发表了近三十篇短讯,内容涉及他在传教区的活动和见闻,是侧面了解其在华生活的一个窗口。其他关于对闵宣化的报道,多见于比利时和荷兰的当地报纸,如《新弗拉芒报》(*Nieuw Vlaanderen*)、《时代报》(*De tijd*)、《玛斯伯德报》(*De Maasbode*)、《标准报》(*De Standaerd*)和《弗拉芒前线报》(*De Vlaamse linie*)等,这些报刊文章多以报道其汉语教学和汉语语言学著作为主要内容。

三、文献汇编

贺歌南是圣母圣心会的史学家,他在该会历史资料收集和整理工作上的贡献最为卓越。自二十世纪七十年代起,他陆续以"传教区史料汇编"的形式,编撰印制了多部内部发行的圣母圣心会史料集。其中包括:

《东蒙古教区史料汇编》(9 卷)(*Documentatie betreffende de missiegeschiedenis van Oost-Mongolië*,1970—1973)。

《西南蒙古绥远总教区、宁夏教区史料汇编》(3 卷)(*Documentatie betreffende de missiegeschiedenis van Zuidwest-Mongolië, aartsbidom Suiyuan, bisdom Ning-hsia*, 1976—1977)。

《宁夏教区史料汇编》(3 卷)(*Documentatie betreffende de missiegeschiedenis van het bisdom Ning-hsia*,1978—1980)。

《西南蒙古(鄂尔多斯)代牧区史料汇编》(4 卷)(*Documentatie betreffende de missiegeschiedenis van het apostolisch vicariaat Zuidwest-Mongolië [Ordos]*,1980—1981)。

《绥远总教区(1922—1954)史料汇编》(5 卷)(*Documentatie betreffende de missiegeschiedenis van het aartsbisdom Sui-yuan [1922—1954]*, 1981)。

这五套史料汇编是研究圣母圣心会在华活动最有价值的参考文献。但因为全部用荷兰文书写,并且发行量极少,又仅限于修会内部参考使用,因此未被学界广泛使用,实为可惜。笔者在鲁汶大学南怀仁研究中心访学期间,主要参阅了该中心收藏的《东蒙古教区史料汇编》。

遣使会是圣母圣心会来华之前,在边疆地区传教的主力。因此在涉及汉蒙代牧区沿革史时,包士杰(Jean-Marie Planchet,1870—1948)化名"A. Thomas"写下的《遣使会北京教区传教史——遣使会来华至义和团运动时期》(*Histoire de la Mission de Pekin‑Depuis l'arrivée des lazaristes jusqu'à la révolte des Boxeurs*,1926)、弥隆(Alfred Milon)的《遣使会在华回忆录》(*Mémoires de la Congrégation de la Mission*,1912)以及樊国阴(Octave Ferreux,1875—1963)的中译本《遣使会在华传教史》是

本书的主要参考资料。此外，巴黎外方传教会在后期满蒙代牧区的划分上曾与圣母圣心会有过一些冲突，对于这一历史事件的梳理，本书主要参考了马德赉（Joseph De Moidrey，1858—1937）的《1307年至1914年中日韩天主教的沿革》（*La hiérarchie catholique en Chine, en Corée et au Japon [1307—1914]*，1914）及南志恒（Adrien Launay，1853—1927）的《满洲传教区与方若望主教》（*Mgr. Verrolles et la mission de Mandchourie*，1893）。而最早涉足塞外地区的天主教传教士乃是在清廷供职的耶稣会士，他们因其地理位置之优势曾最早进入该地活动。这一时期的历史，本书主要参考的文献汇编是六册中文版的《耶稣会士中国书简集》。

无可否认，天主教在华传教史的跌宕起伏与中国时局紧密相连，中文的官方档案以及文书是考证传教士在华活动的重要依据。鸦片战争之后，清廷与外国开展的"夷务"工作及民教之间发生的冲突，本书主要参考的文献汇编有台北出版的《近代中国史料丛刊》中的《筹办夷务始末》、《中国近代史资料汇编》中的《近代中国对西方及列强认识资料汇编》，以及中国第一历史档案馆编写的《清中前期西洋天主教在华活动档案史料》《清末教案》等。

四、相关著作

关于圣母圣心会历史的著作，在前面的学术史回顾中已有涉及，不再赘言。古伟瀛2002年主编的《塞外传教史》是一部译著，因此没有在回顾中重点提及。但该书是目前中国学界在圣母圣心会研究上引用频率相对较高的一部文献，其学术价值可见一斑。其中几篇文章对本书无疑也具有很高的参考价值。比如，《国籍神父名册》《圣母圣心会塞外传教来华神父名册（1865—1947）》和《薛玛窦神父》等。

在前辈学者撰写的传教史著作中，本书使用较多的有北京主教樊国梁（Pierre Marie Alphonse Favier-Duperron，1837—1905）的《燕京开教略》，它是本书梳理北京传教区、直隶代牧区沿革史的主要参考依据。徐宗泽的《中国天主教传教史概论》和方豪的《中西交通史》是本书梳理圣母圣心会来华前元代基督宗教变化发展的参考文献。此外，海门籍神父黄伯禄的《正教奉褒》（1884），在内容上虽多参考了《熙朝定案》《辩学章疏》《钦命传教约述》等前人作品，但其汇集的史料丰富完整，也是一部极具参考价值的中国教会史史书。

现代学者的著作，本书参考了宝贵贞、宋长宏合著的《蒙古民族基督宗教史》（2008），该书汇集了大量的史料，对内蒙古地区基督宗教的考察从元代一直延伸到二十世纪，其翔实的内容是与西文文献得以互证互考的重要依据。卫青心的《法国对华传教政策》（1991）为本书在法国在华保教权问题上的论述提供了参考。李天纲的《中国礼仪之争：历史、文献和意义》（1998）、刘庆志的《中国天主教教区沿革史》（2017）、刘国鹏的《刚恒毅与中国天主教的本地化》（2011）等著作，都为本书的写作带来了莫大的帮助。

最后，我应重点提及由范·欧沃梅尔主编，古伟瀛、潘玉玲校审的《在华圣母圣心会士名录》（2008）。这本著作囊括了所有来华679位圣母圣心会传教士的简历、中西姓名，以及肖像照，其编写工作之繁重可想而知。这本著作是我撰写本书期间不可离手的工具书，对我查找传教士的生平资料带来了极大的方便。对前辈学者的研究贡献，始终怀有感激。因此，希望本书也能带给其他学者同仁同样的益处。

| 上篇 |

圣母圣心会创会及其在华传教史

圣母圣心会首次来华的四名传教士和一位助手
上排（从左至右）：林辅臣（助手）、南怀义、韩默理
下排（从左至右）：良明化、司维业

图片来源：Beeldarchief Verbiest Institute, KU Leuven

第一章　为中国而建的圣母圣心会

天时、地利、人和，三者不得，虽胜有央。

——《孙膑兵法·月战》

本书的研究对象闵宣化，是圣母圣心会派遣来华的一批早期传教士之一。他自1903年入会到1976年去世，隶属于圣母圣心会长达七十三年之久。其早期的教育背景、来华传教、社交生活以及后期投身的学术研究，都与该团体有着千丝万缕的联系。因此，对闵宣化生平和汉学著作展开研究之前，应对该修会之创立历史及入华经过做一系统梳理和诠释。

1862年在比利时布鲁塞尔近郊市镇司各特（Scheut）创立的天主教男性传教团体"圣母圣心会"（Congregatio Immaculati Cordis Mariae，简称CICM，又称司各特传教会），距今已有一个半世纪的历史。该修会的建立是由麦赫伦（Mechelen）教区神父南怀义所倡导，以向中国派遣传教士为最初目的。[1] 于1865年首次派遣了四

---

[1] 南怀义（Theofiel Verbist）1823年6月12日出生于比利时荷语区的安特卫普市（Antwerpen）。父亲威廉（Willem Verbist，1787—1854）与其第一任妻子范洪森（Catherina-Maria Van Honsem，1791—1817）皆是安特卫普人，二人在1813年婚后育有一子。四年后范氏离世，威廉又于1819年迎娶了来自比利时东弗拉芒省丹德蒙德市（Dendermonde）的第二任妻子多荷（Catherina-Antoinette Troch，1797—1852）。身为医生之（转下页）

名传教士及一位助手来华,南怀义也名列其中。同年 12 月 6 日他们抵达察哈尔省西湾子村,接替法国遣使会在蒙古代牧区的传教工作。经过数年的摸索与发展,圣母圣心会在内蒙古、河北、甘肃、宁夏等地建立了庞大而有组织的传教区。截止到 1955 年,该修会共派遣过 679 位传教士来华。①

圣母圣心会作为比利时建国以来的首个海外传教修会,它的诞生并不是偶然的,其创立者南怀义在少年时代就怀有对中国传教的热情与向往。② 而最初的想法很简单,只是计划召集一些志同道合的神职人员到中国的港口城市开办一所收留弃婴的孤儿院

(接上页)女的多氏是南怀义的生母。南怀义有三个哥哥,分别是彼得(Pierre, 1814—?)、威廉(Willem, 1821—?)和阿达纳(Athanase, 1822—?),又有一个双胞胎的兄弟艾德蒙(Edmond, 1823—?),另外还有一个弟弟乐内(Rene, 1826—?)和一个妹妹伊丽莎白(Elisabeth, 1832—?)。南怀义在 1844 年进入麦赫伦大修院攻读神学,于 1847 年 9 月 18 日由枢机主教(Kardinaal Engelbert Sterckx, 1792—1867)主礼成为天主教神父。之后以学监身份任职于麦赫伦小修院。1853 年 8 月 19 日南怀义被教区派遣到布鲁塞尔的一所军事学校作该校校牧(即指导学生宗教生活的神职人员)。同时他又以指导司铎和告解司铎之职服务于布鲁塞尔的纳姆尔圣母修女会(荷语:Zusters van O. L. Vrouw van Namen;法语:Soeurs de Notre-Dame de Namur)。在 1860 年,南怀义接任了哈瓦勒神父(Gavarel)的职务,担任比利时全国圣婴会的主任,直到他于 1865 年入华为止。1868 年 2 月 23 日,南怀义因伤寒在蒙古宗座代牧区的老虎沟去世,时年四十五岁。关于南怀义具体的生平介绍参见 Nestor Pycke, *Het avontuur van Theofiel Verbist (1861 - 1868): een pionier in Chinees Mongolië*, Leuven: KUL. Ferdinand Verbiest Institute, 2009.

① Wei-Ying Ku, "Some Observations on CICM in China, 1865 - 1955: life of 679 Scheutists," in Ferdinand Verbiest Institute, eds. , *History of the Catholic Church in China: from its beginning to the Scheut Fathers and 20th century: unveiling some less known sources, sounds and pictures*, Leuven: Ferdinand Verbiest Institute K. U. Leuven, 2015.

② 关于南怀义在年少时期就怀有传教理想的记载,有史料可见的最早记录是韩默理 1881 年记述甘肃传教史(*Notice sur l'origine, l'erection et les progres spirituels et temporels du Vicariat Apostolique de Kansu - Koukounoor et Tartarie occidentale. Leang-tchou*, 1881. p. 1)手稿中的这句话:"Al van heel jong voelde Verbist diep in zijn hart het verlangen naar een apostolisch leven."(自南怀义儿时起,他就从内心深处怀有对传教生活的向往。)参见 Nestor Pycke, *Het avontuur van Theofiel Verbist (1861 - 1868): een pionier in Chinees Mongolië*, p. 33; Valère Rondelez, *Scheut, zo begon het*, p. 43.

而已。① 但只有理想是远远不够的,理想成为现实需要一定的外部条件为基础。圣母圣心会的创立共历时五载,这是一个由诸多条件汇聚而成的结果。《孙膑兵法·月战》中有言:"天时、地利、人和,三者不得,虽胜有央";《荀子·王霸篇》中也有类似的话:"农夫朴力而寡能,则上不失天时,下不失地利,中得人和而百事不废。"孙膑和荀子虽然分别以兵法与农耕为例,但却都表达了"天、地、人"这三者在一件事情的成功上所起到的关键作用。圣母圣心会的建立也是同理,它是在"天时、地利、人和"这三个条件相互支撑的基础上得以实现的。

第一节 天 时

比利时在 1830 年独立之前,一直承受着被周边国家统治的命运。从十六世纪开始,这个低地小国先后受制于西班牙、奥地利、法国这些天主教国家的强权。因此,天主教信仰也深深地扎根于比利时人的社会生活和精神世界里,上至知识阶层下至普罗大众都难以摆脱教会的影响。十九世纪初期,比利时再一次被北部信奉基督新教的邻国荷兰吞并,一系列针对天主教的压制政策激起了南北两地的宗教矛盾,同时也加深了比利时人寻求独立解放的愿望。② 众望所归的革命胜利,让新的比利时政府立即颁布了独立宪法,恢复了天主教原有的崇高地位,经受了荷兰君主十五年宗

---

① Valère Rondelez, *Scheut, zo begon het*, p. 48.
② "In 1830, Belgium became independent from the Netherlands—a move in which religious sentiments played an important role, for Belgium was Catholic and the Netherlands Protestant."参见 Justo L. Gonzalez, *The story of Christianity*, New York: Harper Collins Publishers Inc, Vol. 2, 2010, p. 559.

教压迫的比利时国民,对天主教信仰的热情得到高度提升,国家主义意识也随之高涨。加上法国大革命爆发后遍及欧洲的宗教复兴运动,让他们义无反顾地对比利时本国传教事业给予大力支持和积极响应。

一、比利时的独立及民族振兴

法国大革命和拿破仑战争后,为了解决一系列战后问题并企图维护欧洲稳定发展,欧洲列强在1814年的维也纳会议上重新划分了欧洲版图。由于拿破仑一世战败,受法国统治二十年(1794—1814)的比利时被强行并入了荷兰,成为低地尼德兰联合王国之一员,由在位的荷兰国王兼卢森堡大公威廉一世(William Frederik,1772—1843)统治。

威廉一世执政期间实行重商政策,在国家经济建设上成绩斐然。但因其信奉新教教派荷兰改革宗,在宗教问题上对全国实行高压的专制政策,致使尼德兰王国的南部行省,即现今比利时地区的天主教会遭到了严重削弱和控制。天主教学校被关闭,神学院也被强行解散,各大修会成员被勒令驱逐,神职人员的严重短缺也导致很多教区无人管辖。[①] 新教与天主教之间的信仰差异所导致的冲突,无法使比利时人对荷兰产生身份认同,甚至同样讲荷兰语但信奉天主教的弗拉芒人对荷兰君主也极度地不满和怨恨。[②] 除此之外,虽然荷兰君主的重商政策受到比利时中产阶级及贵族的拥护,但他们也不能忍受执政的荷兰人在语言、政治、商业、职业生

---

① Nestor Pycke, *Het avontuur van Theofiel Verbist (1861-1868): een pionier in Chinees Mongolië*, pp. 18-19.

② Hans Kohn, "Nationalism in the Low Countries", *The Review of Politics*, Vol. 19, No. 2 (1957), p. 161.

涯中给予他们的侮辱和不公对待。因此，一贯在政治立场上水火不容的比利时天主教派和自由派政党一反常态地寻求合作，在 1820 年形成了所谓的"联合主义阵营"。① 在英、法支持下，于 1830 年 8 月 25 日在布鲁塞尔发动独立革命，推翻了荷兰十五年的统治 (1815—1830)，建立起一个独立的君主立宪制国家，并推举萨克森科堡(Saxe-Coburg)公爵之子利奥波德为比利时开国国王，即"利奥波德一世"(Leopold I, 1790—1865)。② 独立革命胜利之后，新成立的比利时王国在 1831 年就颁布了首部宪法，并同时恢复了天主教多年来失去的合法地位。其宪法所提倡的"崇拜的自由、教育的自由、结社的自由"成为了当时欧洲其他国家效法的典范。③

至此，比利时天主教会在经历了法国大革命、拿破仑帝国的反教权打击以及荷兰新教的压制之后重新振作了起来，④其男女神职人员（司铎及修女）的发展速度也直线上升，从 1829 年的 4 791 人急剧增长到了 1846 年的 11 968 人，在 1856 年又到达了 14 853 人。⑤ 各大天主教修会团体也陆续在比利时重新落地生根，从

---

① 关于比利时"联合主义阵营"(Unionism)的相关研究参见 Thomas J. Shelley, "Mutual Independence: Church and State in Belgium: 1825 - 1846," *Journal of Church and State*, Vol. 32, No. 1 (1990).

② 利奥波德一世(Leopold Georg Christian Friedrich)于 1790 年 12 月 16 日出生于萨克森科堡王朝，即现在的德国巴伐利亚州的科堡(Coburg)。是英国女王储夏洛特(Princess Charlotte Augusta of Wales)的鳏夫，在抵抗拿破仑的战役时加入了俄国军队，后来又迎娶了法王路易菲利普的长女奥尔良公主路易斯玛丽（Louise-Marie Thérèse Charlotte Isabelle)为妻。这样的身份促使英法一致推举利奥波德成为比利时的开国国王。对利奥波德一世生平的具体研究参见 Comte Louis De Lichtervelde, *Leopold first, the founder of modern Belgium*, trans. by Thomas H. Reed, H. Russell Reed, New York, London: The Century Co. , 1930.

③ Thomas J. Shelley, "Mutual Independence: Church and State in Belgium: 1825 - 1846."

④ 关于法国十八世纪末到十九世纪经历的反教权运动参见 Justo L. Gonzalez, *The story of Christianity*, pp. 547 - 556.

⑤ 新男女神职人员的统计数字参见 Vincent Viaene, *Belgium and the Holy See from Gregory XVI to Pius IX(1831 - 1859) Catholic Revival, Society and Politics in 19th Century Europe*, Leuven: Leuven University press, 2001, p. 170,脚注第 55。

1832 年到 1854 年之间,全国上下有 122 座新会院建成。1831 年以后,被查禁的耶稣会也重新打开了他们学院的大门。1797 年被法国勒令关闭,在 1816 年被荷兰定为国立大学的鲁汶大学,于 1835 年重新恢复了其天主教大学的原有地位。①

比利时的独立,不仅为天主教信仰在本国带来了新的生命,而且让久经他国统治的比利时人民因着宗教信仰也获得了身份上的共识,带动了国家民族主义的觉醒。② 麦克利奥认为,国家主义意识的形成在十九世纪和二十世纪初的欧洲并不罕见,因宗教分歧而引发的独立运动,是激发其民族意识的三大原因之一。诸多国家,例如从奥斯曼帝国独立的希腊和保加利亚,以及从俄国独立的波兰和芬兰都具有这样的特点。当时比利时的状况也是如此,即在独立运动中摆脱了与其信仰相悖政权的统治后,试图在宗教信仰生活中恢复并凸显自己本民族国家的特色。③ 而这种国家主义意识也积极地鼓励当地教会建立具有鲜明本国特色的海外传教团体。圣母圣心会即是其代表,保持比利时特色更是南怀义最初的期望。④

但是,南怀义坚持让圣母圣心会保持比利时籍特色的态度曾遭受邻国荷兰信众的反感与不解。⑤ 南怀义 1863 年 12 月 31 日通过荷兰报纸对他的这一态度做出了圆滑的解释,他说:"这个向中国传教的比利时团体并不具有单一的国籍特色。我们将非常高兴

---

① Thomas J. Shelley, "Mutual Independence: Church and State in Belgium: 1825–1846."
② Vincent Viaene, *Belgium and the Holy See from Gregory XVI to Pius IX (1831–1859) Catholic Revival*, Society and Politics in 19th Century Europe, p. 170.
③ Hugh Mcleod, "Christianity and nationalism in nineteenth-century Europe," *International Journal for the Study of the Christian Church*, Vol. 15, No. 1 (2015). p. 8.
④ [比] Daniël Verhelst:《向中国传教的比利时》,古伟瀛主编:《塞外传教史》,台北:光启文化事业,2002 年,第 128 页。
⑤ Daniël Verhelst, Hyacint Daniëls, *Scheut vroeger en nu 1862–1987: geschiedenis van de Congregatie van het Onbevlekt Hart van Maria C. I. C. M.*, p. 33.

能够接受与我们有同一语言和生活习惯的荷兰神职人员入会。"①南怀义虽然避免他的修会在成员的国籍上具有排他性,但仍然强调入会者"与比利时人语言和生活习惯要相同"的这一前提。② 有研究数据显示,圣母圣心会在二十世纪五十年代离开中国大陆之前,其比利时籍传教士约占全体来华人数的九成。③ 事实表明,圣母圣心会的比利时国籍特色在很长一段时期内是坚不可摧的。然而,这种具有本国国籍特色的传教团体不仅只有圣母圣心会一例,法国的遣使会和巴黎外方传教会、意大利的米兰宗座外方传教会、德国的圣言会等,也均具有相同的特点。

二、欧陆天主教从没落到复兴

从十五世纪开始的大航海时代,葡萄牙和西班牙帝国相继派遣舰队从海上开拓自己新的疆域,进行殖民扩张。最早出海的葡萄牙船队,抢先夺取了非洲沿海、印度洋地区的殖民据点,而其后在 1492 年经过"复地运动"(Reconquista)而统一的另一海上强国

---

① Harry Knipschild, *Soldaten van God: Nederlandse en Belgische priesters op missie in China in de negentiende eeuw*, Amsterdam: Bakker, 2008, p. 62.

② 关于南怀义在比利时计划建立海外传教修会的消息,在荷兰自 1861 年就有相关报道。但是,南怀义首次为宣传自己的修会出访荷兰则在 1864 年的 7 月,即赴华的前一年,首站是赖森堡市(Rijsenburg)。他在隶属于乌特勒支教区的大修院里为自己的赴华传教会进行演讲,韩默理就是通过南怀义的这次演讲而决定加入他的团体,当时正值罗马传信部因南怀义没有足够的成员而拖延派遣圣母圣心会入华。因此我认为,仅有四位修会成员(司维业、良明化、费尔林敦和巴耆贤)的南怀义有可能迫于没有比籍传教士入会,不得不选择去语言相同的邻国荷兰招揽新的人马来解决燃眉之急。因为从初期会士的国籍上看,比籍会士始终是圣母圣心会的主要成员,而荷籍会士占比则是递减的。从 1865 年到 1868 年,比籍会士有 7 位,荷籍会士有 6 位。1880 年有比籍 16 位,荷籍 11 位,到了 1890 年,比籍会士为 60 位,荷籍仅为 12 位。关于南怀义为宣传圣母圣心会的荷兰之行,参见 Valère Rondelez, *Scheut, zo begon het*, p. 128.

③ 至 1955 年,来华圣母圣心会士比利时籍者占比为 86%,荷兰籍者占比为 12%。参见 Wei-Ying Ku: "*Some Observations on CICM in China, 1865 - 1955: life of 679 Scheutists*," pp. 523 - 548.

西班牙不甘示弱，与葡萄牙在殖民扩张利益上逐渐发生冲突。教宗亚历山大六世（Alexander Ⅵ，1431—1503）为平息这两个天主教国家之间的矛盾，在1493年试图以一条在大西洋上的"教宗子午线"划清两国的海上霸权。西、葡双方随后在1494年和1529年又分别签订了《托尔德西拉斯条约》（Treaty of Tordesillas）和《萨拉戈萨条约》（Treaty of Zaragoza），逐步确立了各自在全球的势力范围。① 两国在各自的势力范围内皆具有治理宗教事务的权利和资助传教士的义务。在这种所谓的"保教权"（Padroado或Royal right of Patronage）下，传教士也要向该属地的国王效忠。② 但到了十八世纪末，由于两国的实力逐渐衰退，以及英国、荷兰等新教国家介入海上竞争，致使天主教海外传教士的人数也大不如前。这对天主教在殖民地的教务发展和对当地社会的影响力造成了不小的冲击。

不仅如此，在十八世纪的天主教内部，神学上的异见争端也削弱了欧洲教会的权威。其中最有代表性的就是以詹森主义（Jansenism）为代表的"严苛主义"（Rigorism）与以耶稣会为代表的"从宽主义"（Laxism）在法国展开的对峙。持有奥斯定和加尔文神学背景的詹森主义宣言"恩典论"和"预定论"，而提倡人文主义精神的耶稣会则强调"自由意识"。二者在"恩宠"和"自由意识"等神学问题上争论不休。③ 这场神学上的博弈逐渐转变成了一场

---

① 亚洲大陆、东印度群岛、巴西和非洲为葡萄牙的势力范围，美洲、太平洋群岛和菲律宾群岛为西班牙的势力范围。
② 许璐斌：《葡萄牙和西班牙的远东"保教权"之争及其历史影响》，《北京教育学院学报》2008年第22卷第2期，第39—43页。
③ 关于这次神学争论参见 Charles E. Curran, *The Origins of Moral Theology in the United States: Three Different Approaches*, USA: Georgetown University press, 1997, pp. 18 - 27; Michael Printy, "The Intellectual Origins of Popular Catholicism: Catholic Moral Theology in the Age of Enlightenment," *The Catholic Historical Review*, Vol. 91, No. 3 (2005); [法]伏尔泰：《路易十四时代》，吴模信、沈怀洁、梁守锵译，北京：商务印书馆，1996年，第546—577页。

政治上的较量,为了维护法国政局和罗马教廷的长治久安,法王路易十五(Louis XV,1710—1774)和教宗克莱孟十四世(Clemens XIV,1705—1774)决定放弃四面树敌的耶稣会,在1773年以一道教廷敕令《吾主救世主》(Dominus ac Redemptor)解散了对抗改革宗的中坚力量——号称"教宗卫士"的耶稣会。① 这次神学争辩所带来的冲击远远不止在教会内部,它同时也对法国王权的绝对主义和封建体制作出了挑战,成为了法国大革命爆发的萌芽。② 此外,十八世纪以耶稣会的失败而告终的"中国礼仪之争",所涉及的范围虽只局限于中国的教会事务,但在一定程度上也可看作是欧陆神学争辩在远东的一个延续,其影响更是非同小可。教宗克莱孟十一世(Clemens XI,1649—1721)在1715年颁布的通谕《自登基之日》(Ex Illa Die)中禁止了中国信徒祭孔祭祖,将耶稣会实行多年的"利玛窦规矩"付之一炬,③从此中国也走进长达百年的禁教期。④

虽然西、葡在海外传教势力的没落以及神学争论导致的教会动荡,让欧洲天主教在十八世纪的发展步履艰难,但令其元气大伤的关键还属法国大革命。此次革命是在以"理性主义"为旗帜的启蒙思想运动的影响下爆发的。⑤ 法国民众对君主上层的苛捐杂税

---

① John Macerlean,"Clement XIV and the Suppression of the Jesuits," *Studies: An Irish Quarterly Review*, Vol. 22, No. 87 (1933).

② 洪庆明:《宗教争论与18世纪法国的政治转变》,《上海师范大学学报(哲学社会科学版)》2008年第37卷第2期,第111—119页。

③ Carine Dujardin, *Missionering En Moderniteit: de Belgische Minderbroeders in China 1872 - 1940*, Leuven: Universitaire Pers Leuven, 1996, p. 35;黄佳:《詹森派视野中的"利玛窦规矩"——以〈耶稣会士的实用伦理学〉第二卷为中心》,《浙江社会科学》2013年第9期,第121—129页。

④ 由礼仪之争带来的全面禁教,由康熙提出,由雍正(1723—1735年在位)开始落实。关于"礼仪之争"的研究参见李天纲:《中国礼仪之争:历史、文献和意义》,上海:上海古籍出版社,1998年。

⑤ 关于是何种原因引发了法国大革命,目前学界主要持有两个观点:即启蒙思想引发了革命的爆发和革命的爆发激发了启蒙思想。具体的讨论可参考:[法]罗杰·夏蒂埃:《法国大革命的文化起源》,洪庆明译,南京:译林出版社,2015年。

以及教会享有的特权制度产生了极度的不满。严重的社会矛盾促使平民阶层对王权至上的封建制度展开积极的反抗,同时对教会也发起强烈的攻击。但是他们所反对的并不是宗教信仰本身,而是教会背后的政治制度以及这些在现实生活中获取利益和特权的教士。① 这次革命所换来的成果是自由、平等、民主以及对专制主义(authoritarianism)的推翻。在法国制宪议会的压力下,法王路易十六(Louis XVI,1754—1793)在1790年颁布了《神职人员民事组织法案》(Constitution civile du clergé),此举导致法国与罗马教廷关系破裂。

十八世纪欧洲的主流哲学思想是反宗教的,与教会势力抗争是当时哲学家们的共识,一系列在新思想下展开的革命运动让天主教会的权威逐渐削弱,教会基本上失去了以往的辉煌。② 但是,正如前文提及的,法国大革命矛头所指的并不是信仰本身,而是教会权贵的腐朽与特权。当大革命的政治目的达到其预期的效果时,民众对宗教信仰的需求也随之复苏。③ 与此同时,欧洲天主教经过了近一个世纪不同神学派系之间的争论后,开始深刻反省并催生一系列的改革措施。加之1790年工业革命前后出现的"浪漫主义"(Romanticism)思想运动,也让基督宗教开始对十八世纪启蒙运动中充斥的"理性主义"重新加以审视。进入十九世纪后,一股宗教复兴的浪潮开始慢慢呈现。而这场浪潮波及天主教之前,已显露在欧洲基督新教的各教派中,其中具有代表性的有德国的虔敬派(Pietism)和英国的福音派(Evangelicalism)等。④ 此外,

---

① [法]托克维尔:《旧制度与大革命》,冯棠译,北京:商务印书馆,1997年,第46页。
② [法]托克维尔:《旧制度与大革命》,第184页。
③ 同上,第46页。
④ John Herman Randall, "Romantic Reinterpretations of Religion," *Studies in Romanticism*, Vol. 2, No. 4 (1963), p. 189.

这股宗教复兴浪潮也触及了美洲大陆，催生了当时基督教"第二次大觉醒运动"。他们强调信仰中个人的情感成分以及与上帝直接沟通的经验，并试图对早期教会中奉行的形式主义加以抵制。①

在欧陆天主教会内，这场宗教复兴运动主要表现在信徒对个人灵修与宗教生活的热诚态度上，这些具有浪漫主义色彩的感性生活反映出天主教会对以哲学、科学等理性思想为背景的启蒙运动做出的反抗和抵制。② 这一时期，众多充满个人情感的宗教敬礼渐渐深入人心，其中具有代表性的是富有家庭色彩的圣家敬礼、具有男性化色彩的耶稣圣心的敬礼，以及充满母性化色彩的圣母玛利亚无玷之心的敬礼等。③ 教宗庇护九世（Pius IX，1792—1878）在1854年对普世教会宣布了"玛利亚无染原罪"信条，这一举措不但更加鼓舞了信众对玛利亚敬礼的热忱，也表达了教会对圣母敬礼在精神上的支持和在教理上的认可。更重要的是，借此感性化的信条有力地扫清了启蒙运动后残留的理性主义影响。④ 南怀义对圣母玛利亚热忱的敬礼很有可能就是受到这一系列宗教思想的影响。而这也是该团体最终定名"圣母圣心会"的主要原因

---

① 塞缪尔·皮尔逊：《18世纪虔敬主义和理性主义对美国思想形成的影响》，任东来译，《美国研究》2004年第1期，第122—134页。

② Carine Dujardin, *Missionering En Moderniteit: de Belgische Minderbroeders in China 1872 - 1940*, p. 40.

③ 关于十九世纪圣心敬礼在教会充当的男性化角色的研究参见 Tine Van Osselaer, "'From that moment on, I was a man!' Images of the Catholic male in the Sacred Heart Devotion," in P. Pasture, J. Art, T. Buerman, J. de Maeyer, L. Van Molle, T. Van Osselaer and V. Viaene, eds., *Gender and Christianity in Modern Europe*, Leuven: Leuven University press, 2012, pp. 121 - 135. 1868年12月8日，比利时是当时第一个把自己奉献给耶稣圣心的国家，其后又在1919年和1943年再次奉献。参见同一文章第122页的脚注8。

④ Patrick Taveirne, *Han-Mongol encounters and missionary endeavors: a history of Scheut in Ordos (Hetao), 1874 -1911*, pp. 162 - 163.

之一。①

除灵性生活的复兴之外,十九世纪的另一特点是积极地向海外宣教。随着第一次工业革命爆发而提升的运输产业,为大量传教士远涉重洋提供了前所未有的便利条件。因此,这一时期投身海外的新教与天主教传教组织如雨后春笋般地相继建立。② 1814年,教宗庇护七世(Pius VII,1742—1823)又重新恢复了在十八世纪中期被解散的耶稣会,为其传教大军再添助力。③

南怀义的圣母圣心会就是在这样一个信仰与传教双重复兴的世纪中诞生的。欧洲基督宗教的大觉醒,让多年来饱经内忧外患的教会与信教群众得以重新振作,此时创立圣母圣心会无疑得到的是广泛的支持和响应;加之比利时独立后宽松有利的宗教政策,以及全民上下被高度民族及国家意识所催生出的传教热情,使这一走出海外的传教使团更加备受瞩目与"宠爱"。因此,在如此得天独厚的时代背景下,创立一个真正属于比利时的传教修会也便水到渠成,可见其在"天时"上获益良多。

---

① 在1837年,法国巴黎圣母得胜堂(Basilique Notre-Dame-des-Victoires)的狄哲奈神父(Charles-Éléonore Dufriche-Desgenettes,1778—1860)发起建立一个"圣母圣心会之友会"(la confrérie du Très-Saint et Immaculé Cœur de Marie)的组织。该组织以圣母圣心为护佑,特别对异教徒和罪人的皈依而祈祷,其成员快速地发展到了德国和比利时。南怀义对异教徒信仰皈依的理念与该组织吻合。因此,他对自己修会的命名也可能受到这一组织的影响。参见 Valère Rondelez, *Scheut, zo begon het*, p.111.

② 在十九世纪,新教建立的传教差会有:巴塞尔福音传教会(Basel Evangelical Missionary Society,1815年)、丹麦传教会(Danmission,1821年)、巴黎福音传教会(Paris Foreign Missions Society,1824年)、莱比锡路德宗福音传教会(The Leipsic Society,1836年)、德国北方传教会(The North German Missionary Society,1836年)等。天主教的传教修会有:耶稣玛利亚二心会(Picpus,1800)、圣母兄弟会(Marisist,1816)、圣母圣心会(Scheutisten,1862)、圣若瑟传教会(Mill Hill Missionaries,1866)、非洲传教会(Witte Paters,1868)、圣言会(Steyler Missionaries,1875)等。参见胡斯托·冈萨雷斯(Justo L. González):《基督教史》下卷,赵城艺译,第380—381页。

③ R. G. Tiedemann, *Reference Guide to Christian Missionary Societies in China: From the Sixteenth to the Twentieth Century*, New York: M. E. Sharpe, Inc., 2009, p.41.

第二节 地　利

　　比利时位于欧洲西北部，四周被荷兰、法国、德国、英国等老牌强国环绕，在地理位置上一直是各国虎视眈眈的政治要地。在1815年，在拿破仑战役中失败的法国把统治了二十年的比利时拱手让与荷兰，但对其在政治、文化和宗教上的影响力并没有因此终止。甚至比利时的独立运动，也都有英、法两国在背后的重要支持。1830年独立革命成功后，为了巩固新王朝的国力，比利时开国国王利奥波德一世又迎娶法王路易菲利普一世（Louis-Philippe I, 1773—1850）的长女奥尔良公主路易斯玛丽（Louise-Marie Thérèse Charlotte Isabelle, 1812—1850）为妻，作为其政治伴侣统治比利时共达十八年之久，以此保持独立后的比利时与法国在政治和文化上的紧密联系。①

　　前文提及，圣母圣心会建立之初衷是到中国传教。但因"礼仪之争"之故，清政府颁布禁教谕令，天主教在百年之中几乎冰解云散，西方传教士也更难再入足中国。而十九世纪中叶中英鸦片战争的爆发，让"闭关自守"的清廷大梦初醒。贪婪蛮横的西方列强为求得自身利益，以大炮迫使清廷与其陆续签署了一系列的不平等条约，让西人得以陆续入华，榨取资本。在此时代背景下，1865年南怀义率领四位同仁成功进入中国。此首战告捷，与法国这个同比利时一衣带水的邻居，有着千丝万缕的关系。

---

① Comte Louis De Lichtervelde, *Leopold first, the founder of modern Belgium*, p. 12, 146.

一、从"闭关锁国"到"一体通用"

中比之间最早之交往,可追溯至奥属尼德兰(Oostenrijkse Nederlanden)的统治时期。当时比利时在1722年建有与远东贸易的奥斯坦德公司(De Oostendse Compagnie),它的货物运输航线维系了低地国与远东之间的商贸往来。货船从比利时奥斯坦德港出发,停靠在中国的广州港,以采购茶叶、瓷器和丝绸为主。仅以茶叶为例,当时奥斯坦德公司供应了西欧58%的茶叶进口,可见其规模之大。① 但后期面临英国、荷兰的强大压制,1731年3月6日奥斯坦德公司被迫解散关闭,中比之间短短几年的贸易关系也就此夭折了。②

1830年宣告独立的比利时与实行"重商主义"的荷兰分道扬镳,以前依靠荷兰供给的市场渠道也随之切断。工业革命带来的大量商品无处销售成为了利奥波特一世首先需要解决的棘手问题。1831年英商边沁(Jeremy Bentham,1748—1832)曾首次向其提出在中国广州建立一个经贸办事处的想法,③以此寻求和掌握与中国开展经贸关系的有效途径,力图挽救失去的输出市场。

---

① Henri Van Daele, *Een geschiedenis van Vlaanderen*, Tielt: Lannoo nv., 2005, p. 93.

② 1845年耆英有奏:"伊国(比利时)前百年间,曾来天朝贸易,嗣遭国难,遂以中止。"其实比利时商人并没有因1731年奥斯坦德公司的关闭而完全停止来华贸易。从中文史料看来,1752年时仍有比籍商人来华的记录,"吡唎国:吡唎时,红毛种,乾隆十七年进口"。参见文庆、贾桢、宝鋆等:《筹办夷务始末(道光朝)》,沈云龙主编:《近代中国史料丛刊》第七十六辑,台北:文海出版社,1966年,第6141—6142页;梁廷枏等:《粤海关志》,卷二十四,市舶,沈云龙主编:《近代中国史料丛刊续编》第十九辑,台北:文海出版社,1974年,第1760页。

③ 在中英《南京条约》签订之前,清廷从乾隆二十二年(1757)开始一直对外实施"一口通商"的海疆政策。大力限制西方商人在华经商的范围。具体内容参见王华锋:《乾隆朝"一口通商"政策出台原委析论》,《华南师范大学学报(社会科学版)》2018年第4期,第169—177页。

图 1-1 奥斯坦德公司的商船

图片来源：Stadsarchief Oostende, Objectnummer: PT/C0054, publiek domein

但建国不久的比利时毛羽未丰，对与远东建立商贸关系既毫无经验，又无力实行。虽然如此，但利奥波特一世在位期间对打开中国这一广阔市场始终充满着兴趣。①

道光二十年（1840）英国对华发动了第一次鸦片战争。由于清军战败，1842 年清廷被迫与英方签订《南京条约》，从以往的"一口通商"开拓到了"五口通商"，其后美、法两国也紧随其后，以军事威逼之手段在 1844 年相继与清廷签订了中美《望厦条约》和中法《黄埔条约》，为西人入华经商、传教等活动扫清障碍。比国政府在当时也垂涎以条约之便进入对华开展商贸，当《南京条约》签订的消

---

① W. F. Vande Walle, *Belgian treaties with China and Japan under King Leopold I*, in Willy Vande Walle, Noël Golvers, eds., *The history of the relations between the Low Countries and China in the Qing era* (1644 – 1911), p. 419.

息传至欧洲后，比利时社会上下便开始密切关注其他西方国家在华发展的动向，以期寻找机会分一杯羹。但真正让比利时朝野决意入华开展贸易的，是中法《黄埔条约》的签订，该条约让犹豫不定的比利时最终下定决心搭上"妻家"法国的这条护船。①

　　虽然清廷以比利时早期曾来华贸易，以及比国国王与法国公主缔结婚姻之故，明文许可比利时与其他西方列强"同霑德泽"，共享《黄埔条约》中之权利。② 但比利时众议院并不满足于此，另派出比国驻马尼拉总领事兰瓦（M. Lannoy）为赴华特使，力求与清廷单独签署一份比利时在华贸易和建立广州领事馆的许可，以期达到与清廷直接保持联系并确定稳定贸易关系之目的。这份于道光二十五年六月二十日（1845年7月25日）签署的公文虽不能称为正式"条约"，但也是中比之间签署的首份带有协议许可性质的文件。③ 值得一提的是，兰瓦能够在广州与通商大臣耆英对此事展开谈判，法国在其中给予了很大的帮助，法国驻华全权大使拉萼尼（又译"喇萼呢"，Théodore de Lagrené，1800—1862）不但为这

----

　　① J. L. Van Hecken, "Betrekkingen van België met China onder Leopold I in de Belgische pers van 1858 tot 1865," *Koninklijke Academie voor Overzeese Wetenschappen*, No. 95 (1965), p. 1242.

　　② "兹据呲嘲咠喀国领事兰瓦呈称：伊国前百年间，曾来天朝贸易，嗣遭国难，遂以中止，今闻大皇帝恩施各国，心殊仰望，冀得一视同仁，并邀旷典，是以国王遣伊前来，将五口贸易章程，一体颁发，俾得同霑德泽。"参见文庆、贾祯、宝鋆等：《筹办夷务始末（道光朝）》，第6141—6142页；又见："旋据查明，该国即系曾经来粤通商之比利时国，与唎嚩晒结为婚姻，同在殴罗巴部落之内，禀覆前来。伏查呲嘲咠喀国，既系曾经贸易，令领事兰瓦求请一例通商。本与哦啰嘶、哑啉等国之向未来粤者，情节迥异，似尚可俯允所请，以示怀柔。"参见文庆、贾祯、宝鋆等：《筹办夷务始末（道光朝）》，第6142—6143页。

　　③ 这份比利时在华贸易的协议许可，目前仍未见中文文本。其大致内容如下："两广总督兼通商大臣耆英与黄姓广东大员（按：即广东巡抚黄恩彤）如此声明，比利时领事的呈请皇帝陛下已经过目，并回复比利时王国允许在华贸易。因此，我们附上与其他各国已经签署的条约内容以及海关关税条例，以便比籍商人能够了解详情，仔细查看，享有其益处。"其英文文本参见 William Frederick Mayers, *Treaties between the Empire of China and foreign powers*, Shanghai: North-China Herald office, 1902, p. 137.

次会面牵线搭桥,① 还无偿提供法国公使馆中文秘书范尚人（Joseph Maxime Marie Callery, 1810—1862）作为全程翻译。②

总的说来,中法《黄埔条约》的签订在一定程度上既跨越了中英《南京条约》中只以"通商"为宗旨的目的,又拓展了中美《望厦条约》中传教士有限的活动范围,让法国在华之利益得到最大之补充。③ 其背后之原因也不难理解:法国在华贸易实力远不及英美两国,在瓜分物质利益上的缺失,则试图以不平等条约赋予的宗教利益来弥补,以其传统法兰西式的天主教信仰对中国施加影响,企图以教会权力来削弱英美的在华势力,并提升自己的在华地位。④ 因而,力争天主教传教士在华传教自由成为了法国政要眼中的重要议题。

但《黄埔条约》的签订,未能提升本地信徒的"信教自由"——无法信教,何谈传教。⑤ 因此,在传教士的提议下,法国大使拉萼

---

① "并接㗌嘛哂夷使喇哗呢来信,内称吔唎咀喀国领事兰瓦,经该国王遣令前来,冀邀一例通商之典,因久未往来,不敢遽进,浼伊代为荐引。"参见文庆、贾桢、宝鋆等:《筹办夷务始末（道光朝）》,第6142页。

② W. F. Vande Walle, *Belgian treaties with China and Japan under King Leopold I*, p. 423.

③ 王立新:《晚清政府对基督教和传教士的政策》,《近代史研究》1996年第3期,第224—225页；H. M. Cole, "Origins of the French Protectorate Over Catholic Missions in China," *The American Journal of International Law*, Vol. 34, No. 3 (1940), p. 482.

④ "该夷使已无计可施。若仅照咪夷旧式,定一通商章程,则彼贸易无多,又未免徒劳往返,因而专求天主教弛禁之一途,以为回覆国主夸耀邻封之计。"参见文庆、贾桢、宝鋆等:《筹办夷务始末（道光朝）》,第6053—6054页；[法]卫青心:《法国对华传教政策》,黄庆华译,北京:中国社会科学出版社,1991年,第316—317页。

⑤ 《黄埔条约》中涉及天主教传教士的内容,主要有第二十二款:"凡佛兰西人按照第二款至五口地方居住,无论人数多寡,听其租赁房屋及行栈贮货,或租地自行建屋、建行。佛兰西人亦一体可以建造礼拜堂、医人院、周急院、学房、坟地各项,地方官会同领事官,酌议定佛兰西人宜居住、宜建造之地。……倘有中国人将佛兰西礼拜堂、坟地触犯毁坏,地方官照例严拘重惩。"与第二十三款:"凡佛兰西人在五口地方居住或往来经游,听凭在附近处所散步,其日中动作一如内地民人无异,但不得越领事官与地方官议定界址,以为营谋之事。……佛兰西无论何人,如有犯此例禁,或越界,或远入内地,听凭中国官查拿,但应解送近口佛兰西领事官收管；中国官民均不得殴打、伤害、虐待所获佛兰西人,以伤两国和好。"参见王铁崖编:《中外旧约章汇编》第一册,北京:生活·读书·新知三联书店,1981年,第62页；[法]卫青心:《法国对华传教政策》,第279—284页。

尼不得不在天主教弛禁方面又再三要求耆英代为向清廷转达。①道光二十四年(1844),道光皇帝首次以奏折的形式颁布弛禁,重新赋予中国人信教之自由,这为中国百年禁教之历史彻底画上句号。② 但这一弛禁也是有条件的,即本地信徒必严遵"行善"之原则,而传教士的活动范围也仅限于五口之内。③

这个新的形势显然让南怀义开启了他最初的赴华信心,并决定加入以拯救中国弃婴为主旨的天主教世俗善会组织"圣婴会"(l'Association pontificale de la Sainte-Enfance),他在入会次年又担任了该会比利时分会的主任。④ 南怀义曾在1861年3月26日的一封写给圣婴会的信中,表达了他渴望去中国建立传教使团的想法:

---

① "窃照唎嘛哂夷使喇嗶呢,请求各款,多属必不可行,业经逐加驳斥。惟天主教弛禁一节,请求甚坚。"参见文庆、贾祯、宝鋆等:《筹办夷务始末(道光朝)》,第6047页。

② 关于道光皇帝弛教禁的政策在何年颁布,卫青心以皇帝在耆英通奏上的"依议"二字为根据,认为颁布于1844年12月14日。而顾卫民则认为弛教禁上谕于道光二十五年十二月二十日(1846年2月8日)颁布。据《筹办夷务始末》(道光卷)记载,道光皇帝第一次以奏折的形式对天主教弛禁是道光二十四年(1844)十月初二,所以笔者更倾向于弛教禁政策首次颁布的日期是在1844年。参见[法]卫青心:《法国对华传教政策》,第424页;顾卫民:《中国天主教编年史》,上海:上海书店出版社,2003年,第364页;"中央研究院"近代史研究所:《近代中国对西方及列强认识资料汇编》,"中央研究院"近代史研究所编:《中国近代史资料汇编》第一辑,第二分册,台北:"中央研究院"近代史研究所,1972年,第25页;文庆、贾祯、宝鋆等:《筹办夷务始末(道光朝)》,第6055页。

③ "前据耆英等奏,学习天主教为善之人,请免治罪,其设立供奉处所,会同礼拜,供十字架、图像,诵经、讲说,毋庸查禁……外国人概不准赴内地传教,以示区别。"参见文庆、贾祯、宝鋆等:《筹办夷务始末(道光朝)》,第6238—6239页。另,值得注意的是,这些"奏折法令"与条约的性质有所区别,它并不是一个具有法律效力的国际协议,而只是一种朝廷当局下达的指令,涉及的内容纯属中国内政,外国使节无权干涉。所以更确切地说,这个"弛禁"是一个有限度的"宽禁"而已。见[法]卫青心:《法国对华传教政策》,第426页。

④ 南怀义于1859年通过家访军事学校的一位生病的学生认识了圣婴善会,并于同年加入该善会。1860年成为比利时全国圣婴会主任,直到1865年赴华前卸任。南怀义在华期间一直与比利时的圣婴善会有紧密的联系。参见 Valère Rondelez, *Scheut, zo begon het*, pp. 27 - 30.

我们不会让时间白白流失,毫无疑问天主愿意每个人为这个充满异教者地域的皈依而献身,让其充满天上的祝福。这是我们的梦想,通过圣婴善会的协助在中国的大地上建立一个比利时籍的团体。鉴于在中国语言上将会面临的问题,我们可以把这个团体建在能与欧洲人紧密联系的港口城市,我们将在那里成为圣婴会的使徒。①

对南怀义来说,圣婴善会不仅让他从信仰的角度关注到了中国的教务问题。更重要的是,南怀义开始认识到参与圣婴会的在华活动是其远赴中国之梦得以实现的一个桥梁。

图1-2 担任圣婴会比利时全国主任时的南怀义

图片来源:KADOC-KU Leuven, Photo archive of the Generalate of CICM

二、从中法修约到在华"保教权"

《黄埔条约》赋予了法国传教士在"五口"合法进行宗教活动的权利,这对南怀义赴华梦想的实现带来了前所未有的希望。但是,作为欧洲小国的比利时,十九世纪中期在华既没有设立领事馆,也没有正式与清廷签订过任何条约。如何能与法国教士一样顺利入

---

① Valère Rondelez, *Scheut, zo begon het*, p. 48; Harry Knipschild, *Soldaten van God: Nederlandse en Belgische priesters op missie in China in de negentiende eeuw*, p. 54.

华并合法传教成为了南怀义企盼解决的问题。而在这时,法国又分别在1858年和1860年与清廷签订了《天津条约》和《北京条约》,这使法国摇身一变,成为了包括比利时传教士在内的所有西方天主教传教士在华活动的"保护人"。

西方列强在1854年和1856年两次要求与清廷履行条约中"十二年后公平酌办"的修约计划。清廷以"亦只可择其事近情理、无伤大体者,允其变通一二条,奏明候旨,以示羁縻"的态度婉拒英、法等各国的要求。① 列强满心不悦,等待时机予以应对。1856年(咸丰六年)2月29日,广西西林知县张凤鸣勒令处死秘密潜入内地传教的法国巴黎外方传教会传教士马赖(Augustus Chapdelaine,1814—1856),引发"西林教案"。同年10月8日,又爆发了因扣押英籍货船的华籍水手和羞辱英国国旗而导致的"亚罗号事件"(The Arrow Incident),英法以这两次涉外事件为借口发动了"第二次鸦片战争",组织联军一同北上攻占大沽口,直逼北京,威胁清廷与其交涉。当时正值中国发生太平天国运动,内忧外患的清政府为尽快平息这次武力事件,派遣大学士桂良及吏部尚书花沙纳与列强在天津议和。1858年6月签订的中法《天津条约》就是在这样的背景下产生的。

《天津条约》是清政府在列强的武力威胁下无可奈何而签订的协议。其中第八款明文规定,天主教传教士凭借法国领事馆出具的护照,可以自由地进入内地,畅通无阻地进行传教活动,并在中国全境受到法律保护。这让法国无疑担当起了在华天主教传教士保护人的角色,同时也成为当时唯一一个有权颁发给任何国籍天

---

① 贾桢等:《筹办夷务始末(咸丰朝)》,沈云龙主编:《近代中国史料丛刊》第五十九辑,台北:文海出版社,1966年,第990—991页。

主教传教士护照的国家。① 与其他同时期的不平等条约相比,《天津条约》对天主教的保护是最具有典型性的,这也使得法国在华保教权的独有地位最终得以确立。其后 1860 年 10 月 25 日的中法《北京条约》又允许法国领事进驻北京,如此优越的地理位置又让法国领事更能实际有效地直接与清廷进行各种交涉,为天主教传教活动再次提供了有力的保障。通过这两次条约的签订,法国不仅能够维护外籍传教士在华的合法利益,同时对中国籍天主教信徒也赋予了法律上的保护,这是对 1844 年清廷颁发的"弛禁令"的一种法律意义上的提升。不可否认,力图贯彻全国性的"传教自由"和"信教自由"是法国得以推行其在华宗教影响力最切实有效的途径。②

从教廷方面看来,法国这个传统的天主教国家是十九世纪保护天主教会在远东传播的合适人选。教廷在 1888 年之前并没有正式赋予法国保护中国传教事宜的委托权。但教廷对法国在华保教权的认可可能从 1858 年签订《天津条约》后就已经开始了。③ 当时澳门、北京和南京的主教仍由葡萄牙国王来任命,但因葡萄牙殖民帝国在十八世纪开始走入衰退,国力和资金的缺乏使葡国在华

---

① H. M. Cole, "Origins of the French Protectorate Over Catholic Missions in China," p. 484;Patrick Taveirne, *Han-Mongol encounters and missionary endeavors: a history of Scheut in Ordos(Hetao),1874 - 1911*, p. 197.

② 中法《天津条约》中涉及传教士的内容有第八款:"凡大法国人欲至内地及船只不准进之埠头游行,皆准前往,然务必与本国钦差大臣或领事等官预领中、法合写盖印执照,其执照上仍应有中华地方官钤印以为凭。"以及第十三款:"天主教原以劝人行善为本,凡奉教之人,皆全获保佑身家,其会同礼拜诵经等事概听其便,凡按第八款备有盖印执照安然入内地传教之人,地方官务必厚待保护。凡中国人愿信崇天主教而循规蹈矩者,毫无查禁,皆免惩治。向来所有或写、或刻奉禁天主教各明文,无论何处,概行宽免。"参见褚德新、梁德主编:《中外约章汇要(1689—1949)》,哈尔滨:黑龙江人民出版社,1991 年,第 146、147 页。

③ H. M. Cole, "Origins of the French Protectorate Over Catholic Missions in China," p. 489.

保教权已经名存实亡。1773年教宗在法国大革命中解散了在华活动最为活跃的耶稣会,法国遣使会因此接手了大片他们在中国遗留下的传教工作,法国天主教在华的威望借着遣使会的活动得到了广泛提升。所以,教廷这时对法国借着中法条约担当起的保教角色感到非常满意,这样既可以借助法国的力量来抵制葡萄牙在远东的保教权,也可以使教廷传信部越过葡萄牙的管辖直接在中国发挥其作用和影响。①

如果我们说鸦片战争之前的中国教会属于葡萄牙,那么鸦片战争之后的中国教会则是法国人的天下。《天津条约》和《北京条约》的相继签订,让法国在华的保教范围不断扩大,南怀义也正是在这时下定了自己去往中国的决心——"在中国发生的这些可喜的事件,让南怀义从此认定了他去往中国传教的信念"。②

当时的比利时社会对西方列强与中国之间发生的一系列事件了如指掌。1862年9月2日,法文报刊《大众惠报》(Le Bien Public)刊登的一篇文章很明确地表达了当中国的大门被枪炮强行攻破后,比利时以"正义者"的姿态渴慕本国传教士到中国传播基督信仰和西方道德观念的态度,该文摘录如下:

> 最近这几年远东所发生的一连串事件,特别是在中国所发生的,让欧洲与这些远东地区艰难而危险的关系有了完全的转变。辽阔的远东地区为了阻止我们渗透西方的思想和道

---

① 早在1622年教宗额我略十五世(Gregorius XV,1554—1623)就建立了宗座传信部(今译"万民福音部",Sacra Congregatio de Propaganda Fide),以此实现对全世界天主教传教士进行直接的掌控和派遣。1659年教宗亚历山大七世(Alexander Ⅶ,1599—1667)通过传信部委任巴黎外方传教会的法籍主教陆方济(François Pallu,1626—1684)和郎伯尔(Pierre de la Motte Lambert,1624—1679)为在远东"非信徒地区"(partibus infidelium)的宗座代牧,以此使远东教务可以直接通过罗马进行管理。参见H. M. Cole,"Origins of the French Protectorate Over Catholic Missions in China," p. 475.

② Valère Rondelez, Scheut, zo begon het, p. 43.

德观念而实行了数世纪的封锁。现在中国的"长城"终于倒塌了，日本的海港也开放了。虽然传教士们在远东的海岸线上洒满了鲜血，但换来的确是传教的自由。现在基督的使徒们对这些以鲜血所开启的大门感到心满意足。北京、长崎、南京、西贡，这些充满迷信的异教国度，对传教士们来说已经不再是望尘莫及的了。如今时间已到，福音的光明可以照耀在这庞大的人群中，并驱散笼罩他们已久的黑暗。仅以面积如同欧洲一样的中国来说，人口超过四亿的民众把自己交给了偶像和邪神。这里也有为数极少的基督徒，他们是这漆黑夜晚中仅存的一丝亮光。为了加快宣教的步伐，为了基督信仰更宽更有效地传播，为了这些人民认识欧洲文明，为了教会胜利，我们完全不需要数量庞大的军队、不可计量的资金或惊人的努力。如果每年可以有一些传教士被派遣到这里就足矣了。因为这些地方正如基督曾说过的一样：庄稼多，工人少。

发生的这些事件启示了我们，呼召我们本国的教士和信众建立一个去往中国传教的比利时团体。我们希望全体比利时人民都能够支持这个新的传教计划。如果我们的民众一起参与和行动起来，毫无疑问地我们将会为我们的国家争得最高的荣誉，并且可以成为天主教国家中最优秀的。这些传教事业的筹划者虽然所做的一切都是为了天主的荣耀和寻求弟兄们的救恩，但是也同样表达了我们对祖国的热爱之情。①

南怀义无疑是属于上文所提到的"传教事业筹划者"中的一员。通过新闻媒体，比利时社会普遍认识到，鸦片战争后的庞大中

---

① 法文原文参见"Une Mission belge en Chine," *Le Bien Public*, 2 september, 1862, p. 1.

图 1-3 南怀义赴华前

图片来源：KADOC-KU Leuven, Photo archive of the Generalate of CICM

华帝国已经不再是铁门紧锁、遥不可及的。而此时此刻正是热情满满的南怀义能够进入中国传扬福音的最佳"良机"。正如在1925年《圣母圣心会年鉴》中所表达的："要么是现在，要么永远也别再想了。"①

总之，中英《南京条约》的签订给南怀义带来了去往中国的一线希望，中法《黄埔条约》的签订又为他打开了一扇去往中国的大门，而中法《天津条约》和《北京条约》的签订为他最终铺平了一条去往中国的道路。作为刚刚成立的小国比利时来说，当时既没有驻华领事馆也没有正式的全权大使，它从条约中享有的这些"胜利果实"绝不是凭借自己在华的政治势力或外交手段所获得的。② 比利时所处的地理位置为西欧要塞，历史上与英、法这些强权大国在政治和文化上关系紧密，王

---

① "1860年的这一年，中国和法国之间签订了一份重要的条约，以前严禁传教和信教的法令如今已被废除，并且中国的港口已经为欧洲的贸易敞开大门。这将是基督教世界的欧洲能够把传教士们派往中国的唯一机会了。要么是现在，要么永远也别再想了。"参见：Scheut Missiehuis, *Het Ontstaan van de Missiecongregatie van Scheut*, *Missietijdschrift: Missiën van Scheut*, 1925, p. 76.

② 比利时首任驻华全权公使是同治五年(1866)上任的金德。第一个比利时驻华领事馆位处上海，始建于同治二年(1863)，包礼士(L. Bol)任领事。而中国在光绪十一年(1885)首次派遣许景澄出使比利时，向比王递交国书。参见佚名：《清季中外使领年表》，沈云龙主编：《近代中国史料丛刊》第十六辑，台北：文海出版社，第15、47、152页。

室之间也有联姻。① 依靠他们背后的支持使得比利时在华充分享有了"一体通用，以示怀柔"的这份"厚礼"。同治四年（1865）比利时再次派遣特使金德（Auguste T'Kint de Roodenbeke，1816—1878）来到北京共商签订中比条约的事宜，在英使威妥玛（Thomas Francis Wade，1818—1895）的协助下于在同年11月2日正式与清廷签订了第一份条约式文书，即《中比通商条约》。②就在该条约签订的三个星期后，南怀义与其四位同伴踏上了中国的土地。

三、法国护照

圣母圣心会经过在比利时三年精心而艰苦的准备，于1864年终于获得了教廷传信部的立案批准，而且遣使会在华的宗座代牧区蒙古传教区被划分给了南怀义带领的这个新使团。此时，圣母圣心会在比利时和教廷方面需要履行的创会程序都已完成，鉴于遣使会急于撤离在蒙古代牧区的传教士，南怀义及其同伴需要立即启程赴华。

但是，如上文所述，当时比利时在中国并没有驻华公使或领事，圣母圣心会的传教士如何能够踏入中国并在内地自由传教，这就完全需要仰赖法国驻华公使馆的庇护和中法条约在其中所能发挥的"保教"作用。而持有一本法国护照是获得这些"传教

---

① 比利时开国国王利奥波德一世的第一任妻子是英王乔治四世（George IV）之女夏洛特公主（Princess Charlotte Augusta of Wales，1796—1817）。其早逝后，他又迎娶了法王路易菲利普的长女奥尔良公主路易斯玛丽（Louise-Marie Thérèse Charlotte Isabelle）为妻。参见 Le Comte Louis De Lichtervelde, *Leopold first, the founder of modern Belgium*, pp. 4, 146.

② William Frederick Mayers, *Treaties between the Empire of China and foreign powers*, p. 138.

特权"的前提条件。① 传信部部长巴尔纳博枢机主教(Alessandro Barnabò, 1801—1874)在 1864 年 9 月 17 日的一封信中也警示南怀义,如果圣母圣心会的传教士想尽快踏上中国的传教区就要寻求法国外交部的帮助,申请到法国护照是他们的当务之急。② 巴尔纳博枢机主教这样写道:

> 前不久我向您汇报了关于蒙古代牧区划分给圣母圣心会的决定。现在我收到了一封来自北京传教区主教孟振生(Joseph-Martial Mouly, 1807—1868)在 4 月 16 日的来信。信在路上耽搁了很久,所以我们没能在罗马及时收到。孟主教在信中说:比利时传教士要怎么来到蒙古传教区呢?我认为这是我的职责需要提醒您,在履行您赴华的计划前首先要扫清所有可能面临的阻碍。来自欧洲的传教士如果想踏入中国领土并自由地在内地活动,中国政府会要求他们持有护照,或者至少他们持有合法的旅行证件。但是比利时在中国还没建立公使馆,所以比利时传教士要从法国外交部那里获得他们的护照,因为法国被认为承担了天主教传教士在中国保护人的角色。③

---

① 在咸丰十一年五月二十五日(1861 年 7 月 2 日)的一份奏折中有记:"行知各省督抚凡未设立条约之国及有约之国而并无执照者,均不准任其在内地游行传教。"参见朱金甫主编:《清末教案》第一册,北京:中华书局,1996 年,第 199 页。

② 申请法国护照的这一环节并没有像南怀义事先设想得那么简单。1864 年 9 月 17 日的这封信中,巴枢机转述了孟振生的话:"法国驻华公使(引者按:即柏尔德密,Jules Berthemy, 1826—1903)很明确地表示了会拒绝比利时传教士对法国护照的申请,所以这将使传教士们很难进入蒙古传教区,而想在那里居住更会是难上加难。我完全不知道法国公使这么做的真正原因是什么。所以有必要让圣母圣心会的传教士在离开欧洲之前,与巴黎法国外交部进行协商,以便到时驻华的法国公使不会拒绝比利时传教士的护照申请。"这一"拒发护照事件",让南怀义以及四位同伴又耽搁了一年才可以正式启程。参见 Scheut Missiehuis, *De eerste afreis naar Mongolië*, *Missietijdschrift: Missiën van Scheut*, 1927, p. 27. 关于本事件更详细的说明,请参见本章第三节"孟振生与在华遣使会"。

③ Scheut Missiehuis, *De eerste afreis naar Mongolië*, *Missietijdschrift: Missiën van Scheut*, 1927, p. 27.

第一章　为中国而建的圣母圣心会　65

鉴于此,南怀义请求比利时外交部给予协助,也希望部长出面与法国交涉,妥善解决护照问题。1865 年 6 月 22 日,比利时外交部部长罗泽(Charles-Latour Rogier,1800—1885)写信告知南怀义,法国外交部同意给他们一行四人颁布法国护照的决定。从该信的内容上可以看出,圣母圣心会的传教士若想能够在华进行合法的传教活动,申请到一本法国护照对他们的重要性。罗泽在信中这样写道:

> 去年 11 月,法国外长特罗恩·德·吕伊(Drouyn de Lhuys,1805—1881)通告了比利时大臣……南怀义神父迫切地寻求法国驻京公使对接手遣使会在蒙古传教区工作的比利时传教士进行保护,这一要求将不会被法国拒绝。如原计划那样,颁布给这些比利时传教士必要的护照。……法国驻京公使通过与中国签署的条约被赋予了在中国自由传教的权利,并且不会因为传教士本身的国籍问题而拒绝颁发法国护照。正如多明我会和方济各会的传教士,虽然他们都是意大利或西班牙人,但是他们都同样享有和法国的遣使会、耶稣会和巴黎外方传教会一样的支持。因此比利时籍的传教士在中国传教区里也将同样得到法国的保护,包括中国人移居的"西口外"(蒙古教区西部),那里清朝内阁没有权利来阻挠传教士的活动。但是对于"蒙古地方"来说可能不会奏效。① 天主教的传教活动在那里不能公开进行,并且遣使会在那里也没有建立任何传教点。②

---

① 这里说的蒙古地方(eigenlijk Mongolië),指的是地理位置上的蒙古,而不是蒙古传教区。蒙古教区的地理划分为:南以长城为界,东以关东三省为界。参见[比]隆德理:《西湾子圣教源流》,古伟瀛主编:《塞外传教史》,第 27 页。

② Scheut Missiehuis, *De eerste afreis naar Mongolië*, *Missietijdschrift: Missiën van Scheut*, 1927, pp. 51 - 52.

科勒(1940)指出,自 1907 年开始,法国政府改变了一贯的"保教"政策,只对法国本国的在华传教士进行保护,其在华"保教"的角色也随之终止了。① 但是,在圣母圣心会的档案中发现,一些比利时籍传教士在中比建交之后的很长时间里,仍旧申请法国护照。其目的无非是想继续借助于法国在华的保教势力进行各种传教活动。② 譬如,圣母圣心会的比利时籍传教士杨森(Jozef Jansen 1872—1955,汉名应为任广布),他在民国二十三年(1934)仍申请了法国驻华公使颁发的编号为 4967 的法国护照。该护照为一长方形纸张,可对折,左边为法文,右边为中文。左边法文左下方有该传教士的肖像照。在照片的左上角和右下角分别盖有椭圆形紫色印章,印章上有"河北省公安局"和"Bureau of Public Safety Provincial Capital of Hopei"的中英文字样。肖像照片的右侧另有驻京法国公使馆的紫色圆形印章,印章上的法文字样为"Légation de la République Française, Pekin"。护照右边是护照的中文内容,依照从上至下和从右至左的传统顺序排列。其中传教士的中文姓名,护照颁布日期及护照号为手写楷体,其他文字内容为宋体印刷字。护照之中文原文转录如下:③

　　大法国特命驻华全权公使韦为发给护照事,兹因遵行大清国大皇帝、大法国大皇帝特派钦差便宜行事全权大臣于咸丰八年五月十七日及十年九月十二日在天津、顺天两城内设立和约章程第八第六前后等款,故本公使将此护照交付本国人传天主教之教士杨森收得为据。本公使因深知教士杨公系

---

　　① H. M. Cole, "Origins of the French Protectorate Over Catholic Missions in China," p. 491.
　　② 中华民国成立后,比利时于民国二年(1913)承认了民国政府,中比外交关系就此建立。
　　③ Archive Nr.: T. I. a. 6. 2. 2, Documentatie- en Onderzoekscentrum voor Religie, Cultuur en Samenleving (KADOC), KU Leuven.

我国名士才德兼优者，所以请烦中华执政官长及各省文武各官员、边疆大吏，自此以后，教士杨公在河北、山西、察哈尔、绥远、陕西、甘肃省内来去传教居住员，无论何处租买田地建造天主堂屋宇，均听其便，丝毫不可留难。当以宾礼相待，并望随时照料，切勿袖手旁观，庶臻妥协。为此本公使给发此照。俾凡属中华民国所辖内外各处，咸宜遵照勿违，以示和约章程永垂不朽。此实本公使之所厚望也。

图1-4 杨森教士的法国护照

图片来源：KADOC-KU Leuven, Photo archive of the Generalate of CICM

右付传教士杨森收执

中华民国二十三年十一月十七日由本法国全权公使公署发

再者无论何处设有叛逆，断不准执照之人任意前往

执照人花押

本署护照存册第肆千玖百陆拾柒号
护字第壹柒叁伍号

另外，在该护照的左上角有一处手写的从右到左，从上到下中文字，其内容为：

察哈尔全省甘肃全省陕西省北部之绥德定边，靖边三县及河北省内之遵化、迁安、玉田、兴隆四县，奉令暂停游历。绥远省以平绥铁路沿线各县为限。

在这段文字上加盖一个椭圆形紫色的河北省公安局的印章，该印章与护照持有人肖像照上的印章相同。除此之外，右边另有一长方形紫色印章，其内容为：

军事区域或要塞地及不靖地方均不得前往。

从以上传教士杨森的护照内容可以看出，法国与清廷之间在咸丰八年(1858)和咸丰十年(1860)签订的《天津条约》和《北京条约》在民国时期仍然具有其法律效力。传教士在华行使传教自由的权利以《天津条约》第八款和《北京条约》第六款为主要法律依据。除国号外，在文本内容上与清朝时期颁发的法国护照并无差异，而颁发该护照的法国全权公使为当时在任的韦礼德(Henry Auguste Wilden, 1879—1935, 任期：1934—1935)。杨森的在华活动范围划定为河北、山西、察哈尔、绥远、陕西、甘肃省内，而不是在全国范围内都可以自由地游历、传教或租买田地等。这与《天津条约》第八款所涉及的"大法国人凡照旧约在通商各口地方，大法国人或长住，或往来，听其在附近处所散步动作，毋庸领照，一如内地民人无异；惟不得越领事官与地方官议定界址"的条款相吻合。① 除此之外，印章中明确注明"军事区域、要塞地、不靖地方"为附加的游历限制。

杨森教士虽在华持有法国护照，但他的比利时国籍身份在中国是有记录在案的。一份来自民国三十四年(1945)10月14日由驻北平美军司令部联合国侨民复员委员会出具并盖章的中英文证明书可以证明。② 其中文原文转录如下：

---

① 褚德新、梁德主编：《中外约章汇要(1689—1949)》，第146页。
② 在目前所能找到的档案文献中，笔者还没有发现杨森的比利时护照。在1945年他是否已经把法国护照换成比利时护照的可能性，还没有足够文献可以证明。

兹证明杨森比国人生于一九〇六年十月卅日,曾被日军拘留二年以上,现遣返察哈尔省原传教区服务,至希当地中国军政当局予以协助保护。特此证明。①

除了杨森教士持有法国护照外,笔者在鲁汶大学 KADOC 档案馆中还发现另外几位比籍圣母圣心会传教士在民国期间持有的法国护照。② 这一现象司律义也有关注,他曾撰文对传教士向克安(Marcel Van Hemelrijck, 1904—1981)的法国护照(Self-conduct)进行描述和介绍。司律义认为,虽然法国在华的"保教"角色自 1907 年逐渐退出历史舞台,但其向别国传教士颁发法国护照之举并未全面终止,而是直到 1934 年才完全结束。③ 通过笔者目前收集到的比籍圣母圣心会传教士的法国护照来看,司氏的这一推测是有实证可以支持的。

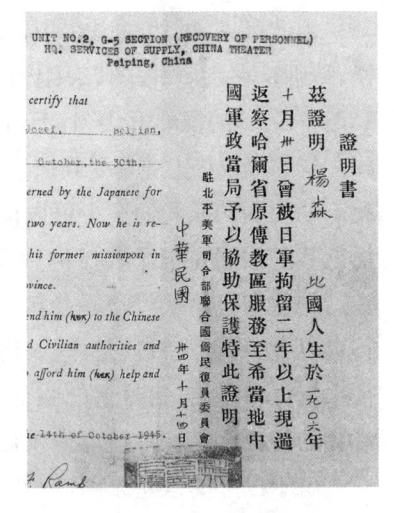

图 1-5　杨森教士的比籍证明信

图片来源:KADOC-KU Leuven, Photo archive of the Generalate of CICM

---

① Archive Nr.:T. I. a. 6. 2. 2, Documentatie- en Onderzoekscentrum voor Religie, Cultuur en Samenleving (KADOC), KU Leuven.

② 比如,民国二十二年(1933)颁发给雷慎思(Gustave Leyssens)教士编号为 4803 的护照,民国十六年(1927)颁发给胡怀义(Joseph Hoegaerts)教士编号为 904 的护照,民国二十年(1931)颁发给向克安(Marcel Van Hemelryck)教士编号为 4068 的护照等。这些护照原件均藏于 KADOC 档案馆。参见 Archive Nr.:T. I. a. 6. 2. 2, Documentatie- en Onderzoekscentrum voor Religie, Cultuur en Samenleving (KADOC), KU Leuven.

③ 向克安的护照上盖有法国驻法公使馆和北平市政府的印章,与杨森不同的是,他的护照标明了使用期限为"限用一年"。司律义认为颁发该护照的大法国全权公使"韦"为 P. Lagarde,疑有误,笔者认为应为韦礼德。参见 Henry Serruys, "Missionary Safe-Conducts: An Additional Note," *T'oung Pao*, Vol. 73, No. 1/3 (1987).

由此可见,虽然法国在华保教权自二十世纪初期就已渐趋式微,特别是在宗座驻华代表刚恒毅(Celso Benigno Luigi Costantini, 1876—1958)的推动下,于1926年诞生了六位中国本籍主教之后,法国在华的保教势力更是受到严重削弱。[①] 然而,通过这些比利时传教士的法国护照我们至少可以证明,直至二十世纪的三十年代,摇摇欲坠的法国在华保教权仍然发挥着一定的作用。此外,一部分在华的比利时籍圣母圣心会传教士不仅长时间持有法国护照,而且也以"法籍教士"自居。这一现象可以从他们与中国当地官员的往来信件中看出,信封上的收件人、正文中的起首或落款,圣母圣心会的传教士们经常被冠为或自称为"法国传教士大司铎"。[②]

由于以上的这些原因,一些在清末民初出自比利时圣母圣心会传教士之手的学术文章或著作,尤其是以法文撰写的作品,其作者在中国国内常被误冠以法国国籍,本书所研究的对象闵宣化就是其中一例。[③] 闵氏的法文文章"Les anciennes villes de l'empire des grands Leao 大辽 au royaume Mongol de Bārin",于1922年发表在法国东方学刊物《通报》上。[④] 该文由冯承钧翻译成中文并于1930年在商务印书馆以"尚志学会丛书"的形式首次发行中译单行本,书名为《东蒙古辽代旧城探考记》,1933年又再版。新中国成立后,中华书局曾分别于1956年、2004年两次再版,上海古籍出版社于2014年又再一次出版发行。《东蒙古辽代旧城探考记》

[①] 陈聪铭:《1920年代末梵、法在华保教权之争——以教宗驻华代表刚恒毅为中心的讨论》,《"中央研究院"近代史研究集刊》2009年第65期,第51—79页。

[②] Archive Nr.: T. I. a. 7. 5., Documentatie- en Onderzoekscentrum voor Religie, Cultuur en Samenleving (KADOC), KU Leuven.

[③] 闵宣化的在华时所持的护照,在档案中尚未发现。因此其在华期间持有法国护照或比利时护照,目前还不清楚。

[④] Jos. Mullie, "Les Anciennes Villes De L'empire Des Grands Leao 大辽 Au Royaume Mongol De Bārin," *T'oung Pao*, Vol. 21, No. 2/3, 1922, pp. 105-231.

是目前所知唯一一部被译成中文的闵氏单行本著作,①虽在国内再版多次,但所有版本均把闵宣化的国籍误冠为法国籍。

第三节 人　　和

圣母圣心会的建立,不仅得益于比利时独立后其欣欣向荣的政治环境和整个西欧基督宗教复兴的良好氛围,也适逢英法列强与清廷签订诸不平等条约,借助邻国法国的在华保教势力,它最终得以顺利拿到进入中国自由传教的通行证。但这一切有利的时机或开放的政策,如果缺少比利时政要的支持、教廷代表的首肯、比利时信众的拥护、各种宗教善会的资金支持,圣母圣心会的成立仍然可以说是有心无望的。

一、比利时国王

前文提及,比利时从荷兰联合王国独立之后,为了挽回失去的商品倾销市场,国王利奥波德一世从登基之日起就与其幕僚把殖民扩张作为重要的政治目标,远东的庞大市场无疑吸引了他们的目光。1831年英商边沁曾经向国王提议在中国建立一个经贸办事处来协助并加强比中之间的商贸关系;当时在马尼拉就任的比利时总领事兰瓦在1839年的信中也建议政府应把注意力放在比中贸易关系的发展上;时任比利时外交部部长的穆勒奈(Felix de Muelenaere,1793—1862)还希望能到中国做一次商务考察,并于

---

① 闵氏另有两篇法文文章被译成中文,但他的中文名字译得不同。参见茂理:《金贞祐钞版考》,吴江、陆翔译,《说文月刊》第二卷第十期,1941年;闵宣化:《乘轺录笺证》,冯承钧译,《中国学报》第一卷第五期,1944年。

1841年派遣比利时驻新加坡领事莫贺（Augustus Moxhet）到华南地区为比商寻找在华贸易的机会。① 但是，由于比利时刚刚立国，百废待兴，所以实行进军亚洲市场的计划未免为时过早，力不从心。利奥波德一世的王位继承者利奥波德二世，在父亲身边耳濡目染，在其早年做布拉邦德公爵（Hertog van Brabant）时就对远东诸国抱有殖民野心，对那里潜在的市场更是怀有浓厚的兴趣。他不但几次来到亚洲探险考察，还在香港和广州作过短暂停留。② 1861年3月17日，他在给比利时政治家兰博蒙（Auguste Lambermont，1819—1905）的信中如此写道：

图1-6　比利时国王利奥波德二世

图片来源：Stadsarchief Oostende, Objectnummer：PK/B1026，publiek domein

> 现在是实际行动的时候了，我们要从各方面为比利时能够赢得一块殖民地而努力。人们现在要建立一个组织去远东探险，到日本、中国、越南去为比利时的产品找寻新的销售市场。以出版物和集会的方式来传播这个殖民思想是一个很有效的办法，但我们仍要借鉴英法来策划一套更具比利时特色的方式进行广泛的思想传播。如果还有我们的份儿，我们也

---

① W. F. Vande Walle, *Belgian treaties with China and Japan under King Leopold I*, pp. 419-421.
② 利奥波德二世（Leopold Lodewijk Filips Maria Victor，1835—1909），是利奥波德一世的二子。1865年登基即位。在其执政期间对刚果自由邦（État indépendant du Congo）进行了残酷的殖民统治。参见 Paul Belien, *A Throne in Brussels: Britain, the Saxe-Coburgs and the Belgianisation of Europe*, UK: Imprint Academic, 2014.

将加入这场远东的变局当中。我们可以考虑和法国一道行动,但无论怎样比利时人必须要为自己的祖国着想,从这即将崩溃的东方帝国中捞到一杯羹。①

南怀义在创立圣母圣心会期间两次受到这位布拉邦德公爵的亲自接见,最后一次是在他与其四位同伴赴华的前夕。布拉邦德公爵对圣母圣心会的建立始终抱以支持的态度。就在南怀义赴华四个月后,他即登基成为比利时的第二任国王。②

十九世纪的比利时与其他的欧洲邻国一样,在工业革命的影响下充斥着殖民主义思潮。以远赴中华为传教使命的圣母圣心会,能够受到国王利奥波特一世和二世的支持,这不仅是因为它可以为比利时在欧洲的海外传教大军中争得一席之位,也缘于在一定程度上它可以为这个新王国去探寻和挖掘远东的潜在经济利益。因为凭借传教士多年来本地化的生活经验,他们对中国社会的各个方面有更加深入彻底的了解,加之与当地社会多年的磨合和交往,他们与中国民众和官员都建立起一种较为稳定和互信的关系。传教士与驻华外交使节在中国所扮演的角色也截然不同,传教士会以更细致和更生活化的角度去接触中国社会与民众,所获得的信息也较为全面真实,这是在华外交政要所远不能及的。除此之外,平等条约赋予传教士的特权,譬如自由进入内地,建堂置业等,也让他们在西方人当中变得更为自由和与众不同。

孔之昂披露了一份 1902 年 12 月 1 日签署的"秘密合约",这份合约是圣母圣心会与比利时国王私有殖民地"比属刚果自由邦"

---

① Harry Knipschild, *Soldaten van God: Nederlandse en Belgische priesters op missie in China in de negentiende eeuw*, pp. 53 - 54.
② Scheut Missiehuis, De eerste afreis naar Mongolië, *Missietijdschrift: Missiën van Scheut*, 1927, p. 76.

(CFS，Congo Vrijstaat)的代表签署的。① 比利时政府很清楚，由于第二次鸦片战争后签订的中法条约，确立了在华传教士享有购置房屋和土地的权利，而他们又是当时西方人中唯一能行使该特权的群体。② 所以，传教士出面为比利时政府在华置业看起来是最为简单便捷的方法。从这份合约的内容上看，传教士所购置的产业都是由比利时政府代表精心挑选的，与传教士在华的传教活动没有任何直接关系。一旦传教士购买某房产或土地的项目完成，其使用权或所有权立即归属于比利时的委托方所有。由此可见，比利时政府曾设法以传教士为工具，利用他们能够在华购置土地的特权来为自己谋取经济上的利益。

其后，圣母圣心会传教士因种种原因表示对该合约的内容并没有全盘了解，并为他们的这一行为感到莫大的耻辱，且拒绝再提供此类置业上的"协助"。③ 另有一种说法是，因为他们急于筹措捉襟见肘的传教经费，而不得不加入到这场并不光彩的计划之中。④ 但无论原因如何，以传教为己任的他们摇身一变成为比国政府在华置业的跳板，为母国在华从事房地产交易创造条件，这已成为了不争的事实。杨天宏(2005)指出："一些传教士自觉或不自

---

① 关于此份合约"Convention à signer avec les missions du Kansu"的记载，参见 Koen De Ridder：*Congo in Gansu（1898—1906）：Missionary versus Explorer/Exploiter*, in Koen De Ridder, eds., *Footsteps in deserted valleys: missionary cases, strategies and practice in Qing China*, pp. 132 – 133.

② 鉴于《北京条约》的中文本比法文本多出"并任法国传教士在各省租买田地，建造自便"的内容。致使天主教传教士在华置产的合法性问题出现过分歧。但其后在1865年签订的"柏尔德密协议"(The Berthemy Convention)和1895年签订的"施阿兰协议"(Auguste A. Gerara Agreement)，使其置产的合法性最终得以确立。参见王中茂：《晚清天主教会在内地的置产权述论》，《清史研究》2007年第3期，第87—94页。

③ Koen De Ridder：*Congo in Gansu（1898—1906）：Missionary versus Explorer/Exploiter*, p. 134.

④ 在这场交易中，圣母圣心会传教士可以得到所购置房地产在后期经营中所得利润的分红，并且可以得到该房地产价格5%的回扣。参见 Koen De Ridder：*Congo in Gansu（1898—1906）：Missionary versus Explorer/Exploiter*, p. 133.

觉地服务于西方列强的殖民政策,干了与神职人员身份不相符合的事。……使一部西方教会在华传播上帝福音的历史,在很大程度上被扭曲成强权政治扩张史。"①

值得说明的是,在没有足够证据的情况下,我们不能断言圣母圣心会传教士在海外的传教事业与政治家们的殖民活动都具有相辅相成的直接关系。而如果仅用殖民主义或帝国主义的框架来审视和研究圣母圣心会传教士在华的各项活动,将会产生一定的局限性。王立新(2002)对西方列强在近代中国的殖民活动与传教士之间的关系有着深入的分析。他认为,以"文化侵略"或者"文化帝国主义"的研究框架来评价美国来华的新教传教士都具有片面性。② 他的这一观点也可以帮助我们重新审视一些学者对圣母圣心会的在华传教活动具有帝国主义殖民侵略性质的指责。③ 如果仅以"殖民侵略"的政治角度来说明传教士在华的传教活动和建立的文化教育事业是协助西方列强侵略的行为,这未免过于简单化。虽然有一定的史料可以证明,西方传教士在一定时期内对母国政治和经济上的在华利益确实带来了实质性的效果,但这也只是他们从事文化教育活动所带来的客观后果。圣母圣心会的传教士也是如此,虽然他们得到了国王和其政府的大力支持,但是我们不能就此而简单地论断,他们的传教活动就是为其母国在华的殖民野

---

① 杨天宏:《基督教与民国知识分子:1922年—1927年中国非基督教运动研究》,北京:人民出版社,2005年,第11页。

② 王立新:《"文化侵略"与"文化帝国主义":美国传教士在华活动两种评价范式辨析》,《历史研究》2002年第3期。

③ "事实上,在近代中国半殖民地半封建社会的大背景下,天主教会在内蒙古扩展的过程中,明显具有殖民侵略的性质。"参见张彧:《晚清时期天主教会在内蒙古地区活动研究》,北京:中国社会科学出版社,2019年,第10页。其他学者提出圣母圣心会在华的传教活动具有帝国主义侵略性质的文章多出现在20世纪60—80年代。参见戴学稷:《西方殖民者在河套鄂尔多斯等地的罪恶活动——帝国主义利用天主教侵略中国的一个实例》;戴学稷:《一九〇〇年内蒙古西部地区各族人民的反帝斗争》;陈育宁:《近代鄂尔多斯地区各族人民反对外国教会侵略的斗争》,《内蒙古社会科学》1982年第4期。

心服务的。就传教士的主观动机和目标而言,大部分传教士都没有肩负着为本国政治或经济服务的使命。①

圣母圣心会的桑世晞,曾在其书中举出一个有趣的例子。二十世纪中期在华天主教传教士近三千人,他们分别来自欧洲和美洲等二十多个国家,几乎都是世界第一次大战(1914—1918)中的参战国。但是这些不同国籍的在华传教士都能接受教廷的统一领导,和睦相处,共同合作,而并没有因战争中对立国之间的冲突而互相排斥和攻击。②桑氏就此坦言道:"我们传教士在中国的角色仅为基督的卫士和教会的使者而已,我们已经不再为自己本国的国民或母国的世俗利益效力了。"③

二、比利时枢机主教

除了比利时政府之外,教会上层对圣母圣心会的建立也同样给予了正面回应与积极支持。具有鲜明代表性的人物是麦赫伦教区的总主教,同时也是比利时的枢机主教史戴勒克斯(Engelbertus Sterckx,1792—1867)。④在南怀义最初萌生在华建立一个拯救弃婴的孤儿院时,史枢机就一直给予肯定并在幕后进行一系列的推

---

① 王立新:《"文化侵略"与"文化帝国主义":美国传教士在华活动两种评价范式辨析》,第 101—102 页。

② 我们也不能忽视在华天主教传教士内部之间确实存在斗争的事实,特别是各个修会之间自"礼仪之争"前就已存在的分歧。但在各个时期造成这些冲突的潜在原因均因其不同的历史背景而有着不同的特点,不能简单地一概而论。例如,就"礼仪之争"中修会之间的冲突而言,就涉及保教权、修会宗旨、传教理念和神学观点等诸多方面的原因。参见吴莉苇:《文化争议后的权力交锋——"礼仪之争"中的宗教修会冲突》,《世界历史》2004 年第 3 期,第 91—100 页。

③ Jacques Leyssen, *The cross over China's wall*, p. 104, footnote. 23.

④ 枢机主教(拉丁文:Cardo),也称为红衣主教,是天主教教廷内协助教宗治理教会的助手和顾问,该职位由教宗亲自任命,是仅次于教宗职位的神职人员,在一般情况下枢机主教也是重要教区的正权主教。参见《天主教法典》第 349—351 条款。

动工作。在整个过程中,史枢机与南怀义曾多次接触,共同商讨和完善创立修会的各种事宜,鼓励比利时各地主教与信徒支持这个新的海外传教团体,并积极为南怀义与教廷传信部之间的联系牵线搭桥,同时在建立修会会院、筹集资金等方面也鼎力相助。

但是,先小人后君子的史枢机也曾在第一时间提醒南怀义,建立海外传教团体并不是一件轻而易举的事情,更不是只凭借一股传教热情就可以完成的事业。他让南怀义认识到,除了雄心壮志之外,要将计划落于实处,仍有很多工作和需要满足的物质条件。在1861年7月12日的一封信中,南怀义首次向他阐述了自己详细的创会计划。① 史枢机看过之后,于7月19日回信。这封语气略显强烈的回函,可能是史枢机对南怀义去中国传教计划做出的最初警示,他这样写道:

> 我对您在12日寄给我的信中所陈述的计划有过深思熟虑。如果天主愿意您履行这个计划,我将不会去阻拦您,我将祝福您能踏上传教的征途。我相信天主的圣意会赐给我其他优秀的神父来填补空缺的位置。但无论

图 1-7 枢机主教史戴勒克斯

图片来源:Mechelen reginale bleedbank, Nr: SME001009013, Mechelen-Stadsarchief, Inventarisnummer: B 6.582

---

① 关于南怀义向史枢机提交这份计划书的日期,有不同的记载,一说7月12日(Scheut Missiehuis),一说6月12日(《塞外传教史》)。但从史枢机回函的内容上可见,这封计划书提交的日期应为7月12日。参见 Scheut Missiehuis, *Het Ontstaan van de Missiecongregatie van Scheut*, *Missietijdschrift: Missiën van Scheut*, 1925, p. 79;[比] Daniël Verhelst,《向中国传教的比利时》,第128页。

怎样，我的能力是有限的，不要再向我提出什么可以帮助您尽快去中国传教的积极协助，其他有意追随您的人现在可以直接向您请教，在您的带领下来认识这条传教的道路。①

数天后的 8 月 1 日，在麦赫伦教区将召开一年一度的比利时全国主教团会议。② 南怀义抓住这个机会，在 7 月 28 日向每位与会的比利时主教寄去了一封自己期望到中国传教的公开信，并附上具体的传教计划，希望在这次会议上自己的这个想法能得到全体主教的支持和认可，以便于获得教廷的官方批准。③ 会议结束的转天，南怀义就得到了史枢机如下积极的答复：

> 我很荣幸地回复您，在刚刚召开的全国主教会议上，我们得到了如下的共识：只要通过教会的批准，我们全体主教都很乐意见到一个为中国传教事业建立的比利时团体，并为此给予支持和鼓励。④

虽然史枢机有言在先，"不要再向我提出什么可以帮助您尽快去中国传教的积极协助"。但他在自己最大的权力范围内带领全

---

① Scheut Missiehuis, *Het Ontstaan van de Missiecongregatie van Scheut*, *Missietijdschrift: Missiën van Scheut*, 1925, p. 79.

② 主教团为一常设机构，是一个国家或一个地区主教们的集合体，为该地区的信众共同执行某些牧灵职务，特别借适合于当时当地环境的传教方式和计划，依法律规定，使教会为人类促进更大的福利。参见《天主教法典》第 447—457 条款。

③ 南怀义这封公开信寥寥数语，签署人为南怀义本人和司维业，大意为：借此比利时全国主教会议召开之际，我把这份通过教廷代表龚蒙席（Mgr. Matteo Gonella）向教廷寄去的到中国传教的计划书的副本呈交给各位主教过目，恳请能够得到诸位的支持与认可，以便能够尽早得到教廷传信部的许可。南怀义呈交的这份传教计划书是在 1861 年 7 月 12 日和 7 月 25 日分别递交给史枢机和巴枢机的副本。参见 Scheut Missiehuis, *Het Ontstaan van de Missiecongregatie van Scheut*, *Missietijdschrift: Missiën van Scheut*, 1925, p. 74.

④ Scheut Missiehuis, *Het Ontstaan van de Missiecongregatie van Scheut*, *Missietijdschrift: Missiën van Scheut*, 1925, p. 74.

体比利时主教对南怀义的计划给予了支持,并在后期运用个人在教廷内的关系引荐南怀义,使他在创立修会的过程中有机会与教廷官员直接进行沟通。

鉴于南怀义所要建立的修会不是为了培养比利时本地教区的神职人员,而是寄望于他们远赴中国传教。所以在教会法的要求下,修会的合法地位除了需要得到比利时枢机主教的批准外,还要获得教廷传信部的法定核准。只有这样,修会才可以接受罗马传信部的统一部署,分配他们到指定的中国传教区服务。[①] 1862 年初,为了能使教廷传信部尽快了解创会计划,南怀义打算亲赴罗马递交建立修会的书面报告,并请求会见传信部部长巴尔纳博枢机,以便当面阐述到中国传教的迫切要求。虽然传信部在此之前通过史枢机和教廷驻比利时代表对南怀义本人有了一些了解,但仅凭他一己之力,在教阶制度森严的教廷内去求见传信部的最高领导显然并非易事。所以,南怀义希望史枢机可以代为引荐,并请求他为自己能够面见传信部部长而写一封推荐信,史枢机欣然接受了南怀义的这一要求。[②]

1862 年 2 月初,南怀义最终以比利时教会最高领导史枢机的一封推荐信,打开了传信部的大门,实现了他亲自与部长巴枢机会晤的愿望,并在此后的一个月之内,与其会面四次之多。[③] 而史枢

[①] 当时南怀义最初的计划只是想协同比利时籍的神父到中国以圣婴善会的形式设立孤儿院,但麦赫伦教区的副主教范海默(J. Bapt. Van Hemel, 1798—1866)在 1861 年 3 月告知南怀义,要被派遣到海外传教,主要可以通过以下两条途径:加入已经在中国教区工作的修会,或者自己成立修会,在比利时枢机和某个中国教区主教的许可下,再经由传信会派遣到该教区传教。参见 Valère Rondelez, *Scheut*, *zo begon het*, pp. 46-47.

[②] Scheut Missiehuis, *Het Ontstaan van de Missiecongregatie van Scheut*, *Missietijdschrift: Missiën van Scheut*, 1925, p. 125.

[③] Daniël Verhelst, Hyacint Daniëls, *Scheut vroeger en nu 1862 - 1987: geschiedenis van de Congregatie van het Onbevlekt Hart van Maria C. I. C. M.*, pp. 30-31.

机本人在罗马的时候,也亲自找机会与巴枢机商讨南怀义修会立案的事宜。因为传信部对每一个新修会的成立都有严格的要求和考察。而必备的条件是以下三则,即需要建立一个固定的会院用来培养年轻的传教士以及安养年老的传教士、有足够的正式会员和后备会员来承担海外传教的工作、有足够的经费来保证传教工作能持续进行。① 其中在建立会院的问题上,史枢机在自己的教区为南怀义提供了地方,②这为修会尽快获得教廷传信部的认可,扫清了第一道障碍。③ 1862 年 7 月 31 日,史枢机从罗马参加完日本殉教者封圣典礼回到比利时后,这样写给南怀义:

> 我与教廷传信部部长巴枢机已经会晤。只要您能够找到一处可供赴华传教的神父们居住的合适房源,我就可以同意您在麦赫伦教区建立一所修会会院。我们教会需要您的传教团体,对比利时也是一个莫大的荣耀。这个修会团体必将赢得所有那些向往光荣天主和拯救灵魂事业的人士们的爱戴。④

其实,在收到史枢机的这封信之前,南怀义就已经打算在麦赫

---

① Scheut Missiehuis, *Het Ontstaan van de Missiecongregatie van Scheut*, *Missietijdschrift: Missiën van Scheut*, 1925, pp. 75, 126.

② 《天主教法典》明文规定,建立任何修会会院的首要条件就是需要获得教区主教的同意,之后方能在该教区中选址建立。"修会会院应照会宪规定,由主管当局建立,惟须先征得教区主教同意书;为建立隐修修女院,应另具备圣座的许可。"参见《天主教法典》第 609 条款。

③ 南怀义在 1864 年 4 月 9 日的一封信中,提到当时传信部巴枢机关于首先要求建立初学院的话,"现在请您不要再想着去中国的事情了,您自己首先要建立一个为中国而立的修院(Seminarium pro Sinis)……然后再来考虑去中国传教的问题"。因此,在比利时建立一所正规的初学会院是传信部巴枢机要求南怀义首先需要解决的问题。参见 Valère Rondelez, *Scheut, zo begon het*, p. 84; Scheut Missiehuis, *Het Ontstaan van de Missiecongregatie van Scheut*, *Missietijdschrift: Missiën van Scheut*, 1925, p. 126.

④ Scheut Missiehuis, *Het Ontstaan van de Missiecongregatie van Scheut*, *Missietijdschrift: Missiën van Scheut*, 1925, p. 146.

伦教区筹建会院。他首先看中了该教区司各特小镇（Scheut）上一座以"恩宠之母"（Onze Lieve Vrouw van Gratie）命名的小教堂，打算以此作为将来修会成员的固定祈祷场所。① 这所圣堂的位置在尼诺路（Ninoofschen steenweg）上。1862年4月26日，圣堂的所有人布拉邦特（Jan-Karek Brabandt，1818—1869）先生与南怀义签订合约，允许他以圣母圣心会的名义在圣堂内从事宗教活动。但是在签署这份合约之前，布拉邦特对南怀义的新修会并不抱有信心，他始终不能确定南怀义是否有能力维持其长久的生存，而神圣的圣堂被接连不断地转手是布拉邦特不想看到的事情。事实上，布拉邦特能够下定决心与南怀义签署这份合约，史枢机在中间起到了重要的作用。贵为比利时枢机的他答应将会亲临签字现场，枢机主教的莅临不但在形式上为南怀义加油助阵，最重要的是也给布拉邦特吃了一颗定心丸。② 同年6月，在离这所圣堂大约五百米的地方，南怀义又物色到了一处将来可供传教士暂栖的处所，地址是尼诺路2号，它日后成为了圣母圣心会的第一所初学院。③

---

① 修会团体应居住在依法建立的会院内，并隶属于依法指派的上司权下。每一会院应有圣堂，在内举行圣祭并保存圣体，使之成为团体的中心。参见《天主教法典》第608条款。

② 布拉邦特在1855年买下了这座圣堂和圣堂周围的地皮。圣母圣心会最开始仅有这座圣堂的使用权，圣堂的所有权仍归布拉邦特所有。但在南怀义赴华之前，他开始筹划买下这所圣堂及周围的地皮，最后在1869年秋天以29 000法郎的价格交易成功，至此它们成为圣母圣心会的私有财产。参见 Scheut Missiehuis, *Het Ontstaan van de Missiecongregatie van Scheut*, *Missietijdschrift: Missiën van Scheut*, 1925, pp.170-173.

③ 圣母圣心会的第一座圣堂和会院始建在司各特小镇，因此圣母圣心会的传教士们也被熟知为"司各特传教士"。（英文：Scheut Fathers；荷文：De Scheutisten）。这所初学会院的地址在不同文献中有出入，一说尼诺路361号，一说尼诺路2号。但一封出自南怀义的信中提到这座会院当时的地址是尼诺路2号。这座初学院以后变成了一个面包房，361号可能是后来的门牌号码。参见 Scheut Missiehuis, *Het Ontstaan van de Missiecongregatie van Scheut*, *Missietijdschrift: Missiën van Scheut*, 1925, p.174; Daniël Verhelst, Hyacint Daniëls, *Scheut vroeger en nu 1862-1987: geschiedenis van de Congregatie van het Onbevlekt Hart van Maria C.I.C.M.*, p.32; Valère Rondelez, *Scheut, zo begon het*, p.190.

房屋的主人麦斯小姐（Marie-Francoise-Josephe Maes）答应南怀义可以无偿地使用这所房屋，期限为九年。因此到了1870年，另一座正式的初学院才在"恩宠之母"圣堂的旁边建成。①

图1-8 圣母圣心会初学院（左）与恩宠之母教堂（右）
图片来源：KADOC-KU Leuven, *Missiën van Scheut*

在传教资金的筹备上，南怀义当时计划向圣婴善会和传信善会两个支持海外传教的组织申请资金。作为比利时圣婴会全国主任的南怀义对圣婴会的运作了如指掌，并与善会内部人员往来密切。相比之下，与传信善会的交往就生疏了许多，因此在传信会资金的申请方面，南怀义请求比利时主教们能够提供推荐信以作为申请时的支持性材料。当他在收到了包括史枢机在内的四位比利时教区主教的推荐信后，史枢机又亲自提议以数位主教联名的方式再为南怀义写一封推荐信。这显然为他在资金的申请上增添了非常有利的筹码。其实，能够征求到这封联名的主教推荐信是南怀义可望而不可求的。但鉴于史枢机早先的那句"不要再向我提出什么可以帮助您尽快去中国传教的积

---

① Valère Rondelez, *Scheut, zo begon het*, p. 91.

极协助",让南怀义退避三舍,不敢向他提出任何的额外要求。①1861年12月16日,史枢机寄给了南怀义这封联名的推荐信,并这样写道:

> 除了来自烈日、布鲁日和根特教区主教以及我自己的推荐信外,我认为一封我个人和数位主教的联名推荐信将会对您的申请更加有利,并以此表达我们对您的支持。我希望附上的这封联名信对您传教资金的申请有所帮助,并能满足您预许的期望。②

不出所料,南怀义成功地争取到了传信善会的资金支持。甚至在数额上多于圣婴会。除此之外,在1865年南怀义临行之前,传信会又提供了第二笔拨款来支持他们在华的传教事业。③ 以史枢机为首的这些主教们的推荐信,应是传信会能够如此慷慨解囊的主要原因之一。

1862年11月28日对圣母圣心会来说,是一个具有里程碑意义的日子。这天,史枢机正式核准圣母圣心会为一个教会合法的修会团体并颁发了亲笔签署的教区官方文件。④ 为下一步教廷传信部的认可打通了一条重要的通道。该文件内容大致如下:

> 他以郑重的方式对布鲁塞尔军校校牧南怀义的事工进行了汇报,⑤让我们知道他已经有三名同伴加入了这项事工,为

---

① Valère Rondelez, *Scheut, zo begon het*, p. 70.
② Ibid., p. 73.
③ Ibid., pp. 184–185.
④ 这两份拉丁文文件均是在1862年11月28日由麦赫伦枢机史主教以及秘书顾森斯(Goossens)签署。11月29日到达南怀义的手中。荷兰原文参见 Scheut Missiehuis, *Het Ontstaan van de Missiecongregatie van Scheut*, *Missietijdschrift: Missiën van Scheut*, 1925, pp. 197–198.
⑤ 文中以第三人称"他"为称谓,是当时正式教会文件的书写方式。这里的"他"指的是南怀义本人。

了达到他挚爱的目标,即创建一个由比利时籍神职人员组成的修会团体(Congregatie)去向异邦人传教,特别是到中华帝国广传基督福音。他也向我们表明了,一所位于布鲁塞尔近郊的初学院以及一座圣堂已经准备就绪,并且在经费的筹集上也已经安排妥当。他又提交了修会的会宪,①作为他们履行团体生活的准则。我们对创立这一修会的计划经过了周密的考虑,并且与枢机主教、南怀义及其同仁也进行了讨论。现在,我们向南怀义及其同仁宣布,在不触动宗座和传信部权利的前提下,在我们的主教教区里,在教会法的指导下同意成立一个神职人员的传教修会,以培养到海外,特别是到中华大地上传播基督福音的传教士。② 因此,在圣座教会法所赋予的条件下,我们今日核准该传教修会的创立计划,并允许该计划即日开始实施推行。我们恳切地向仁慈的童贞圣母玛利亚祈祷,望其眷顾这一新修会,使他们的工作能够赢得天主更大的荣耀并拯救更多的人灵。

在史枢机签署的这份立案文件上,注明了南怀义已经满足了传信部部长巴枢机先前提出的三个必备条件,即有一定人数的入会者,固定的会院住所,以及足够的经费支持。但事实上,

---

① 这份提交给史枢机的会宪并不是圣母圣心会的正式会宪。圣母圣心会最初是借用圣神会(Congregatio Sancti Spiritus sub tutela Immaculati Cordis Beatissimae Virginis Mariae)的拉丁文会宪一年。而圣母圣心会自己制定的会宪于 1888 年 9 月 26 日得到教廷的暂时认可,教廷的最终认可是在 1900 年 7 月 20 日。参见 Daniël Verhelst, Hyacint Daniëls, *Scheut vroeger en nu 1862 - 1987: geschiedenis van de Congregatie van het Onbevlekt Hart van Maria C. I. C. M.*, p. 31; Valère Rondelez, *Scheut, zo begon het*, p. 134, footnote: 65.

② 在该文件中并没有提到修会的正式名称为"圣母圣心会"。而是用了"比利时籍神父的传教修会"(een Congregatie van priesters in België)的称谓。据考证,第一次正式以文字的形式将南怀义的修会冠以"圣母圣心会"(ab Immaculato Mariae Corde nuncupata)的名称,是在 1864 年 9 月 1 日的一封从教廷传信部写给史枢机的信中。参见 Valère Rondelez, *Scheut, zo begon het*, pp. 102 - 103.

除了南怀义之外，当时的圣母圣心会只有三位正式被接纳的成员，①远远没有达到一个理想传教修会的正式规模，这也是为何传信部在教区依法立案后仍迟迟没有委派他们到海外传教的重要原因之一。但无可否认，这份具有一定袒护倾向的批准书，不但为协助南怀义的传教团进军教廷完成了第一个重要的环节，同时也向教廷传递了比利时全体主教拥护和肯定这一新传教团体的心声。以上这两份文件对于圣母圣心会是极为重要的，标志着该传教修会的合法地位在教会内首次得到了官方的认可。所以直到今日，圣母圣心会仍以 11 月 28 日作为他们的创会纪念日来庆祝。

三、教廷传信部部长

巴尔纳博枢机主教于 1856 年至 1874 年间在教廷传信部任部

---

① 这三名会员分别是司维业、良明化和费尔林敦。司维业，是第一位来到南怀义身边的人。当南怀义最初为中国的传教计划设计蓝图时，他最需要的就是与他志同道合并能够共同奋斗的忠诚伙伴。这时作为南怀义老朋友的司维业出现了。当时 35 岁的司维业同样对传教抱有极大的热情。司氏 1826 年出生于安特卫普大省的吕姆斯特(Rumpst)，1849 年在麦赫伦教区被祝圣为天主教神父。其后多年来与南怀义一起在麦赫伦教区的小修院当老师，进入圣母圣心会前的两年在圣护德乐堂区(Sint-Goedele)做副本堂神父。当南怀义向司维业分享了他的赴华传教计划后，他们二人很快就走到了一起。司维业对南怀义的计划非常地感兴趣，并为其创立修会的方案出谋划策。可以说司维业是圣母圣心会的协同创立者。良明化在 1862 年加入了南怀义的团体。出生于安特卫普(Antwerpen)的良明化成长于一个经营旅店生意的家庭，在阿瑟(Asse)小镇的圣马丁学院(Sint Martinus Instituut)做过教师，后来又在布鲁塞尔近郊的莫伦北克圣若翰教堂(Sint Jans Molenbeek)做副本堂神父。南怀义在老虎沟去世后，良明化当选为第二任圣母圣心会的总会长。费尔林敦与良明化在 1862 年同时加入了南怀义的队伍。费氏来自安特卫普省的海芬(Heffen)，最初对前往北美向印第安人传教抱有兴趣。加入圣母圣心会之前他与良明化同为莫伦北克圣若翰教堂(Sint Jans Molenbeek)的神父。

长一职。① 在教廷对圣母圣心会的正式批准以及在华传教区的划分问题上,巴枢机起着决定性作用。1861 年 7 月 25 日南怀义通过教廷驻比利时大使(Apostolic Nuncio)龚尼拉蒙席(Matteo Eustachio Gonella,1811—1870)首次向巴枢机递交了创立修会的请愿书,并在同年 8 月 10 日得到了他的回复。巴枢机在信中给予了南怀义几点关键性的建议,为修会顺利通过教廷批准指明了方向:

> 我已经把南怀义和司维业二位神父的请愿书提交并推荐给了教廷传信部。我想我可以向您保证,他们的请愿将不会受到驳斥,传信部将会接受。但是要在履行以下条件的情况下方能成立:一个传教团体要有足够的成员和必要的预备成员,并且有足够的资金来支持一切传教活动。请阁下把以上信息转告给两位神父。他们的想法令我非常地喜悦,如果该项计划能够逐步走向成熟,他们的申请将会获得传信部的批准。此外,我也希望阁下您将毫无保留地通过各种建议、措施和您在教会内的影响力来给予他们一些协助。随后请这两位神父把预期的方案写成一份具体的报告,我会在传信部全体主教会议上呈交。②

1862 年 2 月初,南怀义带着比利时枢机主教的推荐信亲自启

---

① 亚历山大·巴尔纳博(Alessandro Barnabò),1801 年 3 月 2 日出生于意大利福利尼奥(Foligno)的一个贵族家庭。在罗马学习法律和哲学后于 1833 年晋铎,在教区工作一段时间后于 1838 年进入教廷传信部工作。1847 年在传信部任秘书。1856 年升为枢机主教后在 6 月 16 日接手弗兰索尼主教(Giacomo Filippo Fransoni,1775—1856)的传信部部长工作,一直到他 1874 年 2 月 24 日去世为止。参见 Colin Barr, *Ireland's Empire: The Roman Catholic Church in the English-Speaking World*, 1829 - 1914, Cambridge: Cambridge University press, 2020, p. 10.

② Scheut Missiehuis, *Het Ontstaan van de Missiecongregatie van Scheut*, *Missietijdschrift: Missiën van Scheut*, 1925, p. 75.

程去罗马拜见巴枢机。巴枢机热情地接待了南怀义并认真听取了他建立传教会的计划和到中国开展工作的期望。巴枢机认为把法国遣使会当时在华管理的蒙古代牧区转给这些比利时神父们将不会有什么困难。但是,现在最主要的问题是这个比利时新修会的自身条件并不合格,它既没有足够的新成员,在传教资金上也不能自给。除此之外,也没有一个固定的会院来培育和管理传教士。① 很显然,传信部对它的前途无法充满信心。

1862年11月28日,圣母圣心会在麦赫伦教区得以立案成立,但这样的进步仍然未得到教廷传信部的认可。时隔一年后,教廷的批准书仍杳无音讯。没有传信部的认可和委任,纵使修会已经成立,南怀义远赴中国传教的目标还是无法实现。因此,他不得不再次写信给部长巴枢机,询问传信部对修会立案的审议进展情况。② 但巴枢机的回复如故,教廷对圣母圣心会的立案申请仍存疑虑。他这样写道:

> 如您的传教会在一定时间内能够结出天恩的果实,让教廷传信部看到其实质的价值,我们将不会拖延对您修会立法申请的再次审查。为了您获取教廷的许可,请您在需要努力的地方进行改进。③

---

① Scheut Missiehuis, *Het Ontstaan van de Missiecongregatie van Scheut*, *Missietijdschrift: Missiën van Scheut*, 1925, p.125.

② 除了司维业、良明化和费尔林敦之外,在1863年7月6日,来自安特卫普大省魏勒德(Weelde)的一位名叫巴耆贤的神父加入了他们的团体。巴氏当时在夏伯努沃(Scherpenheuvel)堂区已经工作了九年。可能受到了他在麦赫伦大修院同学良明化的影响,他成为了圣母圣心会的第四位加入者。1874年,巴耆贤被教廷任命为蒙古宗座代牧区主教。另从史料上看,在1863年的夏季,南怀义曾经收到过另外四名愿意加入圣母圣心会者的申请书,他们是两位神父和两位神学生。但正如以往的申请者那样,他们最终因种种原因都没有决定留下来。参见 Scheut Missiehuis, *Geschiedenis van haar ontstaan*, *Missietijdschrift: Missiën van Scheut*, 1926, p.146.

③ Scheut Missiehuis, *Geschiedenis van haar ontstaan*, *Missietijdschrift: Missiën van Scheut*, 1926, p.147.

圣母圣心会在麦赫伦教区立案的两年后,其在新成员的接收上未见任何起色,南怀义自己也认识到以四名修会成员的现状远远不能达到史枢机所要求的标准。因此,南怀义又不得不向比利时宗座学院(Belgisch Pauselijk College)院长,同样是来自麦赫伦教区的撒科利蒙席(Mgr. Petrus Sacré)求助,希望说服巴枢机能够允许他们先到中国去,以实际行动来吸引新的成员入会。撒科利蒙席乐于提供帮助,在1864年3月2日如此回复了南怀义:

> 敬爱的总会长,您在2月17日发来的讯息,我已经转达给了传信部部长巴枢机。我们对于圣母圣心会在传信部合法地位申请上的问题进行了会谈。我也和巴枢机阐明了比利时信众们对您新建立并广受爱戴的修会所抱有的期望。巴枢机回复我,他非常需要看到这个修会建立在一个坚固的根基上,因此需要非常地谨慎,而决不能急于求成。里昂非洲传教会曾给了我们一个很好的教训,一个传教会如果没有足够的成员作为根基,不久就会垮下去的……所以,首要的任务是要召集到足够的神父。最少要有六到七位传教士可以派往中国,三到四位会士可以留在比利时母院,母院里至少要有一位会长、一位会计和两名初学生。
>
> 除此之外,巴枢机还强调了传教士掌握基础中文的必要性,他建议您从法国请一位中国人与神父们一起同住,以便从中学习汉语……现在中法之间的关系趋于稳定,因此在法国可以找到不少的中国人。
>
> 再有,关于中国传教区的委派问题,巴枢机刚刚收到北京代牧孟主教的回音。孟主教说你们必须要与遣使会总会长爱典神父商议此事。爱典本人会在复活节前后来罗马,到时巴枢机会听取他的一些建议。

在您的信中，您提到了蒙古代牧区。我想提醒您，鉴于您年轻的修会愿意在中国传教区工作并想与比利时保持畅通无阻的联系，那么蒙古的部分地区和甘肃地区都不具备这样的条件。① 巴枢机说，在中国的重要港口城市则容易许多，法国在那里建立了一系列的蒸汽轮船的运输服务。

巴枢机还告诉我，麦赫伦教区的史枢机已经向罗马汇报了您的修会在比利时得到的广泛美誉，以及已经顺利地在司各特建立了会院的消息。但是因为里昂非洲传教会的负面影响在他的脑海里挥之不去，因此巴枢机对您的修会还是抱有忧心，更不能够允许您在修会召集到十一二个成员之前远赴中国。②

从该信件的内容可知，巴枢机对南怀义的修会核准问题非常之谨慎。里昂非洲传教会的创会失败是前车之鉴，他不想看到南怀义的修会也同样遭受夭折的命运。③ 虽然比利时枢机已经确立了圣母圣心会在教会内的合法地位，但两年来决心加入圣母圣心

---

① 传信部巴枢机在 1861 年接到南怀义要到中国传教的请愿信时。曾计划在中国建立起一个新的甘肃代牧区分配给这些比利时籍的传教士。甘肃省的教务在当时一部分隶属于山西代牧区，另一部分隶属于陕西代牧区。山西代牧区与陕西代牧区皆在 1696 年 10 月 15 日从北京教区划分出来。山西代牧区由意籍耶稣会管理，陕西代牧区由意籍方济各会管理。1715 年 9 月又合并为山陕西代牧区，统一由方济各会管理。1844 年又重新分开，皆由方济各会管理。甘肃代牧区在 1878 年 5 月 21 日从陕西代牧区分立，交由比利时圣母圣心会管理。首任代牧为韩默理。参见 Valère Rondelez, *Scheut, zo begon het*, pp. 58‑59；刘庆志：《中国天主教教区沿革史》，北京：中国社会科学出版社，2017 年，第 138、154、157、173 页。

② Scheut Missiehuis, *Geschiedenis van haar ontstaan*, *Missietijdschrift: Missiën van Scheut*, 1926, pp. 148‑149.

③ 里昂非洲传教会(La Société des missions africaines)，又称为"白衣神父会"。该团体在 1856 年由法籍教士布勒西亚克(Melchior de Marion Brésilac, 1813—1859)在法国里昂倡导成立，但成立后不久即夭折，在 1859 年又尝试再度建立。最终于 1900 年获得教廷传信部的法定认可。有关该修会在非洲活动的研究参见 Aylward Shorter, *Cross and Flag in Africa: The "White Fathers" During the Colonial Scramble (1892‑1914)*, Maryknoll, NY: Orbis Books, 2006.

会的成员几乎为零，巴枢机显然对这样的"天恩果实"并不满意。其次，南怀义并没有考虑到在华传教所面临的语言问题。在异国传教，如果没有成熟的语言条件，即使传教热情再高，也不能得心应手地履行任何实质性的工作。再有，就是对这个新修会是否有能力接手这个偏僻、荒凉、庞大蒙古代牧区的问题，巴枢机认为与交通便利的港口城市相比，艰苦的内地环境将会给这些"毛羽未丰"的比利时传教士带来诸多的挑战。

但是，如果传信部一直拖延对圣母圣心会的批准并拒绝委派他们赴华，这会直接导致有意加入这个新团体的申请者持观望态度，而不决定入会。在这种互为矛盾、左右为难的情形下，南怀义决定在1864年4月12日再次启程去罗马拜见巴枢机，并递交以下请愿书以述详情：

> 这次我来到传信部向您谦卑地请求，希望您能同意我们开始在指定的中国传教区里开展使徒工作。阁下，我们如果还不能开始在中国的传教工作，圣母圣心会将不能继续赢取大家对我们一贯持有的信心，我们既不能鼓励已入会的年轻神父继续奋斗，也不能吸引其他有志之士成为新的成员……前日，我向史枢机索求去罗马的推荐信时，他对我说："我很高兴给您写推荐信并向巴枢机陈明，在我看来，您三人前往中国对您的修会不会造成什么危害，我甚至认为您们赴华反而会吸引新的成员并鼓舞传教经费的捐赠者。"
>
> 对圣母圣心会的支持者和传教经费的捐赠者而言，他们不理解为何我们去中国的传教计划在三年之后仍没有得到实行。敬爱的阁下，对我来说，如果没有从罗马得到任何好消息而两手空空地回到比利时，这将不仅使我难以面对我们热忱的传教同仁，对我们仁慈的教会长上和传教经费的捐赠者也

难以交代。

我们将非常高兴,如果传信部能够分配给我们一个小角落去广传福音,我们将在那里挥洒我们的汗水并付出辛劳去光荣天主并拯救人灵。

如果您对我们修会的批准程序还需要一定的时间,我们谦卑地向您请求先允许我们派遣三名传教士立即启程去香港,在那里由传信部在华代表帮忙安排他们学习中文并接受牧灵能力的培育。① 我将会非常庆幸能有这个机会,盼望您能够给予我们这些温顺和听命的孩子几分信心,使天主的圣意在您的指示中得以窥见。②

从南怀义的这封请愿信来看,他好似在以比利时的主教、全体信众和传教资金捐赠者的高度期望为筹码,以一种近似威胁的口吻来请求传信部给予圣母圣心会在教廷中的合法地位,并希望尽快派遣传教士到中国,或至少可以先到香港做必要的准备工作,不然就不好"回国交代"。事实上,这份"不成功则无颜见江东父老"的请愿书,的确达到了它的预期效果。提交此请愿书后不久,巴枢机在 6 月 22 日就回复了他的请求,为圣母圣心会停滞不前的命运带来了一次重要转机。巴枢机这样写道:

我给予您我的许可,派遣三位圣母圣心会传教士到香港,在传信部驻华代表的协助下学习汉语并且在那里准备接手传

---

① 该信的荷文为"de algemene procurator van de Missies van China",应为"传信部在华事务代理处"。《塞外传教史》中《向中国传教的比利时》一文中写为"派遣三位成员先到香港,由……遣使会负责督导",疑有误。教廷传信部负责远东事务的代表处1700 年先设于广州,后在 1723 年移到澳门,1847 年再移到香港。而遣使会账房 1785年设在澳门,1852 年移到宁波,后在 1857 年迁至上海,并未在香港驻足过。参见 Valère Rondelez, *Scheut, zo begon het*, p. 145;[比] Daniël Verhelst:《向中国传教的比利时》,第 137 页;[法] 卫青心:《法国对华传教政策》,第 122 页,脚注 422、424。

② Scheut Missiehuis, *Geschiedenis van haar ontstaan*, *Missietijdschrift: Missiën van Scheut*, 1926, pp. 150–151.

信部将要分配给您们在中国的牧灵工作。传信部不久将召开一次会议,讨论哪一个传教区将由您的修会负责。请在您的心中重新点燃这股热忱的传教热情,努力去宣扬基督并拯救那在黑暗和死亡阴影下的众多灵魂……①

就在南怀义接到巴枢机这份回函的两个月之后,即8月22日,信中所提到的这次传信部会议在罗马召开了,会议具体讨论了如何分配圣母圣心会到中国传教的问题。南怀义还没有来得及按原计划派传教士去香港,便在9月1日再次收到了巴枢机的来信,宣告教廷决定颁布"诏书"(Decretum Laudis)正式把圣母圣心会立案成为"隶属宗座之修会",传信部也决议把由法国遣使会掌管的蒙古代牧区转交给圣母圣心会来管理。② 巴枢机在其信中这样写道:

> 传信部的枢机们现在决定把遣使会的蒙古宗座代牧区划分给您的圣母圣心会来管理。
>
> 这里附上这份宗座诏书文件。现在教宗本人已经颁布了这份诏书。敬爱的神父,我们要感谢天主是如何地聆听了您神圣而迫切的祈祷。天主将带领您把这份传教热忱播撒在这片广阔的土地上,在那里耕耘的比利时传教士们必将获得丰收。这片漫无边际的大地上有数以百万计的人口,而其中仅有大约七千位基督徒。
>
> 就目前的情况来看,您的新修会还是不够壮大的。虽然

---

① Scheut Missiehuis, *Geschiedenis van haar ontstaan*, *Missietijdschrift: Missiën van Scheut*, 1926, p. 151.

② 在1864年8月22日的这次传信部全体主教会议上,讨论了重新分配遣使会管理的蒙古代牧区和河南代牧区的问题。米兰外方传教会与圣母圣心会是当时接手蒙古代牧区的候选修会,而河南代牧区分配给了耶稣会管理。参见 Daniël Verhelst, Hyacint Daniëls, *Scheut vroeger en nu 1862-1987: geschiedenis van de Congregatie van het Onbevlekt Hart van Maria C. I. C. M.*, p. 36.

如此，我仍然相信天主会带领您的团体，让您以最欣喜的方式开始传教工作，并且在天主的护佑下逐渐成长。天主将种子交给您，通过您的栽培而结出丰盛的果实。比利时信众将再次为您所做出的仁爱事业而感到骄傲。

遣使会目前仍然在蒙古传教区热忱地工作着，他们将在那里继续工作直到您的传教士到达这个代牧区为止。但是，那里的神父急需被分配到其他的传教区工作，所以请您务必尽最大努力及早派遣您手下的传教士尽快前往中国，勿要延迟。①

与巴枢机前期的信件相比，这封信一反先前以新修会"根基不稳、人员不足"为理由而百般拖延的姿态，并以"务必"和"尽快"二词督促南怀义马上派遣传教士赴华。究其根源，这与法国遣使会迫切要求传信部重新划分他们的在华传教区有着直接的关系。此细节，在传信部给圣母圣心会的委派书中就有提及：

被称作蒙古的这个代牧区，是中国领土的一部分。传信部在1840年把它从辽东蒙古代牧区划分出来后，交由法国遣使会传教士管理当地教务。②但法国遣使会的在华传教工作不断扩大，而有限的传教士已经不足以应付大量的工作，因此遣使会总会长向传信部申请转手蒙古代牧区的教务工作。③

在中法一系列不平等条约签订之后，遣使会希望圣母圣心会

---

① Scheut Missiehuis, *Geschiedenis van haar ontstaan*, *Missietijdschrift: Missiën van Scheut*, 1926, p. 196.

② 辽东蒙古代牧区亦称满蒙代牧区。1838年8月4日从北京教区分出，负责东北和蒙古的教务。主教府设于营口庄河的岔河，由巴黎外方传教会管理，首任代牧为该会法籍会士方若望主教(Emmanuel-Jean-François Verrolles, 1805—1878)。1840年8月28日，辽东蒙古代牧区分为辽东代牧区和蒙古代牧区。辽东代牧区仍由巴黎外方传教会管理。参见刘庆志：《中国天主教教区沿革史》，第70—71页。

③ Valère Rondelez, *Scheut, zo begon het*, p. 151.

能够早日接手蒙古这片广阔的传教区域,因为他们作为法国在华保教权的最大获益者,急需向政治和宗教的中心——北京转移。巴枢机把遣使会迫切撤离蒙古代牧区的要求转告了南怀义,并同时声明了这片代牧区并不是传教士们想象中的乐园。那里的生活条件艰苦,气候恶劣,信教人数极为有限,传教站之间的距离也很分散,借此提醒力量单薄的圣母圣心会,在前往中国之前最好能有一个心理上的准备。①

而事实上也是如此。当南怀义来到蒙古代牧区后,瞬间感受到了当地棘手的工作环境,以及传教人手严重短缺所带来的困境,想必他也设身处地地了解到了当初巴枢机对成立新修会苛刻要求的真正用意。

> 我经常这样告诉我自己,如果当初能够知道我会面对这样的条件,我会竭尽全力派遣双倍甚至三倍之多的传教士来这里服务的。②

总之,在三年之中,南怀义怀着真诚的态度和强烈的热情不辞辛苦地再三亲赴罗马向传信部请愿。由于比利时教会当局的全力支持,以及在华遣使会迫切需要转手蒙古代牧区的这一契机,作为传信部部长的巴枢机最终还是在 1864 年核准了这个在他眼中基础并不坚固,成员并不充足的圣母圣心会,并将地广人稀的蒙古代牧区交给了这个比利时建国以来成立的第一个海外传教团,它也是迄今为止比利时唯一一个为中国而创立的天主教男性传教修会。

---

① 其实,南怀义本人对自己年轻的修会是否有能力接手整个蒙古代牧区的工作也有疑虑。因此他曾向传信部申请只接管东蒙古的教务工作。坚持放手整个蒙古代牧区的遣使会总会长爱典神父看到圣母圣心会的人手确实不足,因此答应当圣母圣心会会士来到蒙古代牧区时,遣使会将会继续留在当地协助他们的工作,直到一切工作能够平稳交接为止。参见 Valère Rondelez, *Scheut, zo begon het*, pp. 168‑169.
② 1866 年 1 月 14 日,南怀义写于西湾子的信。参见 Scheut Missiehuis, *De eerste afreis naar Mongolië*, *Missietijdschrift: Missiën van Scheut*, 1927, p. 237.

四、宗教善会与比利时信众

任何天主教的修会都需要其成员在一个团体中共同生活并接受必要的培育。① 因此，建立一个传教团体的首要需求就是一所作为基础设施的房子，这不仅可以使年轻的传教士们有一个固定的地点接受教育，也可以让年老的传教士有一个栖身之地来安享晚年。前文提到麦赫伦教区史枢机已经允许南怀义在自己的教区建立会院，但是置业所需要的经费仍是南怀义本人需要解决的重要问题。他首先想到的是向民间的宗教善会寻求帮助，其中在法国建立的传信善会和圣婴善会都是专门在经济上支持海外传教士的天主教善会组织。②

---

① "修会会士要住在本会会院，度团体生活，非经自己上司许可不得离开会院。至论长期不在会院，高级上司征得参议会同意，有正当原因，能准许会士在会院外居住，但不得超过一年，但因治病，或读书，或以本会名义做牧灵工作者不在此限。"参见《天主教法典》，第 665 条款。

② 传信善会（法文：l'Association de la Propagation de la Foi/l'Œuvre pontificale de la propagation de la foi）于 1816 年由巴黎外方传教会发起，他们最初是受了基督新教再洗礼派募捐善会的启迪。巴黎外方传教会的神父们在伦敦看到该组织可以从社会最底层的民众中得到捐款用来支持传教事业，这使他们萌生了建立一个天主教募捐会的想法。在 1822 年与来自里昂的雅丽高（Pauline Jaricot, 1799—1862）女士建立的为传教士募捐的团体共同合作，建立起"传信善会"。并规定入会信徒捐赠每周 5 分法郎，每日为传教士献上祈祷。该组织以十人一组为最小单位并设有组长一名，管理自下而上，统一分配善款来支持海外传教士的工作。总部最初设在里昂，后来又迁往巴黎。传信会每年还发行六期会刊（Annales de la Propagation de la Foi）用以支持宣传工作，这些会刊也是研究当时天主教海外传教活动的珍贵史料。传信会的工作得到了教会高层的支持，在 1860 年代的集资更是高达每年 350 万法郎。而在比利时，这一数额从 1861 年的每年 25 万法郎，上升到 1868 年的每年 30 余万法郎。传信会最初的第一笔善款捐献给了巴黎外方传教会。参见周连垩：《传信与圣伯铎二善会史略》（连载），《公教白话报》1941 年第 24 卷第 10—12 期；Edward John Hickey, *The Society for the propagation of the faith ; its foundation , organization and success*（1822 - 1922），Washington D. C. : The Catholic University of America Press, 1922. 圣婴善会（法文：l'Association pontificale de la Sainte-Enfance/l'Œuvre pontificale de la Sainte-Enfance）也同样来自法国，由出于贵族世家的南锡（Nancy）大主教查理·德·福尔班-（转下页）

图 1-9　圣婴会会员入会纪念画片

图片来源：笔者个人收藏

在十九世纪初期，这两个善会的捐款主要都来自于法国本土。此时期的法国传教士遍布海外，特别法国教会在中国扮演着的"护教"角色，让法国信徒的捐款热情较为突出，所捐善款数额也名列前茅。然而，比利时虽然才刚刚结束独立革命，在国土面积和人口上也不能与其他邻国相比，但它在传教捐款上却并不示弱，就圣婴会来说，它是仅次于法国的第二大传教善款来源国。① 在传信会中，比利时的捐款总额也同样名列前茅，成绩仅次于法、美、意、德这些老牌国

（接上页）让松（Charles de Forbin-Janson，1785—1844）于 1843 年创立，其宗旨是向法国儿童筹集善款以援助在中国受到死亡威胁的弃婴。早期欧洲对中国的认识大多来自耶稣会传教士的汉学著作，他们把中国描绘成一个富庶而充满异国风情的远东帝国。而随着中西之间贸易往来的增多，特别是在 1840 年的鸦片战争后，西方对中国有了一个全新的认识：中国从理想中的东方世外桃源转变成了一个充斥着贫穷、落后的异教社会。而其中弃婴、溺婴的现象受到了西方的瞩目，这些事件有时在传教士们的信件或通讯中被夸张地记录和描述。福尔班-让松号召在法国的儿童向远在中国的弃婴伸出援手，以捐赠善款的方式支持在远东的传教活动。这一行为不但是出于对这些遭受遗弃的中国婴儿们悲惨命运的同情，更借此希望这些脱离死亡威胁的弃婴们能够得到基督信仰上的皈依。在当时国际主义理想遍及的欧洲，这一号召受到了民众广大的回应。在 1843 年到 1870 年之间，圣婴会有了快速的发展。捐款从 1851 年的 25 万法郎，至 1869 年发展到了大约 200 万法郎。虽然圣婴会规定其会员皆是十二岁以下的儿童，但这并不妨碍他们对海外传教的捐助。因为十二岁之后的圣婴会会员们都可以被传信善会接纳为正式会员。因此，超龄的圣婴会成员仍然可以借助传信善会继续捐款。参见 Henrietta Harrison, "'A Penny for the Little Chinese': The French Holy Childhood Association in China, 1843 - 1951," *The American Historical Review*, Vol. 113, No. 7 (2008), p. 73；李君武：《介绍宗座圣婴善会》，《铎声月刊》1942 年第 1 卷第 7 期，第 160—161 页。

① Henrietta Harrison, "'A Penny for the Little Chinese': The French Holy Childhood Association in China, 1843 - 1951," p. 73.

家。① 而若按照人口比例计算，来自比利时的人均善款则又位居第二，仅列法国之后。②

事实表明，比利时信徒是当时圣婴会和传信会的第二大金主。以捐赠来源国专款专用的要求来看，南怀义向这些善会申请传教经费并不是一件难以启齿之事。再有，比利时信众已为圣婴会和传信会提供善款多年，累计的数额也大为可观。尤其圣母圣心会作为比利时本土所创立的第一个海外传教团体，如果善款能够直接支持本国传教士远赴异邦传播福音，则更是比利时信众们乐见其成、众望所归的。

虽然如此，为了能够更有把握地申请到这些善会提供的资金，特别是对圣母圣心会较为生疏的传信善会，南怀义特地向比利时当地的主教们寻求帮助。很多主教也对此作出了积极的回应，并为他向善会寄去推荐信以表支持。1861年11月28日根特教区德利贝克主教（Ludovicus-Josephus Delebecque）在他的信中宣称，如果传信会可以考虑每年资助这个向中国派遣传教士的比利时团体，对促进本教区信徒们积极加入善会将是一个极好的机会。1861年11月23日布鲁日教区马洛主教（Joannes-Baptista Malou）也以同样的口吻强调，比利时教友们将会优先对自己本国的传教士给予帮助。③ 比利时的枢机巴主教甚至在1861年12月16日带头为南怀义签署了一封写给传信会的联名信，该信这样声明：

  如果这个传教团体可以得到传信会的资助，这将会大大

---

① 周连墀：《传信与圣伯铎二善会史略》，《公教白话报》1941年第24卷第12期，第229页。

② Edward John Hickey, *The Society for the propagation of the faith; its foundation, organization and success* (1822-1922), p. 120.

③ Scheut Missiehuis, *Het Ontstaan van de Missiecongregatie van Scheut*, Missietijdschrift: Missiën van Scheut, 1925, pp. 82-84.

地满足我们比利时信徒的期望。倘若这些信仰坚定的教友们知道了他们的善款会用来支持本国传教士建立的传教团体,他们将会更加积极地进行捐款,善款也会成倍地增长。您提供的善款虽然会用作传教士的私人花费,但这也是为了修会的神圣事业。我本人对这个新的比利时传教修会抱有很大的希望,为此我对您们的帮助也心存感激。①

总之,这些推荐信无一例外地都把比利时信徒放在了第一位,强调了南怀义建立的传教修会将是信徒热情捐款的泉源,他们会特别支持本国传教士在海外的传教事业。如果善会能够拨给圣母圣心会必要的经费,这将成为比利时信众积极成为会员并继续提供善款的强大动力,极有利于传信会的持续经营和长远发展。

南怀义自己也深知比利时信徒在推动本国宣教事业中所发挥的重要作用,他们的倾囊相助是海外传教士得以顺利开展工作的基础。1863年8月18日至22日,比利时全国天主教会议在麦赫伦教区召开,与会者四千余人。南怀义以圣婴会全国主任和圣母圣心会总会长的双重身份在22日作了公开演讲。② 他抓住了这个在全国天主教信徒面前讲话的有利时机,向他们介绍了自己创办

---

① 这封信由史枢机和另外五位分别来自多尔尼克(Doornik)、纳慕尔(Namen)、烈日(Luik)、根特、布鲁日的教区主教联合签署。原文参见 *Etablissement d'une Mission Belge en Chine*, *placée sous l'autorité de la S. C. P. F. de Rome*, *de l'Archevêque de Malines et sous les auspices de leurs Grandeurs les Évêques de Belgique*, Bruxelles: Imprim. H. Goemaere, 1862, pp. 18 - 19. 这封信的内容在圣母圣心会1925年的年鉴中也有转述,但标注为烈日教区主教个人的推荐信。参见 Scheut Missiehuis, *Het Ontstaan van de Missiecongregatie van Scheut*, *Missietijdschrift: Missiën van Scheut*, 1925, p. 82.

② 在1860年通过圣婴会管理委员会,德肯神父(Deken)推举南怀义担任比利时全国圣婴会的主任职务。南怀义欣然接受并马上进入了工作。他刚接手这一工作的第一年中为麦赫伦教区筹集的资金为一万九千法郎。在他1865年离开比利时去往中国之前,他为麦赫伦教区一年所筹集的善款已增长到五万法郎。参见 Scheut Missiehuis, *Het Ontstaan van de Missiecongregatie van Scheut*, *Missietijdschrift: Missiën van Scheut*, 1925 - 1926, p. 76.

圣母圣心会的目的并分享了自己向中国传教的远大理想,希望以此吸引更多的成员加入自己的队伍里,同时更渴求本地信徒对自己的传教事业能够慷慨资助。①

圣母圣心会能够得到宗教善会的大力资助,比利时信众在其中所扮演的角色是不容忽视的。传信会和圣婴会虽然都始创于法国,但就地理位置而言,近水楼台的比利时是这两个善会开展宣传和开创分会最早的国家,②并且来自比利时的善款一直占有很大的比例。所以,当初比利时教区主教们在写给传信会的推荐信中都异口同声地表示,如果善会不愿积极资助这个新建立的比利时传教修会,这将对比利时信众一贯热情的捐款态度造成不小的影响。最后,传信会决定拨给南怀义善款两万两千法郎,用作圣母圣心会四名传教士首次去往中国的路费(每人四千法郎),和他们在传教区第一年的费用(每人一千五百法郎)。③ 而圣婴会资助的金额是每年六千法郎。④ 就在圣母圣心会首次赴华的前夕,传信会又把原计划拨发的两万两千法郎善款,增至五万法郎之多。⑤

可见,南怀义得以创立圣母圣心会,在法律上需要得到本国主

---

① Valère Rondelez, *Scheut, zo begon het*, pp. 121 - 123.
② 圣婴会于1846年在比利时开创分会,比利时是法国之外第一批开创其分会的国家之一。传信会早在1822年就在比利时开展事工,其会务受在法国巴黎设立的北部指导会指导。而另有南部指导会设在法国里昂指导南欧诸国会务。1822年7月在巴黎设立传信会指导会总部,首任主席为德克罗红衣主教(Decroix)。参见李君武:《介绍宗座圣婴善会》,《铎声月刊》1942年第1卷第7期,第161页;周连墀:《传信与圣伯铎二善会史略》,《公教白话报》1941年第24卷第12期,第229页。
③ 最后与南怀义四人一同赴华的还有另一位名叫林辅臣(Paul Splingard, 1842—1906)的非神职的比利时人。他于1863年11月1日以助手的身份加入南怀义的团体里。与南怀义赴华之后娶华人为妻,育有多名子女。其生平研究参见 Anne Splingaerd Megowan, *The Belgian Mandarin: The Life of Paul Splingaerd*, Philadelphia: Xlibris Corporation, 2008.
④ Scheut Missiehuis, *Het Ontstaan van de Missiecongregatie van Scheut*, *Missietijdschrift: Missiën van Scheut*, 1925, pp. 85, 126.
⑤ Valère Rondelez, *Scheut, zo begon het*, p. 185.

教们的认可和批准;在物质上则需要广大比利时信众的全力支持,足够的资金供应是南怀义传教工作得以实现的最基础条件。其实,南怀义在创会之初就已经认识到了获得信众广泛支持的重要性,并积极行动为自己的传教计划开展大范围的群众宣传工作。[1]作为以天主教信仰为主的比利时,信徒的虔诚信仰换来的是对国家身份的强烈认同。这份认同,又延伸为他们对本国开展海外传教事业的高度热情。他们在传教资金上的积极支持是初期圣母圣心会在极为有限的成员和物质条件下能够持续生存发展的坚强后盾。[2] 教会的权力掌握在教阶森严的教士手中,但基层信教群众的力量和影响力在一定程度上是教阶权力所不能替代的。值得庆幸的是,无论是比利时教会的高层教士,还是底层信教的芸芸众生,教会上下在南怀义创会的从始至终都保持着并肩合作的态度,竭尽所能为圣母圣心会的诞生贡献己力。

---

[1] 南怀义在创立比籍传教团的最初阶段,召集了自己在各个教区的神职朋友组建了一个筹备委员会。目的是共同商议创会过程中的各项事宜。这个委员会建立后的第一件事就是为圣母圣心会做全国性的宣传工作,以"在罗马传信部和麦赫伦枢机主教的许可和比利时主教们支持下,一个为中国建立的比利时传教会"为主题印制一万份手册散发到各个教区的信众手中。通过这份宣传单,比利时信众认识了这个比利时本国新兴的传教会,很多不同教区的信们开始向南怀义积极地捐款。参见 Scheut Missiehuis, *Het Ontstaan van de Missiecongregatie van Scheut*, *Missietijdschrift: Missiën van Scheut*, 1925, pp. 86-87.

[2] 在1865年,当南怀义带领其他四位同仁启程奔赴中国传教区时,整个圣母圣心会仅有十二名会士,三年之中注入的新鲜血液事实上并不丰盛。除了司维业、良明化、费尔林敦和巴耆贤外,第五位加入南怀义修会的人是韩默理,在1864年夏天南怀义与巴耆贤去往荷兰莱森堡(Rijsenburg)的时候,认识了在乌特勒支(Utrecht)刚刚被祝圣为神父的韩默理,年轻的韩默理出生于荷兰奈梅亨(Nijmegen)的一个商人家庭,对去中国非常感兴趣,因此成为了第一个加入圣母圣心会的荷兰籍传教士。他后来成为了西南蒙古教区的主教,也在是义和团运动中遇难的第一位圣母圣心会的传教士。参见 Scheut Missiehuis, *Het Ontstaan van de Missiecongregatie van Scheut*, *Missietijdschrift: Missiën van Scheut*, 1925, pp. 87, 88, 194;对韩默理的个案研究,参见 Harry H. Knipschild, *Ferdinand Hamer 1840 - 1900*, *Missiepionier en martelaar in China: een nieuwe kijk op de missiemethode van de Scheutisten in het noorden van China, en de reactie daarop van de Chinezen* (Unpublished doctoral dissertation).

五、孟振生与在华遣使会

在 1842 年签订《南京条约》之际,罗马教廷在中国的传教工作主要仍以宗座代牧区的形式管理。① 当时北京、南京和澳门三个主教区由行使"保教权"的葡国掌管,另有九个宗座代牧区以及一个宗座监牧区直接隶属于宗座传信部管辖。这些代牧区主要由耶稣会、巴黎外方传教会、遣使会、方济各会、米兰外方传教会以及多明我会等修会掌管传教工作,当时法国遣使会在中国主要负责江西、浙江、内蒙古和直隶各省的教务。② 上文提及,南怀义在 1864 年能够得到蒙古代牧区的管理权,很大程度上得益于当时遣使会急于调整在华传教重心的策略。而作为北直隶和蒙古代牧区主教的遣使会会士孟振生,在这一过程中扮演了重要的角色。③

---

① 罗马教廷为了对全球天主教的传教事务有更直接的管理权,教宗额我略十五世在 1622 年成立了宗座传信部(Sacra Congregatio de Propaganda Fide),由教廷统一派遣传教士开展海外传教事业。为了避免与葡萄牙在远东的"保教权"产生直接矛盾,传信部以宗座代牧区(Vicariatus Apostolicus)的形式来管理远东的传教区,通常每一个代牧区由一个修会在宗座代牧的主持和带领下开展教内事务。宗座代牧(Vicario Apostolico)通常由一位领衔主教担任,但也有可能委托一位神父或主教来担任。教廷在 1659 年首次指派法籍教士陆方济为安南东京代牧区主教,郎伯尔为交趾支那代牧区的代牧主教。在 1660 年又派遣第三位宗座代牧法籍教士高多林(Ignace Cottolendi, 1630—1662)到中国南京代牧区担任代牧一职。参见刘庆志:《中国天主教教区沿革史》,第 15—21 页。
② 穆启蒙(Joseph Motte):《中国天主教史》,侯景文译,台北:光启文化事业,1971 年,第 111,117—118 页;[法] 卫青心:《法国对华传教政策》,第 602—606 页。
③ 孟振生,生于法国的菲雅克(Figeac),1825 年加入遣使会。1833 年 26 岁的孟振生由遣使会派遣到中国传教,1834 年 6 月 14 日抵达澳门。1836 年成为法国遣使会在北京区的区会长,留居西湾子。1842 年 7 月 25 日被祝圣为蒙古代牧区的首位代牧,1846 年 8 月 28 日又被任命为北京宗座署理(Administrator apostolic)执掌北京教区的教务。1856 北京教区被划分为三个不同的代牧区,孟振生在同年 5 月 30 日被任命为其中北直隶代牧区的主教,留居北京。参见 Joseph De Moidrey, *La hiérarchie catholique en Chine, en Corée et au Japon* (1307 - 1914), Chang-hai: Impr. de l'Orphelinat de T'ou-Sè-Wè (Zi-Ka-Wei), 1914, p. 140.

图 1-10 蒙古代牧主教孟振生
图片来源：Archives CM, Paris

当时，南怀义在报纸上得知孟振生在 1861 年从中国回到法国巴黎遣使会母院暂住。他在中国已有二十七年之久，对中国传教区的情况了如指掌并在中国教会事务上具有一定的话语权。① 因此，南怀义立即给孟振生去信，向其表达愿意带领比利时籍神父赴华传教的计划，从而寻求他的建议并希望在其宗座代牧身份的影响下得到一个在华的传教区。当时遣使会在中国负责华北和蒙古两个地域广大的传教区，南怀义想从他们的传教区域中接手一部分工作。② 在信中南怀义坚持表示希望与在巴黎的孟代牧会面，并且以其比利时圣婴会主任的身份在 8 月两次致函孟振生，邀请他于 10 月初来布鲁塞尔访问，参加在布鲁塞尔举行的圣婴会年度会议。③

---

① 传信部 1840 年 8 月 28 日把蒙古从辽东蒙古代牧区中分离出来，成为一个独立的宗座代牧区，并划分给法国遣使会代为管理，且同时任命孟振生为首任代牧。孟振生在两年后才接到教廷任命状，并于 1842 年 7 月 25 日在山西省红沟子天主堂里由陕晋代牧金主教(Salvetti, O. M)祝圣为蒙古代牧区第一任代牧主教，主教座堂设立在西湾子村。参见 Jozef Van Hecken, *Documentatie betreffende de missiegeschiedenis van Oost-Mongolië*, Vol. 2, Leuven: Private uitgave, 1970, p. 187.

② 南怀义对传信部所提议建立的甘肃代牧区表示担忧。甘肃省位于中国内地，远离中国的各个港口，并且交通不便。所以，南怀义有意接管蒙古代牧区的一部分，特别是离北京不远的东蒙古地区，即热河一带的教务。参见 Valère Rondelez, *Scheut, zo begon het*, p. 63.

③ 南怀义有机会与孟振生取得联系，是得益于圣婴会的工作。首先是比利时圣婴会的全国主席伊万小姐(Mejuffrouw Evian)写信邀请孟振生来比做客。接着，南怀义才以圣婴会主任的身份写信邀请孟振生来布鲁塞尔参加圣婴会年会。从此，南怀义与孟振生开始有了直接的接触。参见 Valère Rondelez, *Scheut, zo begon het*, p. 62.

孟振生在1861年9月27日对南怀义的信做了如下回复：

　　我们是如此高兴能分配给这些真挚而又充满服务热忱的比利时传教士们一块我们在蒙古代牧区的工作。如这是天主的旨意，在其中必有益处。我们毫不怀疑罗马在这方面也会抱有同样的感受……我已经有两年不担任蒙古代牧区的主教了，我将邀请我们遣使会的总会长爱典神父（Jean-Baptiste Etinenne）与我一同前往布鲁塞尔，以便与您一起商讨这些重要事宜。我们两位在比利时期间将借住在布鲁塞尔的仁爱会会院里，届时会再与您联系。①

　　孟振生主教受邀来到布鲁塞尔后与南怀义以及他的三位同伴会面，又再一次承诺愿意把蒙古代牧区的一部分分配给比利时的传教士来接管，并表示在去罗马觐见教宗时也将会讨论这个计划。② 随后，南怀义又亲赴巴黎再一次拜见暂住在遣使会总会院的孟代牧。此次会面在遣使会卡神父（Jean Capy）的《遣使会和仁爱会史料集》一书中有如下记录：

　　经过几次与爱典及其理事会的商讨之后，在最终确立整个蒙古代牧区交给比利时神父管理之前，南怀义想拜见同时在遣使会总院暂居的孟振生，希望也能征得这位蒙古传教区代牧主教的同意。法维尔（Favier）神父当时与孟代牧一起，作了如下见证。身穿祭衣的南怀义跪在孟代牧的跟前说："我们卑微的修会想去远东服务，希望接管蒙古代牧区的工作。我们的教宗已经同意，遣使会总会长也无反对意见。虽然如此，我仍然要在您的同意之下才能接受，所以我来到您跟前求

---

① Scheut Missiehuis, *Het Ontstaan van de Missiecongregatie van Scheut*, *Missietijdschrift: Missiën van Scheut*, 1925-1926, p. 124.
② Ibid., p. 125.

这个恩惠。"孟代牧举目向天,三次长叹道:"我可怜的蒙古呀,我任蒙古代牧时是如此地爱你,如今我虽离任,但我仍然爱你。我亲爱的南神父,如果我们的教宗和总会长都已经同意了,我这个卑微的主教怎能不同意呢?我可怜的蒙古呀,我也同意您将接手它。"然后孟代牧开始哭泣,南神父还在跪着,也开始哭了。两人含泪相视一会儿。最后南神父再一次感谢了孟代牧并祈求了他的祝福。①

在该书中并没有注明此次见面的具体时间,但我们可以推测这是在 1861 年 9 月到 1862 年 2 月之间的某一天。因为他们二人通信开始于 1861 年的 9 月,而孟振生从巴黎回到中国的时间是 1862 年的 2 月 22 日。② 但是,如果我们再仔细考察文中描述的这一极具戏剧化的场景时,会发现其内容与史实有一定的出入。首先,文中提到"修会"(Congregation)一词,但 1861 年底至 1862 年初南怀义似乎并没有建立一个修会的想法,而只是单纯地计划建立一个由比利时神父组成的,以在华建立孤儿院为目的的"团体"而已。③ 其次,文中特别指出教宗已经批准了这个比利时传教团的成立。这一点毫无疑问不符合史实,因为 1862 年的 11 月 28

---

① Un Prêtre De La Mission (Jean Capy), *Notices et Documents sur les prêtres de la Mission et les filles de la Charité de S. Vincent de Paul: Massacrés, le 21 Juin 1870, à Tien-tsin (Pé-tche-ly, Chine) en haine de la Religion Catholique et de ses Saintes Oeuvres*, Peking: Typographie du Pe-T'ang, 1895, footnote 1, pp. 153 - 154.

② Un Prêtre De La Mission (Jean Capy), *Notices et Documents sur les prêtres de la Mission et les filles de la Charité de S. Vincent de Paul: Massacrés, le 21 Juin 1870, à Tien-tsin (Pé-tehe-ly, Chine) en haine de la Religion Catholique et de ses Saintes Oeuvres*, pp. 174 - 175.

③ 传信部部长巴枢机在 1861 年 8 月 10 日答复教廷驻布鲁塞尔代表龚蒙席,建议南怀义创立一个天主教修会。但南怀义对此计划有所保留,他仍坚持以在华建立孤儿院为首要目的。参见 Daniël Verhelst, Hyacint Daniëls, *Scheut vroeger en nu 1862 - 1987: geschiedenis van de Congregatie van het Onbevlekt Hart van Maria C. I. C. M.*, p. 29.

日,比利时枢机史主教才批准南怀义成立修会的申请,而直到1864年的9月1日,南怀义才接到教廷合法立案的核准书。

但无论怎样,南怀义和孟振生的这次会面,我们可以相信他们深入讨论了蒙古代牧区的转让问题。孟振生是蒙古代牧区的首任代牧,该代牧区是他与数位遣使会同仁一手耕耘起来的。虽然把蒙古代牧区拱手让与这些比利时的传教士们可能并不符合一些遣使会会士的心意,①但是孟振生与遣使会总会长爱典都很清楚,在第二次鸦片战争签订了中法条约之后,有利的政治环境让法国遣使会更愿意把大量精力投身到北京的事务上。而同属遣使会管辖的蒙古代牧区不但地域辽阔、气候恶劣,又加上在当地工作的传教士人手不足,所以这片蒙古代牧区更成为了遣使会无暇顾及的地方。② 对遣使会来说,南怀义的出现就是雪中送炭。③ 在1864年9月1日传信部巴枢机寄给麦赫伦教区史枢机的信件中,我们就可

---

① 据圣母圣心会年鉴中《去往蒙古的首次旅行》("De eerste afreis naar Mongolië")一文的记录,当时在圣母圣心会计划赴华之前,孟振生转告了法国外交部拒绝发给南怀义一行五人法国护照这一具有误导性的信息。当时法国外交部并无此意,这很有可能是当时并不情愿把蒙古教区转手给比利时传教士的某些传教士故意散布的谣言。谭永亮(Patrick Taveirne)在其书中也指出,法国驻京公使将拒绝比利时传教士法国护照申请的说法斥为谣传,法国公使认为这有可能是因为一些遣使会传教士对被迫离开蒙古传教区感到不满而从中作梗。但后来法国临时代办伯洛内(Henri de Bellonet)告诉南怀义,法国拒绝发给比利时传教士护照是中国方面的意思,因为蒙古传教区不适于中法条约中涉及的领土范围。参见 Scheut Missiehuis, *Het Ontstaan van de Missiecongregatie van Scheut*, *Missietijdschrift: Missiën van Scheut*, 1925 - 1926, pp. 27 - 28; Patrick Taveirne, *Han-Mongol encounters and missionary endeavors: a history of Scheut in Ordos (Hetao)*, 1874 - 1911, pp. 197 - 198.

② 当1846年4月28日孟振生被委任为北京教区宗座署理后,从西湾子迁居到保定安家庄。当时蒙古教区只有秦、古、孔、龚四位外籍神父及薛、柯、赵、郑、吴五位中国籍神父。当1865年圣母圣心会神父来华接受蒙古代牧区教务时,遣使会的外籍和中国籍神父在蒙古共有十七位。参见[比]隆德理:《西湾子圣教源流》,第30页;Jozef Van Hecken, *Documentatie betreffende de missiegeschiedenis van Oost-Mongolië*, Vol. 2, pp. 270 - 271.

③ Scheut Missiehuis, *Het Ontstaan van de Missiecongregatie van Scheut*, *Missietijdschrift: Missiën van Scheut*, 1925 - 1926, p. 195.

以看到当时遣使会急于撤离的心情：

> 敬爱的阁下和比利时全体主教们，为了异教者，特别是在中国异教者们的基督信仰，您们在不久前赋予了由南怀义和司维业二位神父创建的圣母圣心会在教会内合法的地位。当阁下颁发该法令的时候，传信部马上查看现有的资源以便使这个抱有传教热情的新修会能够来到中国传教区奉献己力。由于阁下对该事业的支持和全体比利时主教对该修会的一致认可和爱戴，我们也受到了强烈地鼓舞。
>
> 遣使会的总会长现在迫切地向我们要求，他们的修会现在已经肩负很多传教区的工作了，因此决意把蒙古代牧区转让给圣母圣心会。在8月22日的遣使会全体大会上，他们的会士也接受了总会长的这个提议，同意把蒙古代牧区交托给比利时修会来掌管。我们把这个决定立即提交给了教宗庇护九世，他也给予了许可。阁下，我想尽快分享给您这个消息，我相信您会为此极为高兴。①

值得注意的是，这次决意把蒙古代牧区转让给南怀义的遣使会全体大会是在1864年8月22日召开的。而一个星期之后的9月1日，教廷即颁发了圣母圣心会的教廷立案许可以及赴华派遣令。这与前期南怀义再三恳求传信部的批准而迟迟不得获批的状况有着很大的转变。圣母圣心会最终能够受到教廷的派遣，很大程度上得益法国遣使会迫切想把蒙古代牧区——这块无暇顾及的广大"领地"尽快脱手的事实。

总结以上的史料内容可以看出，"从上至下，从里至外"的"人为"条件让南怀义的中国梦最终得以实现。"从上至下"是从国家、

---

① Scheut Missiehuis, *Het Ontstaan van de Missiecongregatie van Scheut*, *Missietijdschrift: Missiën van Scheut*, 1925-1926, p.196.

教会、和群众的角度而言,"上"到比利时国王和枢机主教,"下"到信仰虔诚的平民百姓,虽然他们对建立一个比籍传教修会的目的并非完全一致,但都对南怀义的计划给予了从始至终的支持和积极的帮助。"从里至外"指的是"内部"和"外部"的条件,"内部"可分为人力、物力和财力。虽然初期的圣母圣心会,在人力上始终没有绝对的优势,但跟随南怀义的同仁们都一心一德,衷心相随;①在物力上有贵人相助,提供教堂和无偿住所给传教士使用;而在财力上有圣婴善会和传信善会提供的经济保障,虽然在经费的申请上有其苛刻的要求,但比利时信众一贯积极参与善会的态度和多年捐款累积的惊人成绩,为南怀义的申请开启了一个便捷的绿色通道。"外部"条件当属法籍遣使会要求传信部调整在华传教区的这一有利时机。如果当时遣使会不急于转手蒙古代牧区,这个"人数不足,根基不稳"的圣母圣心会何时才可获得传信部的批准和派遣,可能还是一个很大的未知数。

小　　结

在中国的长城口外,圣母圣心会传教士的足迹几乎遍布了整个内蒙古、河北省全境。这六百余位来华的比利时传教士在如此广阔的区域里有近一个世纪的传教历史。但是,他们的创始人南怀义却可谓是"白手起家"。他原是布鲁塞尔一所军事学校担任校牧的神父,一无政治背景,二无经济来源,三无传教经验。他是如

---

　① 一开始只有四个成员的圣母圣心会能够一直发展下去,其教务在中国遍及内蒙古、河北、甘肃、宁夏等地区,成员齐心协力是其中重要的因素。圣母圣心会的修会格言,"一心一德"(拉丁文:Cor Unum et Anima Una,英文:One Heart and One Soul)可以表达这一核心理念。

何在近乎"孤军奋战"的条件下建立起了比利时第一个专向中国派遣传教士的团体,这是本章主要想阐明的问题。

十九世纪的欧洲是一个"海外宣教的世纪"。工业革命和"浪漫主义"充斥着西欧社会,再加上经济的快速发展以及殖民思想的蔓延,各种宣教差会、传教团体在不同的国家应运而生。① 但这并不是圣母圣心会能够成功建立的全部原因。它的建立是各种外部和内部因素纵横交错的结果。这些因素缺一不可。本章借用中国古语"天时、地利、人和"中的这三个方面作为框架,来深入分析这一问题。

首先,天主教信仰根深蒂固的比利时,在独立之前经历了法国、荷兰数十年的强权统治。在此期间经历了"理性主义"和"启蒙运动"下反教会的法国大革命,以及信奉新教的荷兰君主统治下的宗教压迫。在这接二连三的冲击下,比利时民众尤为渴望天主教信仰的复兴。1830年比利时独立革命成功,建国后享有了宽松的宗教政策,这让遭受多年压制的比利时天主教会迎来了一个盼望已久的"春天"。更为重要的是,社会大众对天主教信仰的诉求又唤起了人民在国家意识上的觉醒。他们开始以天主教信仰作为国家统一与民族身份的标志,并把其看作是维护国家独立的精神象征。在这一大环境的影响之下,创立一个以向海外传播天主教信仰为旗帜的传教团体,无疑会得到人民大众的广泛拥护和推崇。

与此同时,受到"殖民扩张"和"帝国主义"思想侵蚀的西方国家,凭借自己在军事上的先进实力,虎视眈眈地垂涎着中国广阔的领土。清朝的日益腐朽让列强们觉得有机可乘,中国的大门就这样在浓烟烈炮下被一攻而破。随着清廷与列强签订了一系列不平

---

① 胡斯托·冈萨雷斯(Justo L. González):《基督教史》下卷,赵城艺译,第380页。

等条约,包括传教士在内的西方人再次踏上了中国的土地。然而,这时的比利时在国力和人力上都远不及其他列强。国王利奥波德一世虽然对进军远东的市场已经盼望已久,但却是有心无力。势单力薄的比利时,不得不仰赖邻国法国,希望从中得到它在政治上的提携和辅助。事实证明,中法《黄埔条约》的"一体通用",第一次让比利时踏上了法国的这条去往中国的大船。其后中法《天津条约》和《北京条约》的相继签订,让在华传播天主教成为现实,并让传教士有了诸多在华特权。这对时刻盼望入华的南怀义而言,是一个千载难逢的绝好时机。更为有利的是,作为在华充当"保教"角色的法国愿意发给圣母圣心会传教士法国护照,这一"护身符"是南怀义得以顺利开展其在华传教事业的有利前提。

再者,就是比利时国内各个阶层对南怀义建立海外传教团体这一计划的广泛拥护。上到比利时国王,下到草根百姓,他们虽然对南怀义传教事业有着截然不同的看法和期待,但无一例外地都给予了大力的支持。在比利时国王的眼中,一个能为自己在远东开辟道路的传教士团体是可遇而不可求的。"知己知彼,百战不殆"的想法是利奥波德支持传教士踏上中国领土的初衷,他希望以传教士的眼睛去了解中国,以传教士的知识去赢得中国,以传教士的特权去占领中国。这与他的殖民野心有着不可分割的关系。除了皇权外,在教权上,南怀义也没有受到阻挠。以教廷传信部部长为首的主教们,对南怀义进军中国传教的计划虽有顾虑,但并无异议。一个天主教修会的创立,没有各级主教们逐层的首肯和批准,是无从谈起的。从起草修会的创立计划、联系罗马传信部、筹建会院、协助申请传教经费,到颁发教会的同意书,这每一步都有本地主教们在背后推动和声援,这其中尤以比利时的枢机主教为主。然而,经济是发展一切的基础,对于白手起家的圣母圣心而言更是如此。在经济的援助方面,广大比利时信众的支持功不可没。提供海外传教经费的两大善会——传信会和圣婴会,虽然都创立于法国,但来自比利时信众的善款是他们主要的经济来源之一。多年善款的积累和比利时众多入会的善男信女,让传信会和圣婴会很难拒绝南怀义的经费申请。正如史枢机在其寄给传信会的信中所讲的,"倘若这些信仰坚定的教友们知道了他们的善款会用来支持本国传教士建立的传教团体,他们将会更加积极地进行捐款,善款也会成倍地增长"。

最后,也是圣母圣心会在建会三年后得以进入中国传教的关键因素,就是孟振生和在华遣使会的自愿"让位"。在此之前,南怀义不错过任何机会,努力与蒙古代牧孟振生保持联系,加强沟通,以求在蒙古代牧区分得一块儿遣使会的传教领地。但谁也没有想到的是,借着《北京条约》的签订,法国挣得了入驻北京的特权。原本已经在蒙古代牧区独木难支的遣使会,这时不得不希望转让大片荒凉、人烟稀少的蒙古代牧区,以求把精力完全投入到重中之重的京城教务之中。就在这个契机之下,圣母圣心会得到了传信部的同意。原本以"根基不牢"为由不予批准入华的圣母圣心会,即刻拿到了教廷的委任书。这不能不说是遣使会在其中发挥了直接作用。

总之,脱离"天时、地利、人和"中的任何一种因素,圣母圣心会都很难在有限的时间内建立。然而,修会的成功创立只是圣母圣心会漫长历史中的一个开端,它真正命运的起始,应以南怀义等五人在1865年的首次入华为标志。从此,圣母圣心会打开了其在华早期历史的篇章。

第二章 从元代基督教到热河代牧区的沿革

> 如果想在这片漫无边际的代牧区进行传教工作,我们需要像一支部队这么多的传教士来这里一起工作才行。
> ——南怀义1886年写给布鲁塞尔圣婴会的信

1865年8月25日下午两点五十五分,在一片送别声中南怀义与他的三位传教同仁良明化、司维业(Aloysius Van Segvelt,1826—1867)、韩默理以及助手林辅臣(Paul Splingard,1842—1906),开始了他们的中国之行。从布鲁塞尔出发,经过巴黎、都灵、佛罗伦萨和罗马,在法国马赛港登上"莫里斯"号(Moeris)蒸汽邮轮奔赴远东,顺着苏伊士运河航行,途经开罗、锡兰(今斯里兰卡)、新加坡、西贡(今越南胡志明市)、香港等地,绕过大半个地球在11月6日上午八时到达上海。在上海他们受到了驻华遣使会"首善堂"账房主任高幕理(Ange Michel Aymeri,1820—1880)的接待。① 然后在来自西湾子的信徒张应魁的带领下,经天津、北

---

① 高幕理,意大利籍遣使会神父。1820年12月6日生于意大利皮埃蒙特大区(Piemonte)的卡尔马尼奥拉(Carmagnola)。1843年9月22日在意大利灵晋铎,1848年6月21日抵达澳门。1849年4月15日在北京教区传教,1857年成为遣使(转下页)

京,最终于 1865 年 12 月 6 日抵达了他们的传教目的地西湾子村,当时在西湾子迎接他们的是遣使会的白振铎(Géraud Bray, 1825—1905)。① 就这样,南怀义带领的第一批圣母圣心会传教士从比利时出发一直到蒙古代牧区的西湾子,在路上共耗时三个多月。从此,这群不会说一句汉语或蒙古语的传教士们开始了他们

图 2-1 圣母圣心会初到西湾子的情形

图片来源:Beeldarchief Verbiest Institute, KU Leuven

(接上页)会驻上海账房"首善堂"的负责人。在上海账房工作有 23 年之久,1880 年 3 月 6 日去世。参见 Joseph Van Den Brandt, *Les Lazaristes en Chine*, *1697 – 1935*, *notes biographiques*, Pei-P'ing: Impr. des Lazaristes, 1936, pp. 52 – 53.

① 白振铎,法国籍遣使会神父。1825 年 12 月 4 日出生于法国康塔尔省(Cantal)的西朗(Siran)。1848 年 12 月 12 日入遣使会,1850 年 12 月 13 日发愿。1853 年 5 月 21 日晋铎。1858 年 12 月 23 日到达上海。后在蒙古代牧区传教。于 1866 年 9 月 24 日离开蒙古代牧区后,转到西南直隶代牧区工作。1870 年 3 月 15 日升为江西代牧主教。1905 年 9 月 24 日在九江逝世。汉名同为白振铎的在华遣使会神父有两位。另一位是德国籍,也曾在西南直隶传教。名为 Guillaume Beckman,1832—1910。参见 Joseph Van Den Brandt, *Les Lazaristes en Chine*, *1697 – 1935*, *notes biographiques*, pp. 62, 76.

在中国这片陌生而辽阔土地上的全新生活。①

初来乍到的南怀义,对蒙古代牧区最初的印象,可以从他在 1866 年 9 月 25 日写给布鲁塞尔圣婴会的一封信中找到:

> 从这封信中您可以在头脑中想象一下我们接手的这片蒙古代牧区的样子。您可以和我们沿着这个代牧区的边境走一圈。
>
> 从北京启程向北一直走可以看到中国长城。翻过去就进入了蒙古地方。到那里了要喘口气,拿出全身的力气开始向北爬山。在经过在一片漫无边际的戈壁后,在我们面前的是一座几乎不可逾越的山脉。这时我们就到达一条叫"阿穆尔"(Amour,亦称"黑龙江")的河。② 不要越过这条河,否则我们就进入西伯利亚了,那是我们无权进入的地方。因此我们要转向西行。我们要带上武器,振作精神,鼓起勇气,穿上厚厚的衣服,耐心地前行,因为我们要在主的助佑下爬几个月的山才能到我们代牧区西部边境的尽头——天山。我想整个欧洲也不会这么大吧。在天山脚下,我们要喘口气再往南边走,走到代牧区最西南的地方就是青海湖(Kokonor)了,可能我们走得太远了些。我们这时要顺着黄河向鄂尔多斯的方向走下去,途经信仰佛教的蒙古族人的聚集地,而我们也离西湾子传教公所的距离不算太远了。
>
> 您知道整个的这个路程需要耗时多久吗?遣使会的两位

---

① 南怀义一行五人从比利时到西湾子旅程的具体经过,详见 Franciscus Vranckx, *De Belgische geloofszendelingen in Mongolië - verhaal hunner reis en aankomst*, Mechelen: E. en I. van Moer., 1866.

② "Amour"是俄文"Амур"的罗马拼写形式。蒙古语也称"哈拉穆连"(Амар мөрөн),意指"黑水"。现今通称为"黑龙江"或"阿穆尔河"。

图 2-2 二十世纪初期的蒙古代牧区

图片来源：KADOC-KU Leuven, *Missiën van Scheut*

传教士从蒙古代牧区的北部顺着鄂尔多斯、青海去往西藏。[①] 他们在路上无有任何耽搁，总共用了十八个月才到达。

我们大感吃惊，仅凭我们四个人的力量根本不可能管理这么大的一个代牧区。如果我们想在这片漫无边际的代牧区进行传教工作，必须要设法申请庞大的传教资金。除此之外，我们还得需要像一支部队这么多的传教士来这里共同工作才行。因此，建立一座蒙古本地修院的计划也是势在必行的。

从时间上推测，南怀义不太可能亲自经历过他所描述的这段

[①] 这两位遣使会传教士为古伯察（Évariste Régis Huc, 1813—1860）和秦噶哔（Joseph Gabet, 1808—1853）。二人都曾赴西藏游历传教。其中以古伯察在 1850 年巴黎出版的游历记录《鞑靼西藏旅行记》（*Souvenirs d'un voyage dans la Tartarie, le Thibet et la Chine pendant les années 1844, 1845 et 1846*）尤为著名。

旅途。① 他以带有故事性的描写方式来呈现蒙古代牧区庞大的地理环境，在很大程度上是为了向圣婴会描述"庄稼多、工人少"的现状。其主要意图也是为了申请更多的传教资金来支持圣母圣心会在中国的工作。因此，在内容的描写上是否有一些夸大的成分，仍有待考证。但是，蒙古代牧区面积广阔则是不可否认的事实。我们也不难想象，南怀义来自国土面积只有三万平方公里的比利时，当他面对如此庞大的代牧区时会感到惊恐与无助。

基督宗教传入蒙古地区，其历史可追溯到早期的聂斯脱利教派。随着蒙古大汗西征所开辟的道路，天主教会也曾在十三世纪涉足该地。从最早试图与蒙古大汗修好的教廷使节，到开辟首个在华主教区的孟高维诺，从十八世纪入华的耶稣会，到新中国建立后才离开的圣母圣心会，他们都在蒙古地区的基督教传播史上留下了自己的足迹。

第一节　塞外传教：从"也里可温"　　　　到耶稣会

位于长城之外的蒙古地区，在历史上曾有着显赫的地位。1206 年尼伦蒙古乞颜部的领袖铁木真（1162—1227）统一了蒙古诸部，建立了蒙古汗国，蒙古人尊称他为"成吉思汗"。其后，蒙古汗国以西征的方式先后在 1218 年、1236 年、1253 年三次向西扩张，其远征范围已延伸到欧洲大陆，成为历史上连续性版图最大的

---

① 南怀义 1865 年 12 月 6 日到达西湾子，该信写于 1866 年 9 月。如信中所说旅途将要耗时十八个月的话，在时间上已经可以证明南怀义并没有亲身游历过整个蒙古代牧区。关于他所了解的从东蒙古到西藏的路程，可能是根据古伯察 1850 年在巴黎出版的《鞑靼西藏旅行记》。

国家。成吉思汗之孙元世祖忽必烈(1215—1294)在位期间,其手下将领张弘范于 1279 年帅军战胜了广东厓山的南宋水师,史称"厓门之战"。从此之后,蒙古大汗统治了整个中国有近百年之久,其国土面积也为中国历代之最。①

在元朝统治下的这片广阔疆域里,忽必烈行使宽容和兼收并蓄的宗教政策。早在七世纪就已经进入大唐的景教,因着唐武宗"会昌灭佛"的运动曾一度消亡。随着蒙古人入主中原,景教又再次复苏。②"也里可温"一词就是元代对所有基督宗教不同教派的统一称谓。③ 它在若干元代的汉文文献中屡见不鲜。④ "也里",意指上帝。"可温",意指子女。合起来即为"上帝子女"之意。这一称谓到现今仍然是基督信徒对自己信仰身份的认定。此外,从元代的遗迹中也发现了不少基督信徒留下的痕迹,譬如含有十字形

---

① 关于元朝的起始时间,学界目前有 1206 年(成吉思汗称帝建国)、1234 年(蒙古灭金)、1260 年(忽必烈即位)、1271 年(忽必烈建"大元"国号)、1279 年(元灭南宋)等不同的看法。本书以 1271 年忽必烈于大都公布《建国号诏》为元朝起始。另外,关于南宋军队在厓门海战败北的日期,雷纳·格鲁塞在《蒙古帝国史》中记为 1277 年 4 月 3 日。参见[法]雷纳·格鲁塞:《蒙古帝国史》,龚钺译,北京:商务印书馆,1996 年,第 150、185、238、250—251、260 页;陈得芝:《关于元朝的国号、年代与疆域问题》,《北方民族大学学报》(哲学社会科学版) 2009 年第 3 期,第 5—14 页。

② 在元朝之前,以基督教聂斯脱利主义为教旨的"景教"在公元七世纪初的唐代贞观年间传入中国。明朝天启五年(1625)在西安出土的《大秦景教流行中国碑》证实了景教在唐贞观九年(635)已经在长安(今西安)传播,该碑也是迄今发现的最早基督宗教入华的史证。唐武宗在位期间(840—846)发起的"会昌灭佛"殃及景教。《旧唐书》卷十八《武宗纪》有载:"大秦、穆护等祠,释教既已厘革,邪法不可独存。其人并勒还俗,递归本贯,充税户。如外国人,送还本处收管。"该教在宋代尚存,但已逐渐衰退瓦解。方豪:《中西交通史》上卷,上海:上海人民出版社,2015 年,第 349—363 页。

③ 该词在不同文献中也写作"伊噜勒昆、阿勒可温、耶里可温、也里阿温、也里河温、伊哩克温、伊哩克敦"等。在蒙古人入主中原之前,曾借波斯语音译词"迭屑"(Tersa)来称呼基督信徒。参见方豪:《中西交通史》下卷,第 457 页;宝贵贞、宋长宏:《蒙古民族基督宗教史》,第 15 页。对"也里可温"的具体研究,参见陈垣:《元也里可温考》,上海:东方杂志社/商务印书馆,1924 年。

④ 其中尤以"大兴国寺记"石碑上的文字多为学者参考引用,该石碑原文抄录在《至顺镇江志》中。参见梁相:《大兴国寺记》,俞希鲁纂《至顺镇江志》卷九,江苏:江苏古籍出版社,1999 年,第 365 页。

符号的石碑、壁画、装饰物和墓碑等等。而在塞外边疆地区,以景教留下的遗迹最为丰富。①

一、元代与天主教的最初接触

  景教传入蒙古的文字记载不仅早于元代,且在成吉思汗建立蒙古汗国之前就已在史料中出现。② 从十二世纪开始,景教信仰在一些蒙古部族逐渐盛行并且拥有势力。宝贵贞、宋长宏编著的《蒙古民族基督宗教史》一书中对克烈部、乃蛮部、篾儿乞部和汪古部四个部族的景教信仰有着详细的论述,在此不再赘言。③ 然而,元代汉文文献中所记述的"也里可温",除了指景教外,还包括同样信奉基督的天主教会。在忽必烈建立"大元"国号之前,天主教会就曾与蒙古汗国有过数次接触。

  上文提及,成吉思汗建立蒙古汗国后,先后有三次向西扩张的远征行动。其中1236年的第二次西征,窝阔台麾下的蒙军一路向西,攻破俄罗斯、波兰等国后直奔匈牙利,但这时传来窝阔台去世的消息,使得这次远征不得不在1241—1242年的冬季以撤军收场。④ 这次蒙军铁骑的强悍攻势引起了欧洲的一片恐慌,天主教教宗依诺增爵四世(Innocentius IV,1195—1254)计划在法国里昂召集欧洲各国,商议组成联军共同防御蒙军的再次入侵,但此举并未成行。其后,教宗得知在蒙古汗国中有为数不少的基督信徒,便打算以宗教的外交手段派遣使者远赴蒙古,试图说服蒙古大汗皈

---

  ① 方豪:《中西交通史》下卷,第456—457页。
  ② 邢亦尘:《试论基督教在蒙古民族中的传播》,《内蒙古社会科学》(文史哲版)1990年第6期。
  ③ 宝贵贞、宋长宏:《蒙古民族基督宗教史》,第18—48页。
  ④ [法]雷纳·格鲁塞:《蒙古帝国史》,龚钺译,第238—242页。

依基督信仰并停止其向西侵略。①

依诺增爵四世派遣意大利籍方济各会士柏朗嘉宾(Giovanni da Pian del Carpine，1182—1252)出使蒙古。② 柏氏携带教宗致蒙国大汗的玺书于 1245 年(太宗十七年)4 月 16 日从里昂启程，1246 年(定宗元年)4 月 5 日到达了西蒙古的拔都帐幕。在那里把教宗玺书译成蒙、俄、撒拉森文(波斯文)后，于 7 月 22 日抵达蒙古首都哈拉和林，觐见刚刚登基的贵由大汗。贵由汗对教宗此举并未领情，并回函向教宗表达了自己的观点："尔等居住西方之人，自信以为独奉基督教，而轻视他人。然尔知上主究将加恩于谁人乎？朕等亦敬事上帝。赖上帝之力，将自东徂西，征服全世界也。"柏氏同年 11 月 13 日携贵由汗的玺文返欧，于 1247 年(定宗二年)底抵达里昂。③

虽然这次通使活动并没有达到它预期的目的，既没有使蒙古大汗皈依公教，更提不上建立任何外交关系，但这并不意味着它没有重要的历史意义。柏朗嘉宾的蒙古之行不但是欧亚、中西的早期接触，同时也是天主教东传的先声，促使其他欧洲天主教传教士们也步其后尘，纷至沓来。此外，柏氏以一个"他者"的视角把他在蒙古的所见所闻记录下来，汇集成册，取名《柏朗嘉宾蒙古行纪》(*Historia Mongalorum Quos Nos Tartaros Appellamus*)出版面世。该书不但第一次把一个真实的蒙古介绍给了当时的欧洲社

---

① 教宗依诺增爵四世致蒙古大汗的原文，参见张星烺：《中西交通史料汇编》第一册，北京：中华书局，1977 年，第 182—183 页。

② 当时已 63 岁的柏朗嘉宾有同伴司提反(Stephen of Bohemia)一同出使蒙古，但司提反中途病倒不能继续前行。因此，柏氏不得不在朋友的帮助下，另请一位名为本笃(Benedykt Polak)的波兰籍方济各会士作为他的翻译与其同行。

③ Montalbano, Kathryn A., "*Misunderstanding the Mongols: Intercultural Communication in Three Thirteenth-Century Franciscan Travel Accounts*", Information & Culture, 2015, 50(4), pp. 588 - 610；方豪：《中西交通史》下卷，第 437—439 页；贵由汗回复教宗之玺书原文，参见张星烺：《中西交通史料汇编》第一册，第 184 页。

会，也成为了当今学界研究早期欧亚交流史和蒙古史的重要史料。

教宗特使柏朗嘉宾的蒙古之行是欧洲天主教与蒙古的第一次官方接触。此后，教廷又先后派遣了葡籍方济各会士劳伦(Laurent de Portugal)和多明我会士亚旭林(Asceline de Lombardie)再赴蒙古，但都未有特别的进展。率领十字军东征的法王路易九世(Louis IX，1214—1270)也分别在定宗四年(1249)和宪宗三年(1253)派遣过法籍多明我会士隆如满(André de Longjumeau)和弗拉芒人方济各会士鲁布鲁克(又译"鲁不鲁乞"，Willem van Rubroek)出访蒙古汗国。后来，鲁布鲁克撰有《鲁布鲁克东行纪》(Itinerarium de mirabilibus orientalium Tartarorum)一书，成为了早期欧洲人认识蒙古的又一重要窗口。①

上文提到的这些以外交通使身份入蒙的传教士们，在蒙古汗国并未久留，更没有在当地建立教会或传播信仰。天主教传教士进入蒙古建立罗马圣统制教会的第一人是意籍方济各会会士孟高维诺(Giovanni da Montecorvino，1247—1328)。孟氏在1289年以波斯通使的身份返回罗马时，教宗尼各老四世(Nicolaus IV，1227—1292)委托他携带宗座玺书到蒙古觐见大汗，并尝试在当地建立教会。那时的蒙古大汗已在中原称帝，改称"大元"了。但是，孟高维诺在1289年离开欧洲后便杳无音信，直至1307年(大德十一年)才收到他在1305年(大德八年)1月8日写于汗八里(即大都，今北京)的一封信。② 该信对教廷来说非常重要，一是得知孟氏仍然在世，二来终于可以获得远东教务的一些可靠信息。

---

① 方豪：《中西交通史》下卷，第438—441页。
② 现有三封孟高维诺写给教宗的信。在1292或是1293年，孟高维诺从印度马八儿写给教宗一封信，但教宗没有收到。其次是1305年写的一封信，第三封写于1306年。第二及第三封信的原文汉译参见张星烺：《中西交通史料汇编》第一册，第218—227页。

孟高维诺在信中写道:"余旅此孑然一身,不得告解者已十一年。"①可见,孟氏自从抵达元大都以来,就没有看到过天主教教士的身影。② 虽然他只身一人在华传教,但是在教务方面却成绩斐然。不但建立教堂两座,并且受其洗礼者也有数千人。③ 因此,教宗克莱孟五世(Clemens V,1264—1314)对孟氏在华的传教工作给予厚望,于大德十一年(1307)颁布谕旨委托孟高维诺在华设立汗八里总主教区,并任命他为教区总主教,管辖"契丹"(中国北部)和"蛮子"(中国南部)的整个教务,成为有史以来首位驻华总主教。在孟高维诺的请求下,教宗同年又派遣七名方济各会的主教来华,一是为了祝圣孟氏为新主教,更是为了辅佐他在华的庞大教务。但是,这七人之中只有三位在至大元年(1308)抵达中国。④

教廷就这样首次在中国建立了圣统制下的主教区。而蒙古地区当时隶属元朝的岭北行省,⑤因此也是在汗八里教区的管辖范围之内。孟高维诺于天历元年(1328)去世后,教宗若望二十二世(Ioannes XXII,1249—1334)在1333年委任尼古拉(Nicolas)赴华接汗八里主教一职。其后教宗乌尔巴诺五世(Urbanus V,1310—1370)又在1362年和1370年,分别委任多默(Thomasso)和柏拉

---

① 方豪:《中西交通史》下卷,第447页。
② 在天主教内行"告解"之礼仪圣事,只有天主教圣职人员,即神父有权举行。另,孟高维诺1289年从罗马出发,途经原传教地波斯,完成余下的工作后,再继续赴华。到达元朝大都时已经是1293年了。所以信中所说的"十一年"是合理的。参见方豪:《中西交通史》下卷,第447页。该信函的原文汉译参见张星烺:《中西交通史料汇编》第一册,第223—227页。
③ "第一教堂与第二教堂,皆在城内。两处相距,有二迈耳半。""自至鞑靼以来,已有五千人受余洗礼矣。"参见张星烺:《中西交通史料汇编》第一册,第224、225页。但在孟氏的前一封信中,他却说有付洗者有六千多人:"自抵此以来,共计受洗者达六千余人。"参见张星烺:《中西交通史料汇编》第一册,第219页。
④ 张星烺:《中西交通史料汇编》第一册,第227—228页;方豪:《中西交通史》下卷,第447页。
⑤ 谭其骧:《历史上的中国和中国历代疆域》,《中国边疆史地研究》1991年第1期,第36页。

笃(Guillaume de Prato)叙职,但他们启程赴华后均杳无音讯。①而随着1368年元朝覆灭,天主教在华事业也随之东流。汗八里总教区的建立虽说是昙花一现,但开启了天主教在华传教史的篇章。

二、耶稣会士初入塞外

元代天主教虽然兴盛一时,但经过元明的朝代更替,未能在中国稳固扎根。自孟高维诺担任汗八里(北京)教区总主教以来,直到明朝初年教廷仍有派遣其接任者。② 但因当时信息交通极为不便,又加上十四世纪四十年代欧洲黑死病猖獗,造成东西往来困难重重。因此,他们是否真正到达了中国,教廷无法得知。③ 但是,远东天主教的历史并没有就此中断。以明末清初耶稣会来华为起点的第二次东传,使得天主教在中国最终得以生根发芽并影响深远。

时值十五世纪的大航海时期,西葡两国在大西洋上争夺航线,为本国的经济利益大打出手。1493年教宗亚历山大六世以调节者的角色出现,试图划分一条子午线使两国之间的纠纷偃旗息鼓。在教宗的调节下,远东大部分地区归属葡国,同时天主教的"保教"事务也由葡国把持。1534年11月3日教宗保禄三世(Paulo III, 1468—1549)颁布圣谕在印度成立果阿教区(亦称"卧亚",Goa),在1558年又升格为总主教区,远东地区的教务皆属于其管理范围。后被尊称为"远东使徒"的西班牙籍耶稣会士方济各沙勿略(Francisco

---

① 徐宗泽:《中国天主教传教史概论》,北京:商务印书馆,2015年,第153—154页。
② 额我略十一世(Gregorius XI,1336—1378)在大明宣德元年(1426)派遣加布阿(Giacomo da Capua)去大都接替孟氏总主教的职位。参见徐宗泽:《中国天主教传教史概论》,第154页。
③ 方豪:《中西交通史》下卷,第539页。

Xavier,1506—1552),当时就是在葡国的"保教权"下从里斯本启程奔赴印度,再转至马来西亚、日本等国传教,最后试图进入海禁森严的大明而未能如愿,1552年病逝在离珠江口不远的上川岛上。①

沙勿略去世之后数年,有葡籍耶稣会士巴莱多(Melchior Nunes Barreto,1520—1571)随葡国贸易使团在1555年登陆广州,但只停留了十个月而已。两年后葡人入居澳门,耶稣会传教士以澳门作为避风港,等待时机随葡国商人再度进入中国。② 按照裴化行(Henri Bernard,1889—1975)的说法,当时只有三种外国人能够进入中国内地:

> 第一,在职的公使;第二,伴随公使而来的商人;第三,仰慕中国的政治文化而来的外人,并可得到居留权。司铎们所引用的就是这第三种名称。因为除此以外,无法令他们得到内地的居留权。他们又小心不令他们的朋友,很明显看出他们有传教的心意。③

通过各种途径,自1579年以来,先后有意大利籍会士罗明坚、巴范济和利玛窦成功踏入中国内地,揭开了天主教第二次入华的序幕。④

---

① 1557年葡萄牙人入居澳门后,教宗额我略十三世(Gregorius XIII,1502—1585)在1576年把远东教务的管理权从印度果阿主教区分离出来,建立了东亚第一个主教区——澳门主教区,首位主教为耶稣会士贾耐劳(Belchior Carniero Leitão,1516—1583)。参见徐宗泽:《中国天主教传教史概论》,第154页。
② Liam Matthew Brockey, *Journey to the East: The Jesuit Mission to China, 1579-1724*, Cambridge, Massachusetts, London, England: The Belknap Press of Harvard University press, 2008, pp. 28-29.
③ [法]裴化行(H. Bernard):《天主教十六世纪在华传教志》,萧睿华译,上海:商务印书馆,1937年,第242页。
④ 意籍会士罗明坚(Michele Ruggieri,1543—1607)于1579年来华,巴范济(Francesco Pasio,1554—1612)于1582年来华,利玛窦(Matteo Ricci,1552—1610)于1583年来华。当时范礼安(Alessandro Valignano,1539—1606)作为耶稣会亚洲传教团的巡视员到过澳门。参见Liam Matthew Brockey, *Journey to the East: The Jesuit Mission to China, 1579-1724*, pp. 28-33.

其中以利氏在华的业绩最为显著,他于1583年在肇庆建立教会后一直寻求北上的机会。随后又在韶州、南昌、南京等地活动,最后于1601年成功进入京城。① 天主教能够在明末传至中国,利氏在其中的功劳不言而喻。明末来华之耶稣会士秉承从上至下的传教策略,一直尽其所能地与中国上层官僚阶层保持紧密的关系。在这些耶稣会士们中间,又不乏精通西方诸多领域知识的博学之人,以其算学、天文、地理、美术等西学知识为朝廷效力,以求能够博得帝王的好感,进而使其传教事业能顺利进行。1684年在清廷服务的比籍耶稣会士柏应理(Philippe Couplet,1623—1693)巡访欧洲期间,向法王路易十四(Louis XIV,1638—1715)请求派遣更多的耶稣会士赴华效力。这位力求拓展其远东影响力的"太阳王"于是在1685年下令,以洪若(Jean de Fontaney,1643—1710)为团长,派遣五位以"国王的数学家"(Les Mathématiciens du roi)为身份的法籍耶稣会士赴华。这些视自己为独立教团并只愿效忠法王的耶稣会士,于1687年7月23日登陆浙江宁波。他们的到来不但为中国皇帝带去了西方的科学知识,同时也开启了法国耶稣会在华传教的时代。②

然而,清政府于1724年因"礼仪之争"事件颁布了全国范围内的禁教圣谕,中国的百年禁教期从此开始。③ 虽然此时各省的天

---

① 关于利玛窦在华的传教足迹,参见董少新等:《朝天记——重走利玛窦之路》,上海:上海古籍出版社,2012年。
② 这五位依次为:洪若、白晋(又译"白进",Joachim Bouvet,1656—1730)、刘应(Claude de Visdelou,1656—1737)、张诚(Jean-François Gerbillon,1654—1707)、李明(Louis le Comte,1655—1728)。关于法王路易十四派遣五位传教士的具体研究。参见 Isabelle Landry, *Les Mathematiciens envoye's en Chine par Louis XIV en 1685*, *Deron Archive for History of Exact Sciences*, Vol. 55, 2001(5), pp. 423-463.
③ 关于清政府何时开始禁教,目前学界仍没有一致的意见。现有1717年、1721年和1724年等说法。本文以雍正元年十二月十七日(1724年1月12日),礼部提请禁教的奏折获批为起点,这标志着禁教令在全国范围内的全面实施。清政府禁教之发展参见张泽:《清代禁教期的天主教》,台北:光启出版社,1992年。

主教传教士或被遣返回国,或暂避在澳门,但颇受皇帝青睐的耶稣会士却仍能在这次巨大的冲击中获得一丝喘息。① 如教内史家樊国梁所云:

> 当时皇上于西士,虽严禁其传教,而优待之礼,犹未衰也。西士不辞劳瘁,尽心修历,以为藉修历末事,尚可稍缓禁议,不无补于传教,是以乐从不倦。②

除了一部分耶稣会士得到清廷赏识得以继续留京,在朝任职之外;另有一部分耶稣会士转至京城之外,藏匿各省秘密传教。这其中也有数位华籍耶稣会士的参与,他们的华籍身份在很大程度上更有助于秘密传教和巡访信徒。特别是欧洲人难以踏入的塞外地区,那里的教务活动更是仰仗着这些华籍传教士来维系。③ 法国耶稣会士汪达洪(Jean-Mathieu de Ventavon,1733—1787)在1775年的一封书简中这样写道:

> 鞑靼地区几名基督教徒也被抓了起来。……当地最主要的官员审问这几名基督徒:在离北京如此遥远的地方怎么会有基督徒的? 后者既怯懦又轻率地答道,北京那些欧洲人(按:教士)每年都派中国教士来讲授教理和教导他们,甚至还说出了其中六名(中国)教士的姓名和别号……不时来京的鞑靼地区的基督徒希望有人能到他们那里教他们宗教和祈祷,因为他们很容易忘记这些内容。鉴于欧洲人(按:教士)

---

① Liam Matthew Brockey, *Journey to the East: The Jesuit Mission to China, 1579-1724*, pp. 198-203. 除了耶稣会外,十七世纪末在华修会还有方济各会、道明会、奥斯定会。其中多明我会于1631年来华,方济各会于1633年来华。参见徐宗泽:《中国天主教传教史概论》,第164、166—167页。

② [法]樊国梁:《燕京开教略》,陈方中主编:《中国天主教史籍汇编》,台北:辅仁大学出版社,2003年,第394页。

③ Liam Matthew Brockey, *Journey to the East: The Jesuit Mission to China, 1579-1724*, pp. 200-201.

不能前往该地,便有几个真诚的中国人(按:教士)同意做这件善事。①

十九世纪中期发展成为塞外天主教信仰中心的西湾子,早在十八世纪禁教期间便有华籍传教士造访。那时的西湾子被称作"大东沟"。②《耶稣会士中国书简集》中有言:

> 关于被充军到富尔丹的基督徒亲王们的热忱的虔诚的信……他们给我们写了好几封信,在信中,他们用纯粹出于虔诚的语词催我们至少把樊路易(Louis Fan)神父派到他们那里去。樊路易神父是中国耶稣会士……路易神父返回北京的途中,应邀访问了我们北方几个教区,即宣化府(Suen-hoa-fou)、大都口(Ta-ton-keou)(按:即大东沟)和 Sa-tching(按:沙城)等教区。③

虽然教廷当时并没有把位于长城以北的蒙古地区教务正式委任于耶稣会士,④但这片辽阔之地早就成为他们在华传教计划中设法拓展的区域。那时在传教士的书信中"蒙古地区"被称为"西

---

① [法]杜赫德编:《耶稣会士中国书简集——中国回忆录》下卷(第六卷),吕一民、沈坚、郑德弟译,郑州:大象出版社,2005年,第79—80页。
② [比]隆德理:《西湾子圣教源流》,古伟瀛主编:《塞外传教史》,第13页。
③ 1726年8月24日巴多明在北京写给耶稣会某神父的信。另外,"北方几个教区",原文是"chrétienté du Nord",译为"北方的几个堂口"为宜。参见[法]杜赫德编:《耶稣会士中国书简集——中国回忆录》中卷(第三卷),朱静、耿昇译,郑州:大象出版社,2005年,第65—66页。
④ 1690年教宗亚历山大八世(Alexander VIII,1610—1691)在1576年建立的澳门教区的基础上,恢复北京教区(原汗八里总教区,于1307年建立)且增立南京教区,并同意葡国有推荐主教任命的权利。原则上澳门教区负责广东、广西的教务。北京教区负责直隶、山东、辽东的教务,南京教区负责江南、河南的教务。除此之外,教廷为了抗衡葡国在中国的保教垄断势力,1677年罗马传信部设立代牧区制度以便从教廷直接派遣传教士赴华。因此,1696年教廷在中国又建立9个代牧区,它们分别为福建、云南、四川、浙江、江西、湖广、山西、陕西、贵州代牧区。那时出现了主教区和代牧区并存的格局,产生了传信部主教与教区主教在华的权限问题,也为传教士和当地信徒带来很多困惑。参见徐宗泽:《中国天主教传教史概论》,第155—156页。

部(中国)鞑靼"。① 1703年耶稣会士卫方济(François Noël, 1651—1729)这样写道:

> 如果中国信奉了基督教,我们就把基督教扩展到鞑靼地区。……西部鞑靼只在靠近乌兹别克(Yousbecks)和里海一带才有些城市和村庄……几年前中国皇帝已经降服了他们。……要归依这些游牧的鞑靼人是件难事,因为他们完全被他们宗教的法师"喇嘛"所蒙蔽,对喇嘛盲目遵从。②

但是,这片"鞑靼地区"并不是这群欧洲人能够轻易涉足的地方,甚至对耶稣会士们较为器重的康熙皇帝也不曾同意他们私自越过长城。③ 但一些耶稣会士在履行公差之时,也有幸能够踏入这"禁忌之地"。其中,弗拉芒人南怀仁(Ferdinand Verbiest, 1623—1688)就曾应康熙皇帝之邀于1682年一起到关东地区游历,次年又与清帝一同前往塞北。④ 南怀仁可能是第一位进入塞外

---

① "鞑靼"(法文: La Tartarie;拉丁文: Tartaria)一词,直到16世纪,在欧洲长期指代内亚的中部和北部,从里海到乌拉尔山的地理范围。耶稣会入华后的明末清初,"鞑靼"的地理范围又分为"西鞑靼"和"东鞑靼"。在耶稣会士著作中的"中国鞑靼"(Tartarie chinoise)即指的是"东鞑靼"。"中国鞑靼"的北边与西伯利亚接壤,东部到堪察加海湾和东海,南部至中国长城,西部到卡尔梅克(Kalmouks)。后来"中国鞑靼"又再分为"东部中国鞑靼"和"西部中国鞑靼"。"东部中国鞑靼"指的是满洲地区,"西部中国鞑靼"北至西伯利亚,东至满洲地区,南至长城,西边与"中亚鞑靼"(Independent Tartary)相邻,蒙古地区即在其中。到了17世纪,耶稣会传教士所指的"鞑靼"为长城以北的地区。在19世纪中期以后,"鞑靼"一词逐渐被"满洲"和"蒙古"取代。此处沿用其称。参见庄宏忠:《19世纪天主教蒙古传教区东部界线争端研究》,《中国历史地理论丛》2016年第31卷第3期,第32页; Dong Shaoxin, "The Tartars in European Missionary Writings of the Seventeenth Century," in Thijs Weststeijn, eds., *Foreign Devils and Philosophers: Cultural Encounters between the Chinese, the Dutch, and Other Eupropeans, 1590 -1800*, Leiden/Boston: Brill, 2020, pp. 82 - 103.

② 1703年卫方济写给在罗马的耶稣会总会长的信。参见[法]杜赫德编:《耶稣会士中国书简集——中国回忆录》上卷(第一卷),第238页。

③ [法]杜赫德:《耶稣会士中国书简集——中国回忆录》下卷(第六卷),第79页。

④ 黄伯禄:《正教奉褒》,陈方中主编:《中国天主教史籍汇编》,台北:辅仁大学出版社,2003年,第534页。

地区的传教士。此后,徐日昇(Thomas Pereira,1645—1708)、张诚、白晋等多名耶稣会神父因绘制地图、协助中俄谈判等公事也有机会踏入塞外。① 张诚在 1790 年的信中这样写道:

> 奉皇命绘制地图的传教士在效力皇差之余抓住时机在路过的所有集镇和村庄宣传耶稣基督。当他们到达某个需要小住数日的地方后,他们就把当地居民中最重要的人物请来,以各种方式向其表示友好(其殷勤程度远超过他们平时对中国同类人物所做的一切)。然后教他基督教的道理。一旦他被争取到传教士一边,就肯定会把其他人也带来。于是,传教士便利用夜间时间教育他们。②

可见,在清廷奉职的耶稣会士虽然终日勤于为皇帝效力,但其传教之初衷从未减弱。他们凭借为公出差之时机,着手开始对塞外居民进行半公开式的信仰传播。

三、巴多明开辟口外教务

在前往长城以北的传教士中,巴多明(Dominique Parrenin,1665—1741)精通满汉多种语言,西学知识渊博,极受康熙皇帝赏识。他多次因公务之便游巡塞外,③在那里建立了不少传教堂口。耶稣会士沙如玉(Valentin Chalien,1697—1747)在 1741 年 10 月

---

① 关于耶稣会传教士到塞北的记录,参见黄伯禄:《正教奉褒》,第 540、546、548、549、554、559 等页。

② [法] 杜赫德编:《耶稣会士中国书简集——中国回忆录》上卷(第二卷),郑德弟、吕一民、沈坚译,郑州:大象出版社,2005 年,第 27 页。

③ 巴多明,法籍耶稣会士,字克安。1665 年 9 月 1 日出生于法国大鲁赛(Grand-Russey)镇,1685 年 9 月 1 日入耶稣会,1698 年 11 月 4 日入华,1741 年 9 月 29 日在北京去世。参见[法] 费赖之:《在华耶稣会士列传及书目》,冯承钧译,北京:中华书局,1995 年,第 510—516 页。

图 2-3　在华耶稣会士巴多明

图片来源：笔者自摄（*Historia general de las misiones, desde el siglo XIII hasta nuestros días*, 1863）

10 日的一封信中有这样的描述：

在二十多年期间，巴多明神父都在皇帝每年赴鞑靼地区的出巡中随驾，皇帝去那里也是出于狩猎的兴趣。当皇帝出巡帝国各省时，巴多明神父同样也伴驾相随，但始终是作为传教士而跟随皇帝。该神父到处都增加原有传教区的人数，或者是开辟新的传教区。其中最繁荣的传教区，也就是人们看到其中基督徒人数最多和最受青睐者，都位于长城内外，从北京到鞑靼地区的沿途，它们都是巴多明神父虔诚的成果。①

巴多明在一封 1715 年 3 月 27 日的信中，提及了自己在长城关口建立的"古北口会堂"的情况。"古北口"（Ku-pei-k'ou）位于长城边陲，是重要的军事要塞。明朝时就有驻军在那里把守，清朝仍沿袭明人的驻军制度，"古北口"因此成为了内地与塞外之间的分水岭。那里的驻兵为绿营军的汉人，所以"古北口会堂"的信徒也是以汉人士兵为主。除此之外，在沈阳、西风口和热河等地，也有不少边防士兵由耶稣会传教士带领入教。巴多明在该信中又写道：

从鞑靼地区回京后，我在已印出的《耶稣会传教士感化人的珍奇的书简》汇编上读到了我的几封书信的摘要，其中谈到

---

① ［法］杜赫德编：《耶稣会士中国书简集——中国回忆录》中卷（第四卷），第 240 页。

了我在长城古北口组建的一个新的传教会。这里我要补充说明,从那时起,上帝已降福于它,它不再只是个刚起步的传教会,它已扎下了根,人们在那里可见到许多虔诚的教徒。我让人兴建的教堂如今显得太小了,即使加上院子,也容纳不下一半教徒。上个月路过那里时,我又为三十多人施了洗。这些善良的人建议我把这座教堂交给妇女们做集会用,同时给男人们盖一座更大的教堂,他们甚至自告奋勇要为之出力。然而他们能力十分有限,他们多数是士兵,其全部财产便是那点微薄的军饷。我去察看了一所适合于这一计划的房子,它要值五六百两银子,这难以筹措。靠上帝保佑,我们将尽力而为。①

巴多明的这些传教活动在塞外天主教史上有着重要的意义。日后成为塞外地区信仰中心的西湾子村(今河北省崇礼县)的第一位信徒张根宗(Tchang-ken-tsong),其入教时间虽现已无法考证,但他很有可能是由巴多明领受了洗礼。② 张根宗入教之后,在当地归化了一些从直隶迁徙到口外谋生的汉人。长此以往,皈依者日渐增多,西湾子随后又建有一座小教堂,说明信教人数已有不少。

巴多明曾为张根宗施洗的这一假设首先是圣母圣心会的隆德理所提出的,他以耶稣会士殷弘绪(François Xavier d'Entrecolles,1664—1741)在1726年7月26日所写的一封信为史料依据。殷弘绪这样写道:

---

① [法]杜赫德编:《耶稣会士中国书简集——中国回忆录》上卷(第二卷),第134—135页。

② 隆德理的铅印手稿《遣使会到达前的西湾子》(*Siwantze voor de Lazaristen*)。参见 Archive Nr.: T. I. a. 6. 2. 2 (5450/1), Documentatie- en Onderzoekscentrum voor Religie, Cultuur en Samenleving (KADOC), KU Leuven.

今年复活节，长城的某个关口外的一个传教区的首领（按：会长）来看我，巴多明神父在跟随皇帝出巡时给他付过洗。这位老新信徒很胖，又忙于耕种他向一个满洲人佃的地，但他仍一如既往地热衷于传播教理。由于他的努力，他的兄弟、姻亲，他村庄里所有的村民，除了有两个人他没有说服以外，共有一百多人都进了基督教。他们在一个僻远的地方建了一座小教堂，一部分费用由我们提供，一部分费用是他们拿出了自己的积蓄，那小教堂不引人注目，他们可以自由地到那里聚会。①

然而，信中所说的这位长城口外的会长是否就是张根宗？这还有待更多的史料予以印证。但我们至少可以确定，巴多明在口外确实让迁徙到那里的汉人接受了洗礼，并且他们在耶稣会士的协助下建立起了小教堂。随着日后禁教的形势愈加严峻，更多的信徒从直隶和京城地区迁至口外，其中很多人到了信徒比较集中的西湾子。

自从清廷颁布禁教谕旨以来，内地的信徒纷纷出走，在华传教士则面临了教务上的致命冲击，多年积累的传教成果几乎毁于一旦。耶稣会士冯秉正（Joseph-Anne-Marie de Moyriac de Mailla，1669—1748）在1724年的一封信中表露了当时的心情：

当此苦痛之时，吾人诚不知如何执笔，亦不知如何将目击之悲状形于笔端，吾人数年来预料之事，今已实现，吾辈圣教今在中国完全禁绝，一切传教师（士）除居北京者外，悉被逐出国境。教堂三百余所，或拆毁，或改作他用，教民三十万人无

---

① ［法］杜赫德编:《耶稣会士中国书简集——中国回忆录》中卷（第三卷），第203页。

司铎牧师。……二百年来辛劳获得之成绩破坏至于此极。①

1706年12月,康熙颁布圣旨,要求所有在华传教士以"领票"的方式来决定是否继续留在中国。这时的传教士们需要在返回欧洲和秉持利玛窦规矩、认可祭祖尊孔这两者之间做出选择。除了已在清廷服务的十九位耶稣会士不受此"领票"之限可以继续留华之外,其他隶属于耶稣会副省(the Vice-Province)或法国传教团(the French mission)的在华耶稣会士都必须以"领票"之举决定自己的去留。② 在北京的一位传教士在他的信中这样写道:

> 他们虽然置身于不时出现的风暴之中,但却借助于其为中国君主提供的某些服务,平安地在北京保留了基督教的残余,并由此孕育了这一持久存在的希望,即有朝一日在这些省重建与康熙统治时期一样的传教自由。③

当在华耶稣会士还在"禁教"和"领票"的政令下挣扎时,1773年来自教宗克莱孟十四世的一道《吾主救世主》的谕令让他们在华的"传教梦"彻底地破灭了。罗马教廷要求这个以"教宗忠诚卫士"为己任的传教修会全面解散。因此,自利玛窦1583年来华到教廷颁布遣散令为止,耶稣会在华近两个世纪所创造的业绩不得不最终瓦解。

在十八世纪仍被称作"西部鞑靼"的这片塞外地区,从"初无信徒"逐渐转变成为"信徒日繁"。这一变化,除了部分是由于直隶信徒跨越长城向北迁徙外,不得不归功于耶稣会士们的传教工作。

---

① [法]费赖之:《在华耶稣会士列传及书目》,第609页。
② Liam Matthew Brockey, *Journey to the East: The Jesuit Mission to China, 1579-1724*, pp. 188-192.
③ 一位在北京的传教士于1750年寄给某先生的信。参见[法]杜赫德编:《耶稣会士中国书简集——中国回忆录》下卷(第五卷),第17页。

我们可以把这些因公出入塞外的传教士称为"游历传教者"。他们借履行皇差的机会沿途传教，巡访信徒、建立堂口、维持教务。虽然他们从来没有在该地建立过任何一个真正意义上的传教区，也未曾派遣过任何能够长期留任的传教士主持教务。但这种"以公谋私"的传教方式让他们为塞外汉蒙之地的天主教信仰播下了第一颗种子，为后来到此开教的传教士们建立了根基。

第二节　遣使会在长城口外的教务

1773 年耶稣会被教廷取缔后，在华耶稣会士们何去何从？他们在华掌管的大量教务工作又将如何分配？这些都是急需考虑和解决的问题。关于耶稣会士的归属问题，法国路易十六的国务大臣贝尔坦（Henri Léonard Jean Baptiste Bertin，1720—1792）建议他们或者成为教廷传信部名下的传教士，或者转入巴黎外方传教会，以此继续在华传教。他甚至有计划让法籍传教士在塞外（la Tartarie chinoise，中国鞑靼）的沈阳建立起一个新教区，并由一名前耶稣会士担任教区主教，以此再次恢复法籍传教士在华的影响。但这一提议遭到了葡萄牙和传信部双方的坚决反对。[1] 耶稣会士钱德明（Joseph-Marie Amiot，1718—1793）也曾写信给贝尔坦提议，法国可以效法葡国，劝勉法王绕过教廷之干预，直接资助法籍传教士入华重建教会，他这样写道：

> 葡王通过发放微薄的资金，在中国已经建立了三个传教区。我想法国国王也可以以同样的方式在广阔的鞑靼地区创

---

[1] Alfred Milon, *Mémoires de la Congrégation de la Mission（Lazaristes）- La Congrégation de la Mission en Chine*, Paris: Procure de la Congrégation de la Mission, Vol. 2, 1912, pp. 8, 12.

第二章　从元代基督教到热河代牧区的沿革　133

立法国传教区。比如在沈阳（Moukden）就有不少的信徒，而以沈阳为中心的整个辽东地区的信徒更是为数可观。这样的话，一个教区就可以从此诞生，我们还可以把长城以北的蒙古地区包含在内。①

早在 1776 年 3 月 10 日，贝尔坦就有计划把前耶稣会在中国和印度马拉巴（Malabar）的教务转给了巴黎外方传教会来管理，但是他们只接受了马拉巴的工作。总会长的托词是，他拒绝去一个不会从自己修会成员中自动推选出主教的教区，而北京教区也从来没过一位来自巴黎外方传教会的主教。② 但更现实的原因是，巴黎外方传教会自己心知肚明，他们的传教士们没有能力继续耶稣会以前在华从事的学术研究工作。这一点法国政府也很清楚，传教士的学识和技术是中国皇帝最看重的条件。虽然贝尔坦把厚望寄托在巴黎外方传教会的身上，但其他人质疑了该修会成员的学识水平。法国海事部部长德萨当（Antoine de Sartine, 1729—1801）在写给贝尔坦的信中说：

　　我最开始也认为巴黎外方传教会是接替耶稣会在华工作的首选。但再三考虑，我认为他们不能像耶稣会那样在学术研究方面得到我们所期待的成绩。他们的会士不多，在文学或艺术领域里也没有什么精通的人，所以很难找到胜任的学者。③

---

　　① 钱德明于 1774 年 10 月 1 日在北京写给贝尔坦的信。参见 Henri Cordier, *La suppression de la Compagnie de Jésus et la mission de Pékin*, T'oung-pao, Vol. 17, No. 3 (1916), pp. 293 – 294.
　　② A. Thomas, *Histoire de la Mission de Pékin – Depuis l'arrivée des lazaristes jusqu'à la révolte des Boxeurs*, Paris: Tirage prive (privately printed), Vol. 2, 1926, p. 6.
　　③ 德萨当于 1782 年 11 月 15 日写给贝尔坦的信。参见 Henri Cordier, *La suppression de la Compagnie de Jésus et la mission de Pékin* (Suit), T'oung-pao, Vol. 17, No. 4/5 (1916), p. 593.

另外被推荐的修会还有法国的圣莫尔会(Congrégation de Saint-Maur),他们在学术研究上很有造就,但不擅长传教工作。而另一个选择是法国的奥拉托会(Société de l'Oratoire de Jésus et de Marie Immaculée),他们在詹森主义学说上曾与耶稣会产生过冲突,以致两会不和,因而在接手的问题上会困难重重。最后,法国的遣使会成为了接管耶稣会在华工作的最佳人选。虽然在任的遣使会总会长亚吉埃(Antoine Jacquier,任期:1762—1787)一再推辞,但最后不得不被迫同意接受教廷传信部在 1783 年 12 月 7 日颁布的派遣令。①《燕京开教略》中也记载了这一事件:

> 罗马传信德部(按:即传信部),于降生后一千七百八十三年,洋历十二月初七日,特颁部谕:将北京之各堂宅院、茔地、田园,及一切传教诸业,俱令遣使会士接管。②

当在华的前耶稣会士们知道了遣使会派成员来接替他们遗留的教务时,他们联名写信表示认可和欢迎:

> 我们感谢天主的圣意,是他如此巧妙地安排了这些。敬爱的会长,您与您的会士们在一定程度上是被迫来华接替我们——你们的老朋友——耶稣会士的在华工作,但是我们相信没有比这个再合适的人选了。③

对于接手法籍耶稣会的在华工作,法国各大修会态度并不积

---

① Jozef Van Hecken, *Documentatie betreffende de missiegeschiedenis van Oost-Mongolië*, Vol. 2, p. 105.
② [法]樊国梁:《燕京开教略》,陈方中主编:《中国天主教史籍汇编》,第 394 页。
③ 当罗广祥等遣使会传教士抵达广州时,去信通知在京的耶稣会士他们抵华的消息。其后,罗广祥接到了耶稣会士钱德明、汪达洪、贺清泰(Louis Antoine de Poirot, 1735—1813)与甘若翰(Jean de Grammont, 1736—1812)等全体法国在华传教区内传教士的一封联名欢迎信(日期不详)。参见 A. Thomas, *Histoire de la Mission de Pékin - Depuis l'arrivée des lazaristes jusqu'à la révolte des Boxeurs*, Vol. 2, p. 13.

极。可能是当时耶稣会在中国创下的传教事业让他们望洋兴叹，自愧不如；又有可能是因为中国正值禁教高峰，传教修会不敢冲锋陷阵而选择退避；再有可能是因为中国主教区制度复杂，宗座代牧区与葡籍主教区并存，导致传信部与葡国之间在主教权限上争执不休，让传教士也不知何去何从。① 总之，在耶稣会中国传教区接班人的选拔上，并非一帆风顺。而法国为了其在华的各种政治和宗教利益，更是不肯放弃只愿派遣法籍传教士赴华的原则。② 时任法国海事大臣德卡斯在1782年写给遣使会总会长的一封信中，流露出当时法国政府坚持派遣法籍传教士的态度。他在信中说：

> 敬爱的会长，我现在委托法国海事部的首席办事员德维沃(de Vaivre)督促您能够接替耶稣会在华的工作。（法国）国王希望您尽力等待时机。想尽办法保护和发展这片对于我们来说具有政治和宗教双重意义的传教区。因此，我毫不怀疑，正如您一贯对法国的宗教和国家利益充满热情，在此时，我相

---

① 耶稣会解散之时，北京教区的主教权限问题比较复杂。教廷传信部指派的北京教区总主教耶稣会士索智能(Polycarpe de Souza, 1697—1757)于1757年5月26日去世之后，南京教区总主教耶稣会士南怀仁(Gottfried von Laimbeckhoven, 1707—1787)任命了传信会派遣的圣衣会神父范德兰(Jozef Van H. Teresia)为北京监牧。但是住在北京南堂和东堂的葡籍耶稣会士只听命于驻澳门教区的葡籍主教。而住在北堂的法籍耶稣会士只听命于南京主教和北京监牧。1778年，教廷任命意大利籍奥斯定会士安德义(Damascenus Salutti, 1727—1781)为北京主教，但在北京的传教士仍在听命于谁的问题上意见不同。Jozef Van Hecken, *Documentatie betreffende de missiegeschiedenis van Oost-Mongolië*, Vol. 2, p. 104；刘庆志：《中国天主教教区沿革史》，第90页。

② 早在1722年，就有三位遣使会传教士受传信部派遣来中国传教。他们是毕天祥(Louis Antoine Appiani, 1663—1732)、穆天尺(Jean Mullener, 1673—1742)和后来的德理格(Paul Philippe Theodoric Pedrini, 1671—1746)。参见樊神父(Octave Ferreux)著：《遣使会在华传教史》，吴宗文译，台北：华明书局，1977年，第42页；Joseph Van Den Brandt, *Les Lazaristes en Chine, 1697—1935, notes biographiques*, Pei-P'ing: Impr. des Lazaristes, 1936, pp. 6-7.

信您将与您的会士们一道帮助政府实现这项计划。①

在法国政府与教廷的催促之下,巴黎遣使会最终确定该会成员罗广祥(Nicolas Joseph Raux, 1754—1801)为北京传教区的会长。他于1784年3月20日,带领着另外两位遣使会的传教士,即吉德明(Jean Joseph Ghislain, 1751—1812)和巴茂真(Charles Paris, 1738—1804),一起离开布雷斯特港(Brest),远赴中国。②

一、遣使会士来华接管耶稣会教务

历经数月的海上航行,三位法国遣使会传教士在1784年8月23日到达澳门,从广州上岸进入内地。下面的这份奏折中有关于他们到达广州的记载,同时也特别指出了他们"识晓天文、晓做钟

---

① 法国海事部大臣德卡斯(de Castries)于1782年11月7日写给遣使会总会长亚吉埃的信。参见 A. Thomas, *Histoire de la Mission de Pékin - Depuis l'arrivée des lazaristes jusqu'à la révolte des Boxeurs*, Vol. 2, p. 7.

② Alfred Milon, *Mémoires de la Congrégation de la Mission(Lazaristes)- La Congrégation de la Mission en Chine*, Vol. 2, p. 37. 另,罗广祥,1754年4月14日出生于法国的小镇奥邦(Obain),当时隶属于康布雷(Cambrai)教区。他在1771年7月18日加入巴黎的遣使会。在1777年3月5日晋铎。在去中国之前,他曾在遣使会会院教授神学。1783年12月17日教廷传信部授予他法国在华教区的会长职务,并在清廷钦天监任职。罗广祥于1801年11月16日在北京去世,葬于北京正福寺天主堂,时称"北堂墓地"或"法国墓地"。

吉德明,又称"冀德明"。1751年5月5日出生于现在比利时的希麦的塞勒镇(Chimay, Salle)。当时隶属于法国的康布雷(Cambrai)教区。1774年7月4日加入遣使会。1780年3月11日晋铎。Ghislain 这一名字在当时的康布雷教区非常流行,因为该人物曾于公元七世纪在当地建立了著名的塞勒修道院。吉德明日后接替罗广祥职务成为法国在华传教区会长。他于1812年8月12日在北京去世,葬于北京正福寺天主堂墓地。

巴茂真,又称"巴茂正"。1738年12月8日出生于法国的韦尔德龙(Verderonne),当时隶属于博韦(Beauvais)教区。他在1783年6月2日加入遣使会。1785年在北京发愿。他没有晋铎,大家当时也称他为"若瑟修士"(Frère Joseph)。巴茂真于1804年9月6日在北京去世,葬于北京正福寺天主堂墓地。

以上三人的生平。参见 Joseph Van Den Brandt, *Les Lazaristes en Chine, 1697-1935, notes biographiques*, pp. 10-11.

表"的专长。

兹据广东布政使司布政使陈用敷详,据南海县转据通事林禧等禀称,有西洋佛囒哂国人罗广祥,年三十一岁,吉德明,年三十二岁,识晓天文;巴茂真,年四十四岁,高临渊,年三十六岁,晓做钟表。因该国接到西洋人德建供寄信,着令伊等赴京效力,先后附搭佛囒哂、英吉喇各国洋船来广。①

三位遣使会士的到来受到了传信部驻华代表处总务托尔（Francesco Giuseppe della Torre,生卒不详）和刚刚到达广州的北京传教区葡籍主教,同是遣使会士的汤士选（Alexandre de Gouveia, 1751—1808）的接待。由于禁教期间传教士的活动受限,他们三人于1785年4月29日才到达北京,受到了住在北堂的五位耶稣会士的欢迎。② 这五位分别是晁俊秀（François Bourgeois, 1723—1792）、钱德明、汪达洪、贺清泰和潘廷章

---

① 中国第一历史档案馆编:《清中前期西洋天主教在华活动档案史料》第一册,北京:中华书局,2003年,第334页。另,与三位遣使会传教士共同到达广州的高临渊(Emmanuel Conforti, 1754—1837)是意大利圣若翰传教会(Missionaries of St. John the Baptist,其英文名虽与雷鸣远[Vincent Lebbe, 1877—1940]创立的"耀汉小兄弟会"相同,但实为两修会)的传教士,该修会在1810年解散。当时在广州迎接他们的传信部驻华总务托尔神父也来自意大利圣若翰传教会。参见 R. G. Tiedemann, *Reference Guide to Christian Missionary Societies in China: From the Sixteenth to the Twentieth Century*, New York: M. E. Sharpe, Inc., 2009, p. 12.
② 《中国圣教史拾零》一文提到:在北京的耶稣会共有三圣堂,东堂南堂系属于葡省耶稣会士,所谓葡省不是只包括葡籍会士,意、德、比、奥国会士亦在其中。北堂系属于法籍会士。葡省会士除管理京中教友外,亦有近郊之教友,及正定府、河间府、保定府等之传教地。主教则驻在南堂,钦天监办公处亦在南堂。法籍北堂会士亦传教于京外辽东、西山、宣化府等处。南堂由汤若望建造于1650年,东堂建于1655年,为顺治皇帝赐给利类斯,安文思二司铎(即圣若瑟堂),此二堂系属葡籍耶稣会士。北堂建于1693年,属于法籍耶稣会士。西堂由味增爵会士德理格于1711年建造。1811年西堂毁,1812年东堂毁,1827年北堂毁。唯南堂保存,至1860年,方交还教士。参见《中国圣教史拾零》,《慈音:上海教区徐家汇圣依纳爵公学圣母始胎会会刊》1943年第9卷第7—8期,第203页;关于北京的四座教堂的研究,另参见余三乐:《中西文化交流的历史见证——明末清初北京天主堂》,广州:广东人民出版社,2006年。

(Giuseppe Panzi, 1734—1812)。① 通过下面这封来自晁俊秀的信件可以看出,前耶稣会士对这几位接班人的态度还是颇为肯定的。他在信中写道:

> 我以崇敬之心地执行了法王下达的旨意,让罗广祥神父接替了我的职位,成为了法国在华传教区的会长。我也提供了所有的信息和必要的协助,以便他能继续为法王心仪的传教区工作。我们对马雷夏尔神父(按:Maréchal,人物不详)给了我们如此宝贵的接班人表示感谢。罗神父和他的同仁都是充满热情、智慧和虔诚的人。特别是罗神父,对我们极为宝贵。我们大家都在和谐亲密的气氛中共事。②

经过一段时期的考察后,罗广祥在1788年把当时遣使会接手的在华教务情况以书面报告的形式寄给巴黎总会。该报告指出,前耶稣会在华传教区范围包括直隶、湖广地区、江南地区、江西、浙江、河南。除此之外,鞑靼地区也包括在内。并且罗广祥还特别提到了一位前耶稣会的华籍神父,这位姓杨的传教士曾经到过塞外蒙古地区的堂口巡访。罗广祥在这份报告中写道:

> 我们在北京教区的教务也包括鞑靼地区,主要在东北部有热河、黑水和松树嘴子。在西部有宣化府,其中包括有西湾子。这些传教区里的信徒分散在不同的城镇或村子里,堂口之间的距离也很远。
>
> 前耶稣会的杨神父曾巡访过在蒙古地区的堂口,但因为

---

① Alfred Milon, *Mémoires de la Congrégation de la Mission (Lazaristes)- La Congrégation de la Mission en Chine*, Vol. 2, p. 75.

② 晁俊秀在1785年11月20日写给法国国海事部的首席办事员德维沃的信。参见 Alfred Milon, *Mémoires de la Congrégation de la Mission (Lazaristes)- La Congrégation de la Mission en Chine*, Vol. 2, p. 79.

1784和1785两年的禁教形势非常严峻,再加上耶稣会的人手确实不够,没有人能协助他,因此他已经四五年没能进入这些地方了。①

前耶稣会在华教务多、管理区域广。又因当时的禁教浪潮,大部分成员或者撤离,或者入监,或者软禁在教堂里不能自由出入。在这样的情况下,只凭三名刚刚抵京的遣使会传教士来管理耶稣会遗留下来的教务看来并不实际。而解散后的耶稣会也面临人手急缺的困境,除了留在北堂的五位已至古稀之年的神父外,当时仅有两位华籍的前耶稣会神父在外省巡回传教。② 罗广祥曾在信中这样感慨:

> 圣座给了我们这片中国的传教区,管理它的前辈几乎都是我们的同仁——那些众多来自耶稣会的神父们,而他们现在都已经年近古稀。自从我们遣使会接手这里的那一刻起,我们就开始努力地想办法保证能够有足够的传教士在教区内工作。③

面对如此单薄的传教队伍,罗广祥开始考虑建立培植本地神职的修道院来协助传教事务。除了能够解决人手不足的困境之外,还因为华籍教士在外表上并不显眼,并且在语言交流上也具有明显的优势。罗广祥很清楚,中国传教区的工作如果没有华籍教

---

① 罗广祥神父在1788年寄给巴黎总会的教务报告。参见 A. Thomas, *Histoire de la Mission de Pékin-Depuis l'arrivée des lazaristes jusqu'à la révolte des Boxeurs*, Vol. 2, pp. 20, 22.

② 这两位巡访偏远堂口的华籍耶稣会神父,罗广祥神父在1788年寄往巴黎遣使会总会的教务报告中曾提到其中一位姓郭(Ko),曾在法国接受培育,而另一位则姓杨(Yang)。参见 A. Thomas, *Histoire de la Mission de Pékin-Depuis l'arrivée des lazaristes jusqu'à la révolte des Boxeurs*, Vol. 2, pp. 20, 22.

③ A. Thomas, *Histoire de la Mission de Pékin-Depuis l'arrivée des lazaristes jusqu'à la révolte des Boxeurs*, Vol. 2, p. 21.

士的协助将会很难开展。《中国遣使会志》(*Mémoires de la Congrégation de la Mission- La Congrégation de la Mission en Chine*, 1921)中写道:

> 为了培育中国籍神父,罗广祥会长计划在法属留尼旺(l'ile Bourbon)建立一所初学院。由在那里的遣使会来监管和培育年轻神职。教廷传信会对这一计划也给予了认可并督促早日实施。但是,遣使会总会长卡莱神父(Cayla)在巴黎外方传教会神父的建议下,认为就近在北京建立这样一所初学院对培养年轻的华籍传教士更为适宜,并且能够节省很大一笔费用。最后,罗会长决定在北京建立初学院,并委托他所信任的吉德明神父管理,这样一批优秀的华籍神父将由此诞生。①

罗广祥在1788年的信中把自己在北京建立修道院的计划也通报给了法国政府,希望蒙古地区教务无人照管的状况将得以改善。他在信中这样说:

> 鉴于在众多信徒的要求下,我们为了有能力派遣足够的传教人员在这些荒凉的传教区工作,在本院所有传教士的建议下,我在北京建立了一所培养年轻华籍教士的修院。现在有十五个学生,其中的两位可以在一两年后晋铎。②

从耶稣会入华一直到法国遣使会同意接手北京教区,塞外蒙古地区除了有巡访的传教士不定期地到各个秘密堂口照顾信徒之

---

① Alfred Milon, *Mémoires de la Congrégation de la Mission (Lazaristes)- La Congrégation de la Mission en Chine*, Vol. 2, pp. 120-121.

② 1788年11月16日罗广祥寄给法国海事部的信。参见 A. Thomas, *Histoire de la Mission de Pékin-Depuis l'arrivée des lazaristes jusqu'à la révolte des Boxeurs*, Vol. 2, p. 35.

外,其他传教士能做的事情是极为有限的。但是,在这片无人问津的荒凉地域里,教徒数量却呈现了逐年上升的"怪现象"。信教人数的攀升,传教士在其中的作用不可小觑,但这并不是全部,持续不断地迁往口外谋生的内地汉民,以及禁教时期不断涌入塞北避难的信徒,才是天主教信仰扎根到蒙古地区的主要原因,而塞外的遣使会传教士则是这一新时期的见证者。①

二、遣使会士进入塞外

1798 年,罗广祥派遣了韩若瑟(1772—1844)到蒙古地区传教,他也是法籍遣使会培养的第一位华籍会士。虽然韩若瑟在该地停留的时间很短,但他成为了进入塞外的第一位遣使会传教士。② 传教期间,韩若瑟把迁徙到塞外的汉人新信徒与当地的老信徒组织到了一起。以这种方式,口外逐渐形成了三个主要的天主教信徒聚集地,这三个地方也成为了日后蒙古地区建立三个代牧区的雏形。其中,西湾子是口外天主教信仰最为活跃和集中的地方。③

另一位到过蒙古的遣使会传教士是华籍神父何依纳爵(Ignace Ho, 1781—1844),他早期在湖北与遣使会的刘方济各

---

① A. Thomas, *Histoire de la Mission de Pékin - Depuis l'arrivée des lazaristes jusqu'à la révolte des Boxeurs*, Vol. 2, p. 45.

② 韩若瑟(Joseph Han),1772 年出生在北京南部固安县的韩家庄(Han-Kia-Tchoang)的一个老教友家庭。他 1794 年 3 月 30 日进入北京遣使会初学院,1796 年 3 月 12 日发愿成为遣使会会士。1798 年 12 月由北京教区主教汤士选祝圣为神父,随后任命为北京初学院副院长。1844 年在宣化府去世。著有《避静神功》(Pi king Chen koung)一书。另,韩神父的出生日期等生平详情在不同的文献中记录不同,这里以法文版《在华遣使会列传,1697—1935》为依据。参见 Joseph Van Den Brandt, *Les Lazaristes en Chine, 1697 - 1935, notes biographiques*, p16; A. Thomas, *Histoire de la Mission de Pékin - Depuis l'arrivée des lazaristes jusqu'à la révolte des Boxeurs*, Vol. 2, pp. 46, 454.

③ A. Thomas, *Histoire de la Mission de Pékin - Depuis l'arrivée des lazaristes jusqu'à la révolte des Boxeurs*, Vol. 2, p. 46.

（Jean-François-Régis Clet，1748—1820）和沈方济各（François Chen，1780—1825）一起传教。① 但为了逃脱禁教官兵的追捕而来到塞外避难。于1819年来到西湾子做短期停留，因在逃难时受到精神上的严重打击，不得不在1829年远赴澳门休养。后改姓为童，转回内地河南传教。②

负责遣使会在华事务的罗广祥和修院院长吉德明相继离世后，在华教务和在北京的修院工作于1812年交给法籍遣使会士南弥德（Louis-Francois-Marie Lamiot，1767—1831）管理，③并任命华籍神父韩若瑟为修院副院长。④ 南弥德于1791年来华，当时同行的有李神父（Augustin-

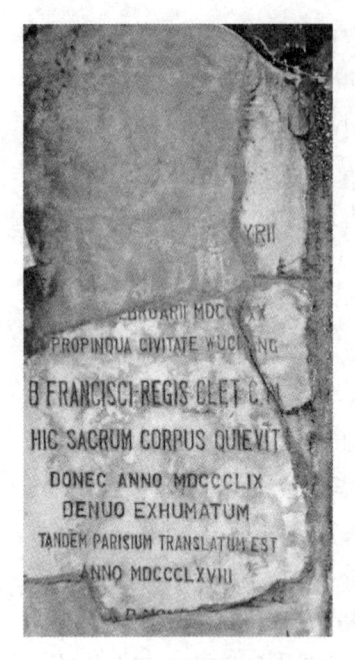

图2-4 刘方济各残留的墓碑

图片来源：笔者自摄

---

① 沈方济各，本名为沈谷瑞。"现获之安徽石埭县人沈谷瑞即沈方济各。"参见中国第一历史档案馆编：《清中前期西洋天主教在华活动档案史料》第三册，第1163页。

② Joseph Van Den Brandt, *Les Lazaristes en Chine, 1697 - 1935, notes biographiques*, p. 22; A. Thomas, *Histoire de la Mission de Pékin - Depuis l'arrivée des lazaristes jusqu'à la révolte des Boxeurs*, Vol. 2, p. 108.

③ 南弥德，1767年9月21日出生于法国布尔斯（Bours），1784年11月27日进入巴黎遣使会神学院学习。1787年6月25日发愿。1791年派遣来华，同年10月15日抵达澳门并在当地晋铎，成为遣使会在澳门的账房主任。1794年6月30日作为宫廷翻译到达北京。1812年成为法国在京传教区的会长。由于禁教期间同会传教士刘方济各在湖北传教被捕，所以南弥德于1819年被迫离开北京前往澳门，在澳门他成立了一座遣使会修院。1831年6月5日南弥德在澳门去世，葬于澳门圣若瑟堂。参见 Joseph Van Den Brandt, *Les Lazaristes en Chine, 1697 - 1935, notes biographiques*, p. 15.

④ A. Thomas, *Histoire de la Mission de Pékin - Depuis l'arrivée des lazaristes jusqu'à la révolte des Boxeurs*, Vol. 2, p. 99.

Louis Pesné，1707—1795)和刘方济各。南弥德被派往北京传教，李神父和刘方济各则分别到湖广和江西传教。① 当时法国大革命正在欧洲如火如荼地进行着，在巴黎的遣使会也受到大革命的冲击而自身难保。所以罗广祥并没有寄望于法国能派遣更多的传教士来华。因此他在1793年让刘方济各去协助处理相对更为繁重的湖广教务，②而江西的教务由法籍遣使会陈神父(Raymond Aubin，1759—1795)顺便照管，直到法国有能力再派遣传教士来华为止。③

刘方济各在途经河南时，一名信徒被收买而向官府告密。1819年6月6日刘氏在离遣使会河南住院(南阳府)不远的靳家岗村(今称为"靳岗村")巡访信徒时被官兵捉捕，从河南解送到湖北受审。河南巡抚琦善在1819年7月16日的奏折中称：

> 据南阳府县先期禀报访获刘方济各一名……年七十一岁，本姓格来得，改姓刘。方济各三字乃西洋教通称名目。……请旨将刘方济各、龚保禄、靳宁三犯均解交湖北巡抚归案。④

其后，刘方济各又供出北堂会长南弥德与其有关联，并查出他们之间存有往来信件。步军统领英和在1819年9月16日的奏折中阐明应把南弥德交至刑部审理：

---

① A. Thomas, *Histoire de la Mission de Pékin – Depuis l'arrivée des lazaristes jusqu'à la révolte des Boxeurs*, Vol. 2, p. 49.

② 遣使会在湖广地区的传教范围是湖北(Houpe)和河南(Hou-Nan)。湖广地区是遣使会当时重要的传教区，也是遣使会在华信徒最多的传教区。参见 A. Thomas, *Histoire de la Mission de Pékin – Depuis l'arrivée des lazaristes jusqu'à la révolte des Boxeurs*, Vol. 2, pp. 46 – 47.

③ 陈神父，1759年6月6日出生于法国的圣帕多(Saint-Pardoux)，1781年8月24日入遣使会，1783年12月18日发愿。1788年9月21日抵达澳门，为了进入湖广地区在澳门等待了26个月。1791年入湖广。后在山西传教，1795年3月26日在西安府被抓，同年8月1日死于监狱之中。参见 Joseph Van Den Brandt, *Les Lazaristes en Chine*, 1697 – 1935, *notes biographiques*, p. 11.

④《河南巡抚琦善奏报拿获传习天主教刘方济各等解交湖北归案折》，嘉庆二十四年五月二十五日(1819年7月16日)。参见中国第一历史档案馆编：《清中前期西洋天主教在华活动档案史料》第三册，第1137—1139页。

> 刘方济各在湖北供出,曾与西洋人喇弥哟同船至粤,喇弥哟将传教之言告知,又复寄信两三次等情。……相应请旨,将喇弥哟即南弥德交刑部严审,具奏请旨办理。①

就是因为这一案件,导致了数日后南弥德在正福寺被捕并押送到湖北受审。最后刘方济各被处死刑,与其在一起的华籍会士沈方济各和其余信徒则被发配边疆为奴。湖北巡抚张映汉在1820年1月6日的奏折里这样写道:

> 刘方济各合依西洋人在内地传习天主教,倡立讲会蛊惑多人,为首者拟绞立决例,拟绞立决。……沈谷瑞即沈方济各一犯,除捏冒喇弥哟书信轻罪不议外,应与现在到官不愿改悔之孙瑞长、孙瑞锦……等二十六犯,均合依听从入教、不知悛改者发新疆给额鲁特为奴例,改发回城分给大小伯克及力能管束之回子为奴,均照例分别刺字发配。……喇弥哟讯无通信情事,应递回刑部听候发落。②

南弥德虽在此"河南事件"中免于一死,但也被驱逐至澳门。③

---

① 《步军统领英和奏为遵旨讯得西洋人南弥德供词请交刑部严审折》,嘉庆二十四年七月二十七日(1819年9月16日)。参见中国第一历史档案馆编:《清中前期西洋天主教在华活动档案史料》第三册,第1155页。

② 《湖北巡抚张映汉奏报遵旨审明定拟传习天主教西洋人刘方济各南弥德案内各犯折》,嘉庆二十四年十一月二十一日(1820年1月6日)。参见中国第一历史档案馆编:《清中前期西洋天主教在华活动档案史料》第三册,第1170—1171页。

③ "拉米敖(按:即南弥德)素称才德出众,通晓满汉言语。……幸其刚柔并济,仅免于死。缘嘉庆二十四年,降生后一千八百十九年,洋历六月间,仇者诬其沟串克来特(按:即刘方济各),同谋为乱,遂拿交刑部。……在监四月之久,于是年洋历十二月,解送湖北武昌府,与克来特互质,始知仇辈安捏。督抚以无罪奏闻,皇上释之,令往广东安插……次年洋历三月抵广。后虽设法进京,皇上决意不准,遂归澳门。"参见:[法]樊国梁:《燕京开教略》,陈方中主编:《中国天主教史籍汇编》,第404页。另,据法文文献记载:此河南事件导致南弥德被刑部驱除出境遣返欧洲。因此他从北京被带至广州,计划从广州去澳门。参见 A. Thomas, *Histoire de la Mission de Pékin - Depuis l'arrivée des lazaristes jusqu'à la révolte des Boxeurs*, Vol. 2, p. 106.

法国在华传教区会长南弥德的离去，直接导致了遣使会在京驻地北堂面临无人看守、教务停滞的局面。① 南弥德于 1820 年 3 月被押至广州，他准备去往澳门。清廷要求南氏把北堂事务交托给一位欧籍教士代为处理，当时的葡籍遣使会士高守谦（Verissimo Monteiro da Serra，1776—1852）受到这个任命。② 然而，南弥德在临行前又把在华教务和修道院的事务秘密地托付给华籍遣使会士薛玛窦来管理。③ 因此在清政府来看，高守谦为北堂新的负责人，而实际上北堂的各种事务则由薛氏奔走。

"河南事件"的发生，让北堂已无西人留守。而当时在东堂常驻的葡籍传教士，也所剩无几了。《燕京开教略》如下有载：

> 当时北京西洋传教士，日渐凋零。南堂惟主教毕学源与李拱辰二人居住。北堂惟有高守谦、福文高二人居住，外有薛公助理。④

---

① A. Thomas, *Histoire de la Mission de Pékin - Depuis l'arrivée des lazaristes jusqu'à la révolte des Boxeurs*, Vol. 2, pp. 102, 104.
② 高守谦，1776 生于葡萄牙的邦巴拉尔（Bombarral），在里斯本入修院。1803 年 9 月 7 日到达澳门。1804 年 10 月到达北京，在宫廷任职。1820 年派到北堂看管法籍传教士的物品。因他在宫廷钦天监任职，为了维护北堂，他威胁要回到欧洲。但皇帝对他的这一举动并未阻止，而让他离开北京。高守谦在 1827 年 7 月 27 日回到澳门。1832 年返回葡国，在邦巴拉尔建立神学院培养赴华传教士。1852 年 10 月 9 日去世。参见 Joseph Van Den Brandt, *Les Lazaristes en Chine, 1697 - 1935, notes biographiques*, pp. 20 - 21.
③ "临行前南神父指派薛神父继任其会长职，管理北京、直隶省、蒙古、河南、湖北、江西、浙江及江南。"参见孟振生（Joseph-Martial Mouly）、都保禄编译：《薛玛窦神父》，古伟瀛主编：《塞外传教史》，第 100 页。另，薛玛窦，1780 年出生于中国山西省。1805 年 3 月 8 日入遣使会的北京修院。1807 年 3 月 9 日发愿。1809 年晋铎。南弥德赴澳门之前委托其为法国在华传教区会长以及北京修院院长。1827 年本堂关闭后迁至南堂，后 1829 年赴宣化府，其后又赴西湾子。1848 年起薛玛窦负责宣化府地区教务长达 10 年，1860 年 11 月 29 日在孟家坟去世，葬于宣化府东部。参见 Joseph Van Den Brandt, *Les Lazaristes en Chine, 1697 - 1935, notes biographiques*, p. 23.
④ ［法］樊国梁：《燕京开教略》，陈方中主编：《中国天主教史籍汇编》，第 405 页。

1824年2月1日,东堂负责人葡籍遣使会会长福文高(Domingos-Joaquim Ferreira,1740—1824)去世,[1]此后留驻在北京的西教士就只剩三位葡籍遣使会士而已。他们是清政府认定代管北堂的高守谦、南京主教毕学源(Gaetano Pires Pereira,1763—1838)[2]和接替福文高会长职务的李拱辰(Jose Ribeiro Nunes,1767—1826)[3]。随后,高守谦在1826年10月又转去澳门,李拱辰也经不起北京教区的惨痛失败而在同年去世。葡籍同乡的相继离去,让孤身一人的毕学源失去了留在中国愿望,有意返回欧洲故土,但在薛玛窦的再三劝说下,最后还是决定留京,驻守北京四大教堂中仅存的南堂。《燕京开教略》如下有载:

---

[1] 福文高,1740年(一说1758年)8月4日出生于葡国里斯本,1777年5月8日加入在里斯本遣使会的利拉菲修院(séminaire de Rilhafoles)。1779年5月9日发愿。1791年9月11日抵达澳门,在圣若瑟神学院工作十年。1801年5月24日任葡籍传教区会长职务,并在北京钦天监算学馆任监正。1824年2月1日在北京去世,葬于北京耶稣会会士"滕公栅栏"墓地。参见Joseph Van Den Brandt, *Les Lazaristes en Chine,1697-1935,notes biographiques*, pp. 13-14.

[2] 毕学源,1763年出生于葡萄牙的赛勒蒂亚(Cerdeira),在里斯本进入修院。1799年5月22日赴华,1800年8月12日抵达澳门。1804年8月29日被葡国任命为南京教区主教。1804年10月到达北京。1806年由汤士选袭圣为主教。其后在清廷钦天监任职,因而不能赴南京教区。1827年为北京教区代理。1838年11月2日在北京去世,葬于耶稣会墓地"滕公栅栏"。(其出生与去世的日期仍不确切,有待考证。)参见Joseph Van Den Brandt, *Les Lazaristes en Chine,1697-1935,notes biographiques*, p. 18.

[3] 李拱辰,于1767年6月23日出生于葡萄牙。1783年10月28日加入在里斯本遣使会的利拉菲修院(séminaire de Rilhafoles)。1789年10月29日在该修院发愿。1791年9月11日抵达澳门,在圣若瑟修院工作十年。1801年5月24日入京,1803年2月8日任东堂长上。在宫廷钦天监算学馆任职,1808年被任命为北京教区代理(Vicar General)。1812年东堂烧毁后,他退居南堂。1818年北京主教去世后,其为北京教区署理主教(Vicar Capitular)。1824年福文高去世后接替其职位成为监正和葡国在华传教区会长。1826年10月14日李拱辰在北京去世,葬于耶稣会墓地"滕公栅栏"。参见Joseph Van Den Brandt, *Les Lazaristes en Chine,1697-1935,notes biographiques*, p. 14. (北京主教汤士选于1808年在北京去世,李拱辰应于1808年接替其北京教区的署理工作,而非1818年。但如果把接替了汤士选的北京教区主教职位,但一直没有到北京上任的撒拉瓦[Joaquin De Souza Saraiva,1774—1818]算进去的话,1818年就成立了。)

第二章　从元代基督教到热河代牧区的沿革

　　李拱辰卒后,只有主教毕学源一人,在京治历。意欲辞归,而薛公苦留不允。遂罢西归之志。①

　　上文提到,自南弥德被驱逐出京后,清政府把北堂交由高守谦照管。但高氏在1826年远走澳门,而薛玛窦又未有实权。因此,道光七年(1827)朝廷下令把北堂充公,支付遣使会八千两银子作为赔款,之后又以五千两银子的价格把北堂"赐予"一位姓于(Yü)的官员为其私宅。其后该官员把大堂拆毁,在原地建住宅,但其家人都在此住宅内不幸——过世。见此情形,于氏官员也不敢久留,弃堂而去。北堂从始到终共维持了一百三十四年之久(1693—1827),其中前九十二年在法籍耶稣会的主持之下(1693—1785),后四十二年由法籍遣使会管理(1785—1827)。②

　　自从北堂充公之后,薛玛窦以及同在北堂居住的韩若瑟已经没有栖身之地,便请求在南堂居住的毕学源给予帮助,他们因此在南堂暂居了两年。在此期间,薛玛窦治理法籍遣使会在华遗留下来的教务,又变卖北堂的一些财产以供应南弥德在澳门建立的一所遣使会的修道院。澳门会院的建立是为了保持在北京的传统,在异地重操旧业,继续培养华籍神职。③ 但好景不长,1829年一名信徒向薛玛窦勒索钱财不果,向北京官府告发薛氏占有北堂私有物品。④

---

　　① [法]樊国梁:《燕京开教略》,陈方中主编:《中国天主教史籍汇编》,第405页。
　　② A. Thomas, *Histoire de la Mission de Pékin - Depuis l'arrivée des lazaristes jusqu'à la révolte des Boxeurs*, Vol. 2, pp. 114 - 116。另,北堂(救世主堂)的建造日期为1693年,此日期在《燕京开教略》有载:"皇上疟瘳后,欲酬西士忠爱,于降生后一千六百九十三年,洋历七月初四日,召吾等觐见。特于皇城西安门内,赐广厦一所。……至洋历十二月十九日,一律完竣。即将新建小堂,献为恭献吾主死于十字圣架、救赎普世之用。名之为救世堂。此即北堂之来历也。"参见[法]樊国梁:《燕京开教略》,陈方中主编:《中国天主教史籍汇编》,第372—373页。
　　③ A. Thomas, *Histoire de la Mission de Pékin - Depuis l'arrivée des lazaristes jusqu'à la révolte des Boxeurs*, Vol. 2, p. 114。
　　④ A. Thomas, *Histoire de la Mission de Pékin - Depuis l'arrivée des lazaristes jusqu'à la révolte des Boxeurs*, Vol. 2, p. 116。

因此，薛玛窦不得不逃离京城，首先到宣化府避难，后又越过长城，抵达当时信徒比较集中的西湾子村。这一细节在《燕京开教略》中略有所述：

> 北堂籍没，薛公悲苦无告，不得已，往投主教毕学源，寓居南堂。主教素重其人，意欲留之左右，生死相依。不意仇者探知其事，控之于官，几被拿获，遂逃往塞外一村，名西湾子。①

在笔者看来，法国在京教务终结的最根本的原因，应追溯到嘉庆二十年（1819）刘方济各所引发的"河南事件"。如果没有"河南事件"，北堂总管南弥德也不会被连累而逐出京城；南弥德不走，北堂也不会轻易充公；北堂不关，也就不会有薛玛窦变卖财产引起仇人报官；如果没有仇人报官，薛玛窦也可能不会走投无路而迁到口外避难。最后，如果薛玛窦当初未曾跨过长城向塞外迁徙，偏僻的西湾子也绝不会在短时间内成为口外的信仰中心以及后来蒙古代牧区的行政中心。

> 蒙古之得闻福音，始于十七世纪，因他省教友，特河北省者，移来所致。北京教难，为本区裨益不少。现在主教驻所西湾子村，得以发达者，实因北京教堂之被封，及一八二八年法籍传教区迁移之结果。事前，此村只有数百人口而已。②

因此，我们可以说塞外教务在中国禁教期得以形成，确实是建立在一种"因祸得福"的机缘巧合之上。身为法国在华传教区代理会长的薛玛窦，在道光九年（1829）带领北堂修道院的几名修生一

---

① ［法］樊国梁：《燕京开教略》，陈方中主编：《中国天主教史籍汇编》，第406页。

② 杞忧：《全国各教区简史》，《圣教杂志》1934年第23卷第1期，第38页。

路向北,跨过长城逃至西湾子。把岌岌可危的内地天主教带至广阔荒凉的长城口外,让塞外传教史从此进入了新的篇章。

三、长城口外信仰中心的形成

薛玛窦接管法国遣使会在华教务一事,南弥德是在从北京被押往武昌的路上交待的。当时薛氏一行数人以金钱贿赂官兵,以求能在押送途中与南弥德相见。最后,薛氏在一个路边小店里与南弥德会面。薛玛窦被任命临时照管法国遣使会在华遗留的教务工作,很可能就是在这个小店里。① 而这一隐秘而仓促的任命,让几近瓦解的法国在华传教事业得以延续。

薛玛窦离开京城时,与他同行的还有北堂修院的几名中国籍修生,他们先在有四百多名信徒的宣化府栖身,但宣化府毗邻京城,禁教形势也相对严峻。可巧的是,当时有一位来自西湾子的传教先生,看到薛玛窦身边有几名修生,所以劝说他们移居西湾子,在那里创建修院,以培养本地神职人员。② 在这样的情况下,西湾子迎来了第一位能够驻扎本地的神职人员。薛玛窦身为法国在华教务的接管人,把所有从北堂带来的宗教用品,添置给当时西湾子规模不大的两座男女各用小圣堂。再加上随其而来的李修士和北堂修院

---

① 南弥德在北京正福寺天主堂被逮捕,捉拿后直接交送刑部,并且不允许回到北堂,又不许薛玛窦等遣使会士前去看望。以此推测,南弥德交托在华教务给薛玛窦的事情,可能是在这个小店里发生的。参见孟振生(Joseph-Martial Mouly)、都保禄编译:《薛玛窦神父》,古伟瀛主编:《塞外传教史》,第99—100页。

② 西湾子在地理位置上也有其优势。这个小村子并不在要道之上或临近任何较大的经济中心,加上其他处长城之外,所以并不引人注目,对传教士和新教民来说是一个在禁教期间理想的栖身之地。当时从北京到西湾子有五天的路程,从张家口或宣化府则需要一天。参见 A. Thomas, *Histoire de la Mission de Pékin - Depuis l'arrivée des lazaristes jusqu'à la révolte des Boxeurs*, Vol. 2, p. 159.

的八位修生的辅佐,①西湾子渐渐地成为了一个新的教务中心。②

其实,南弥德当初并没有让薛玛窦接替北堂教务的想法,而只是作为一位"托管者"来照管遗留在华的教务而已。1831年南弥德在澳门去世时,另一位法籍遣使会士陶若翰(Jean-Baptiste Torrette,1801—1840)立即正式接替了南弥德的会长任务,而薛玛窦也毫无迟疑地把变卖北堂物品的款项寄给了这位新会长。③与此同时,薛玛窦还把本地的优秀修生派到澳门的新修院接受遣使会的培养。可以说,当时在华的教务工作虽在西湾子实行,但实权却掌握在澳门。

在1833年的9月30日,年仅26岁的孟振生与同为遣使会士的顾神父(François-Xavier-Timothée Danicourt,1806—1860)一起搭上阿克泰翁号(Actéon)邮轮离开法国。④ 他们先到了菲律宾

---

① 李味增爵修士,生于1764年,1815年7月18日入遣使会北京修院。在1817年7月19日发愿。1829年左右与薛玛窦一起赴蒙古。1830年不幸失明,1836年9月6日在西湾子去世。参见 Joseph Van Den Brandt, *Les Lazaristes en Chine, 1697 - 1935 , notes biographiques*, p. 27.

② 孟振生(Joseph-Martial Mouly)、都保禄编译:《薛玛窦神父》,古伟瀛主编:《塞外传教史》,第17页。

③ 陶若翰,1801年出生于法国的布里尤德(Brioude),1824年12月9日赴巴黎加入遣使会。1826年9月23日在该会院晋铎,且于同年12月7日在卡奥尔(Cahor)发愿。1829年10月18日抵达澳门。陶若翰是法国大革命后,遣使会恢复之后第一位来华的传教士。因此,南弥德于1831年6月5日去世后,陶若翰接替了南氏法国在华传教区会长的任务以及遣使会澳门修院院长的职位,也成为了法国传教区的巡察使。因其为法籍教士,曾遭到葡属澳门的驱逐。到广州暂避一年后,于1834年又重返澳门主持教务,直到1840年9月12日去世为止。参见 Joseph Van Den Brandt, *Les Lazaristes en Chine, 1697 - 1935, notes biographiques*, pp. 34 - 35.

④ 顾神父(主教),1806年3月18日出生于法国索姆省(Somme)的杜朗(Authies-lès-Doullens)。1828年9月8日赴巴黎加入遣使会。1830年9月27日在亚眠(Amiens)晋铎。1834年6月14日抵达澳门。1842年5月7日在遣使会澳门修院任教。1842年去舟山群岛,同年7月18日赴宁波。1850年12月22日荣登浙江的宗座代牧之职,1851年9月7日由安若望主教(Mgr. Baldus)祝圣为主教。1854年迁往江西。1860年2月2日在巴黎去世。参见 Joseph Van Den Brandt, *Les Lazaristes en Chine, 1697 -1935, notes biographiques*, pp. 38 - 39.

的马尼拉,在转年的 6 月 14 日登陆澳门。他们的到来受到了在华遣使会会长兼澳门账房主任陶若翰的接待和欢迎。

孟振生和顾神父抵达澳门前并没有得到巴黎总部具体的派遣任务。他们到何地去传教需要陶若翰进行分配。当时有北京和澳门两个传教区可供他们选择。如果去北京,就是在北京传教区的驻地西湾子工作。如果在澳门,就是协助陶若翰管理澳门修院。于是,他们就以抓阄的方式来决定自己将来在华工作的去向。结果,等待孟振生的是去西湾子工作。

孟振生在 1835 年 2 月 12 日离开了澳门,进入内地后途经湖北北上。期间受到了同会湖广传教区会长穆导沅(François-Alexis Rameaux,1802—1845,后改姓"张")的接待。孟振生为了在路上避人耳目,特别是防范官兵的盘查和追捕,一路上躲在车里佯装生病,每日用茶水洗脸以让自己的脸色变得青黄。①

孟振生抵京后,因北堂当时已不复存在,而南堂的葡籍主教毕学源对这位法国派来的传教士又心存戒备。所以孟振生的第一站去了京城郊外的正福寺(Tchenfousse)天主堂,又称救世主堂。那里有华籍遣使会士韩若瑟驻守,他在那里保管法籍教士遗留下来的墓地以及从北堂藏书楼运过来的书籍。当时在正福寺有 46 座墓,其中大部分是耶稣会士的(22 座)。②

在正福寺天主堂暂居三天后,孟振生动身去西湾子,在 1835 年的 7 月 12 日抵达。西湾子当时不但是遣使会北京教区的驻地,也是北堂传教的中心。③ 陶若翰在 1836 年写给遣使会爱典总会长的一封信中,提到了当初孟振生到达西湾子后的情况:

---

① A. Thomas, *Histoire de la Mission de Pékin - Depuis l'arrivée des lazaristes jusqu'à la révolte des Boxeurs*, Vol. 2, p. 153.
② Ibid., p. 157.
③ 参见樊神父:《遣使会在华传教史》,吴宗文译,第 95 页。

当地的信徒对孟神父的到来都无比地高兴,他们的喜悦预示了他在以后事业上得到的成功。我们这位信仰虔诚、充满热情的同会兄弟将成为我们重要的北京教区得以重新建立的一块基石。①

对孟振生的到来,薛玛窦也在信中向遣使会总会长做出了如下汇报:

图 2-5　1862 年建立的西湾子教堂

图片来源：Beeldarchief Verbiest Institute, KU Leuven

感谢天主,因为他光照了您,为我们派遣了这位可敬的孟神父。我们已有很长的一段时间心中感到十分忧愁,因为都没有西方传教士到这里来,辅助我们的软弱,在传教方面领导我们,我们满怀希望期待他的来临。②

总领在华教务的薛玛窦,③当时已年过五旬,与年仅 28 岁的孟振生相比,实为前辈与长者。但薛氏给遣使会总会长写下如此"谦卑"的话,无可否认地看出他对于总会派遣孟振生来接管在华教务的完全服从。但同时,薛氏在面对欧籍传教士的态度上也有过度谦卑之嫌。其信中所表达的"软弱"以及期待"西方传教士"已到达

---

① A. Thomas, *Histoire de la Mission de Pékin - Depuis l'arrivée des lazaristes jusqu'à la révolte des Boxeurs*, Vol. 2, p. 158.
② ［比］隆德理:《西湾子圣教源流》,古伟瀛主编:《塞外传教史》,第 20 页。
③ 南弥德交给薛玛窦的任务不仅只是管理北京教区,另外还包括直隶、蒙古、河南、湖北、江西、浙江以及江南。实际已经囊括了整个中国教务的范围。参见孟振生(Joseph-Martial Mouly)、都保禄编译:《薛玛窦神父》,古伟瀛主编:《塞外传教史》,第 100 页。

"忧愁"的态度,不禁让人感到诧异。这或许是因薛玛窦的自身性格所使,①或许是由当时的"欧洲中心论"及华籍教士在天主教会内之地位问题所致。② 总之,薛氏在西来传教士面前表现得如此"自谦",连孟振生本人当时也有些不知所措。③

薛玛窦同一众修生的到来,以及后来孟振生的加入,使西湾子成为了塞外一个重要的天主教中心。当薛玛窦到达西湾子之初,那里仅有百余位信徒,当孟振生到达西湾子时,这一数字已激增到了约七百人。④

随着信徒的逐年增长,教务的基础设施也愈见不足。其中最重要的就是教堂亟待扩充,而西湾子的信徒几乎都是从内地迁来谋生的贫穷汉人,在集资建堂上想必并不容易。但自1835年起,当地信徒在三年时间里就集资建成了一座规模不小的新教堂,面积约二百平方米。建堂用的八千法郎中,孟振生只提供了八百法郎而已,其余皆是来自本地信徒的献金。在遣使会《朝鲜传教史》

---

① 关于薛玛窦的性格,在"孟主教论薛玛窦神父"一节中可以看到孟振生对薛玛窦的一些细节描写:他十分注重规矩,听取我的决定,不自行受理任何申请,也不擅自决定任何一件小事。凡事慎重。他除了力求众人的益处外,没有值得大书特书之处。他不是一个健谈的人,他深信言多必失,罪过常由口出。对所有人都十分和气,他不会拒绝人。我们所认识的薛神父,具有基督徒及修道人的高超德行。可是,若要逐条列举个别具体的事实,似乎又记不起其他事情。因为他总是小心地隐藏自己,也不去做特立独行之事。参见孟振生(Joseph-Martial Mouly)、都保禄译:《薛玛窦神父》,古伟瀛主编:《塞外传教史》,第 104—106 页。

② 罗马教宗本笃十五世(Benedict XV, 1854—1922)在1919年11月发布的"夫至大"通谕(Maximun illud),以及1924年驻华宗座代表刚恒毅主持的第一届中国教务会议,内容都涉及了如何解决华籍传教士长久以来在教会内无法掌握实权之问题。参见顾卫民:《刚恒毅与1924年第一届中国教务会议》,《上海大学学报》(社会科学版)2005年第12卷第3期。

③ 孟振生写道:"那时我仍年轻,只有二十八岁。……当我看到这位年事已高的长者,如此谦卑自下于一个新来乍到的年轻人,令我不禁有些自惭形秽"。参见孟振生(Joseph-Martial Mouly)、都保禄编译:《薛玛窦神父》,古伟瀛主编:《塞外传教史》,第104页。

④ A. Thomas, *Histoire de la Mission de Pékin – Depuis l'arrivée des lazaristes jusqu'à la révolte des Boxeurs*, Vol. 2, p. 159, footnote: 1.

中有以下数言提到西湾子的这所新教堂:

> 虽然我们是在基督宗教遭到迫害的中心地带,但西湾(Sivang)的人们,和这些传教士们都毫无畏惧。信徒们也没有为此而停止建立圣堂。在这个贫穷的村落里有这样一座美丽的教堂,可能有些过分。如此的建筑我们可以说是鞑靼地区的一个奇迹。这可能会引起那些想找天主教麻烦的官员们的注意,也可能会因此而遭到毁坏。除了北京、澳门和福建,我只知道在西湾有这样能够举行神圣礼仪的公共建筑了。①

孟振生接管教务的两个月之后,即召集在北京教区内的所有华籍遣使会士做一次年度退省。除了薛玛窦外,当时还有韩若瑟、柯儒望(Kho Jean-Chrysostome)、高马尔谷(Kao Thomas)和林文生(Lin Vincent),一共五位。②孟振生借此机会与这些华籍司铎面见。也是在这次退省集会上,薛玛窦首度公开声明,把南弥德委托给他的职权移交给孟振生,并从此服从他的领导。在1837年的2月,孟振生又秘密地在北京南堂会见了南京教区主教兼北京教区署理毕学源。同时,他从毕主教手中正式接过了法国在华传教区总代理(Vicaire General)的职权。③

前文提到,南弥德在澳门用变卖北堂物品的经费集资建立了

---

① Ch. Dallet, *Histoire de L'Eglise de Coree: Precedee D'Une Introduction Sur L'Histoire, Les Institutions, La Langue, Les Moeurs Et Coutumes Coreennes*, Paris: Librairie de Victor Palmé, Vol. 2, 1874, p. 82.

② "孟神父的来临,立即发生了良好的效果,这教区由于领导人没有作为,似在睡眠状态中,神职界人数稀少,一共只有五位神父。"这也是该书作者樊国阴对薛玛窦的评价,参见樊神父:《遣使会在华传教史》,吴宗文译,第96页。

③ "总代理"也称"副主教",但此职权只是司铎职位,并非主教品级,类似主教的助理。毕学源死后,北京教区署理的职权于1838年转交给了葡籍遣使会赵若望神父(João de França Castro e Moura, 1804—1868)。参见 A. Thomas, *Histoire de la Mission de Pékin - Depuis l'arrivée des lazaristes jusqu'à la révolte des Boxeurs*, Vol. 2, pp. 162, 167, 245; Joseph Van Den Brandt, *Les Lazaristes en Chine, 1697-1935, notes biographiques*, p. 32.

一所大修院,以完成当初在北堂建立修院的初衷。因此,孟振生在西湾子建立了一座预备修院,也称小修院,让有志加入神职的本地学童先在西湾子学习拉丁文等基础知识,再把其中成绩优异者选派到澳门继续接受培养。孟振生建立小修院的最终目的是为了壮大在华遣使会的队伍,所以加入修道院的成员都默认同意成为遣使会士。①

四、巴黎外方传教会的介入与辽东代牧区的建立

1839年12月2日,巴黎外方传教会的方若望主教来到了西湾子。② 同时,他出示了一份教宗额我略十六世(Gregorius XVI, 1765—1846)签署的诏书,宣布在1838年8月14日教廷正式建立了一个名为"辽东"的代牧区,这让毫不知情的孟振生大吃一惊。③ 其实,教廷建立辽东代牧区的设想并非心血来潮。它不仅是教廷与葡国保教势力之间的一场权力斗争,也在一定程度上实现了耶稣会解散后,法王路易十六的国务大臣贝尔坦曾经试图开展的一项计划,即把中国鞑靼地区的教务领导权正式掌控在法国

---

① A. Thomas, *Histoire de la Mission de Pékin – Depuis l'arrivée des lazaristes jusqu'à la révolte des Boxeurs*, Vol. 2, p. 164.

② 方若望(Emmanuel-Jean-François Verrolles, 1805—1878),1805年4月12日出生于法国卡昂(Caen),1825年5月31日晋铎。1830年入巴黎外方传教会。后到四川传教,并任四川穆坪修院院长。1838年12月11日被任命为辽东代牧区首任代牧,授予哥伦比亚主教(Columbica)头衔。1840年11月8日在山西太原府由金雅敬(Joachim Salvetti)祝圣为主教。1878年4月29日在满洲的营子去世。参见荣振华等:《16—20世纪入华天主教传教士列传》,耿昇译,桂林:广西师范大学出版社,2010年,第1002页。

③ 辽东代牧区的"辽东"在上谕中的全称是"辽东省、外加满洲和蒙古"(La province de Leaotoung, en ajoutant la Mandchourie et la Mongoli)。参见 A. Thomas, *Histoire de la Mission de Pékin – Depuis l'arrivée des lazaristes jusqu'à la révolte des Boxeurs*, Vol. 2, p. 174, footnote. 1.

人的手中。①

孟振生刚到西湾子时,去朝鲜代牧区赴任的巴黎外方传教会的苏主教(Barthélemy Bruguière,1792—1835)路过了西湾子,与他同行的还有一位同会的罗伯多禄(Pierre Philibert Maubant,1803—1839)。他们二人在 1832 年 9 月 12 日从暹罗(今泰国)出发,途经蒙古、辽东,赶赴朝鲜。但由于辽东地区属葡国保教势力范围,传信部任命的代牧并不受欢迎。因此,他们不得不于 1835 年 5 月 11 日先到西湾子,在法籍传教区里短暂停留。1835 年 10 月 7 日苏主教先行离开西湾子奔赴朝鲜,但是他于 10 月 20 日在路上病倒,这位首任朝鲜代牧未到目的地就与世长辞了。仍留在西湾子的罗伯多禄神父在二十四天后才得知这一消息。② 苏主教去世后,罗马在 1837 年又派巴黎外方传教会在四川的传教士范世亨(Laurent-Joseph-Marius Imbert,1796—1839)接任朝鲜代牧一职。

建立辽东代牧区的想法,很大程度上是苏主教在从中国内地去往朝鲜代牧区的路途中萌发的。教廷传信部驻澳门的账房主任翁璧玉(Raphael Umpierres,生卒年不详)在寄给罗马的信中转达了苏主教的这一提议,翁璧玉写道:

> 阁下您将可以看到苏主教对朝鲜代牧区建设的一些想法。他认为,可以把中国鞑靼地区并入朝鲜代牧区,或者独立建立起一个意大利籍的辽东代牧区。这样一来,朝鲜教难中

---

① Alfred Milon, *Mémoires de la Congrégation de la Mission (Lazaristes)- La Congrégation de la Mission en Chine*, Vol. 2, pp. 12, 19.

② Ch. Dallet, *Histoire de L'Eglise de Coree: Precedee D'Une Introduction Sur L'Histoire, Les Institutions, La Langue, Les Moeurs Et Coutumes Coreennes*, Vol. 2, 1874, pp. 77, 87. 另,关于苏主教在路上病倒去世的日期,遣使会的文献里记为 10 月 24 日。参见 A. Thomas, *Histoire de la Mission de Pékin - Depuis l'arrivée des lazaristes jusqu'à la révolte des Boxeurs*, Vol. 2, p. 166.

的传教士可以有一个避难所。第一个方案将来会有它的弊端出现。但第二个方案却可行,但因着意大利传教士很难找到,还不如把辽东代牧区交给巴黎外方传教会管理。他们在中国有不少的成员。①

不难看出,辽东代牧区的建立完全符合巴黎外方传教会的利益,他们的目的是把毗邻朝鲜代牧区的辽东地区开辟成一个属于自己的"绿色走廊",使隶属于他们管理的四川代牧区与朝鲜代牧区之间畅通无阻,并顺利避开葡籍保教权下北京教区的种种干预和阻挠。②此外,教廷传信部也非常支持建立辽东代牧区的想法,因为这样可以再一次地分割由葡籍教士把守的北京教区,削弱葡国保教势力在传教区中的影响,让权力重新回到教廷传信部的手中。③

葡国在华保教权不仅是教廷传信部的眼中钉,巴黎外方传教会总会长也同样认为,葡国借着北京教区的管辖权试图侵占整个鞑靼地区的教务,甚至朝鲜地区也将面临葡国势力的侵入,他们是巴黎外方传教会在朝鲜代牧区开辟传教事业潜在的威胁和绊脚石。巴黎外方传教会的一位姓崔(Choi)的传教士(国籍不详)在他的信中写道:

> 在北京教区掌权的葡国人,他们从来也没有放弃过朝鲜。因为朝鲜代牧区与北京教区是连在一起的。这样一来,朝鲜

---

① 此信具体日期不详,可能是在苏主教停留在西湾子时所写。参见 Jozef Van Hecken, *Documentatie betreffende de missiegeschiedenis van Oost-Mongolië*, Vol. 2, pp. 169 – 170.

② 樊神父:《遣使会在华传教史》,吴宗文译,第 99 页。

③ 1831 年 9 月 9 日建立的朝鲜宗座代牧教区其实也是从葡属北京教区中划分出来的,并托付给巴黎外方传教会管理。参见 Ch. Dallet, *Histoire de L'Eglise de Coree: Precedee D'Une Introduction Sur L'Histoire, Les Institutions, La Langue, Les Moeurs Et Coutumes Coreennes*, Vol. 2, pp. 19 – 21.

的传教事业总是在北京教区的威胁和操控之下,他们设法让法国传教团在那里没有立足之地,因为我们(巴黎外方传教会)在华的传教区离朝鲜的距离遥远。①

但是,巴黎外方传教会与葡国北京教区之间的争夺战,让在长城口外传教的法籍遣使会也陷入其中。他们在塞外经营的蒙古教务也受到了这次权力斗争的直接影响,原本听从于葡籍北京教区主教的孟振生,现在要面临着蒙古教务将被辽东代牧区吞并的危险。因为辽东代牧区虽名为"辽东",但教廷划定的教务范围已经囊括整个满洲和蒙古地区,其面积之大、范围之广着实惊人。在《遣使会北京教区传教史》(Histoire de la Mission de Pékin, 1926)中有如下记载:

> 这个辽东(满洲)代牧区,可算是世界上最大的代牧区之一了。……它从北面的俄罗斯边境算起一直延伸到南部的朝鲜和渤海湾。从东边的日本海一直扩展到热河都统管辖范围内的西部蒙古地区。整个的代牧区领土包含了满洲的各省:吉林、齐齐哈尔、黑龙江以及俄国的海参崴,总面积有 4 766 000 平方公里之大。如果再加上蒙古地区的话,那总面积就达到了 6 500 000 平方公里。有法国国土面积的十三倍之多。②

辽东代牧区的建立不仅使法国遣使会在华的一部分教务即将遭到吞并,让孟振生更难以接受的是,他数年辛苦经营的西湾子,在禁教期间唯一的一处可供喘息的驻地,也要拱手相让。在1841年的一封信中,孟振生这样写道:

---

① Ch. Dallet, *Histoire de L'Eglise de Coree: Precedee D'Une Introduction Sur L'Histoire, Les Institutions, La Langue, Les Moeurs Et Coutumes Coreennes*, Vol. 2, p. 168.

② A. Thomas, *Histoire de la Mission de Pékin - Depuis l'arrivée des lazaristes jusqu'à la révolte des Boxeurs*, Vol. 2, p. 176.

教廷现在把满洲和蒙古合在一起建立了一个代牧区，把它分配给了巴黎外方传教会来管理。这样一来，我们在北京教区负责的三分之一的传教地区都划入了这个新的代牧区里了，并且我们的北京教区仅有的一处住院——西湾子的小修院也都囊括其中了……①

巴黎外方传教会明知建立辽东代牧区为志在必得之事，但不管是苏主教还是罗伯多禄，他们1835年来到西湾子的时候，从始至终也没有和孟振生透露过半点儿有意建立辽东代牧区的想法，而且教廷传信部也一直没有与孟振生商讨过这一重要事宜。不难想象，当方若望于1839年突然在西湾子颁布教廷成立辽东代牧区的诏书时，孟振生当时五味杂陈的心情。

五、法籍遣使会争取来的蒙古代牧区

值得庆幸的是，在新建立的辽东代牧区里，孟振生和他的遣使会传教士们并没有立即遭到巴黎外方传教会的排挤和驱逐。作为缓兵之计，孟振生试图与代牧主教方若望协商关于蒙古传教区在管辖范围上的问题。②虽然双方最后没有达成一个明确的共识，但法籍遣使会至少保住了在蒙古地区继续传教的权利。孟振生1845年在写给传信部的信中说：

　　　　现在我们蒙古地区的教务并入了这个（辽东）代牧区。我

---

① 1841年2月22日孟振生写给遣使会总会长诺左神父（Jean-Baptiste-Rigobert Nozo）的信。参见 A. Thomas, *Histoire de la Mission de Pékin - Depuis l'arrivée des lazaristes jusqu'à la révolte des Boxeurs*, Vol. 2, p. 175.

② 方若望试图把辽东代牧区以一条117经度的北京经线（Meridiaan van Peking）来划分，以西归遣使会，以东归巴黎外方传教会。参见 Jozef Van Hecken, *Documentatie betreffende de missiegeschiedenis van Oost-Mongolië*, Vol. 2, p. 175.

的教会长上更换了，不再是北京教区的主教，而变成了辽东代牧区的代牧主教，头衔为哥伦比亚大主教的方若望。在这个新上司的管辖之下，我们还可以像以前一样从事我们在蒙古地区的教务。①

蒙古地区教务的吞并，并不单单只涉及教会长上更替的问题。在传教的自主权、传教区的所属权以及教产的拥有权上，遣使会都将受到极大的威胁和损失。并且遣使会能保留下来的蒙古地区教务也只是原来的一部分，而热河、八家子、松树嘴子等重要的传教中心则划分给了巴黎外方传教会。② 巴黎外方传教会史学家南志恒曾这样记述：

> 他（方若望）试图与他（孟振生）商讨如何为遣使会划分管辖范围的问题。因为在诏书中对此并没有明确的规定。他（方若望）希望是这样的，把蒙古的一部分地区在他的领导下留给遣使会，以一条北京经线划分，那意味着从北京开始一直向北直到俄国边境。从这条线以西的所有地区归遣使会，以东则隶属于巴黎外方传教会。③

在澳门的法籍遣使会巡察使陶若翰得知辽东代牧区的事件后，立即去信遣使会总院和教廷传信部，其主要意图是争取在这样一种对遣使会极为不利的情况下找出对策。陶若翰的最终目的是想要在辽东代牧区的基础上再开辟一个新的代牧区，以保证蒙古

---

① 1845年孟振生写给教廷传信部的报告。参见 Alfred Milon, *Mémoires de la Congrégation de la Mission (Lazaristes)- La Congrégation de la Mission en Chine*, Vol. 3, p. 435.

② Jozef Van Hecken, *Documentatie betreffende de missiegeschiedenis van Oost-Mongolië*, Vol. 2, p. 176.

③ Adrien Launay, *Mgr. Verrolles et la mission de Mandchourie*, Paris: Téqui, Libraire-éditeur, 1893, p. 100.

地区的教务不受到损失和威胁。陶若翰在1839年写给传信部的信中这样说：

> 我在几个月前得到了在巴黎外方传教会的要求下而建立了一个代牧区的消息。这个新的代牧区包含了辽东、满洲和蒙古地区的传教区。我不得不承认这个消息使我难过。因此我立即给我的总会长写了一封信，以说明蒙古地区对我们在北方的传教工作确实是非常必要的。然后我又在1839年9月8日去信传信部部长，向其阐明我们现在在华传教区的各种实情。我以崇敬的方式强调了其中的理由：第一，蒙古地区对我们在直隶北部的传教区非常重要。第二，（在西湾子）我们已经有了小修院，且现在已经成为我们北方传教区的中心。第三，除此小修院，在辽东地方也有必要以遣使会提供的资金再筹划建立另外一所。第四，那里（西湾子）现在是我们传教士唯一可以进行年度退省或举行其他活动的地方。第五，在直隶北部传教区我们没有任何住院，如果蒙古传教区被夺去，我们就没有任何栖身之地了。第六，我列举出我们在葡国人管辖下的种种不适之处，以及这些敏感的不适所造成的恐慌。最后，请您可以考虑以上我所陈诉的这些理由并且让我们可以继续留在那里。为了众人的益处，我恳求您把蒙古传教区能够从辽东代牧区划分出来。①

陶若翰的这封信，是遣使会能够从巴黎外方传教会的手中把蒙古传教区争取回来的关键。传信部对他在信中的诉求并没有视而不见。不到一年，教廷在1840年8月28日即颁布了建立蒙古

---

① 陶若翰于1839年12月1日在澳门写给传信部驻澳门办事处的信，在此信中陶若翰转述了他于1839年9月8日写给传信部部长的请愿信的内容。参见 A. Thomas, *Histoire de la Mission de Pékin – Depuis l'arrivée des lazaristes jusqu'à la révolte des Boxeurs*, Vol. 2, pp. 178–179.

代牧区的诏书。并且传信部部长郎沙尼枢机主教（Giacomo Filippo Fransoni，1775—1856）在 1840 年 8 月 31 日的一封信中以一个积极肯定的态度回应了陶若翰的请愿。遗憾的是，陶若翰并没有能够收到这封回信，因为他在 1840 年 9 月 12 日已经去世了。郎沙尼在这封信中写道：

> 敬爱的神父，教廷传信部很荣幸地收到了您去年 9 月 8 日写的这份陈述遣使会在华传教工作的报告。在 8 月 16 日的一个私人会议上宣读后，教宗很高兴地知道了这些热情的遣使会传教士们在中国传教区，特别是在蒙古族人民中间是如此地为传播信仰而努力。正如您所说的，您怀有很大的希望把异教徒们又容易又快速地带进主的羊群之中。
>
> 在同一个私人会议上，传信部对您给予的理由给予慎重的考虑，又因为辽东代牧区的确面积广大。因此，同意了您的请愿和您功劳可嘉的修会所怀有的凤愿，决定把蒙古地区从辽东代牧区中划分出来，建立起一个独立的代牧区，交由遣使会传教士来管理，正如把浙江和江西教区委托给您们一样。①

很明显，陶若翰的请愿直接催生了蒙古代牧区，孟振生能留在西湾子也得益于法国遣使会总会在背后向传信部施压。1841 年 4 月 15 日，遣使会总会长诺左把教廷任命孟振生为蒙古代牧的消息转达给西湾子，随后在 1842 年 7 月，正式的宗座委任状也到达了孟振生的手中，他以傅苏兰（Fussulan）主教的头衔正式成为了蒙古代牧区的首任代牧。其实，孟振生在当时并没有奢望于蒙古地

---

① 1840 年 8 月 31 日传信部部长郎沙尼枢机主教写给陶若翰的信。参见 A. Thomas, *Histoire de la Mission de Pékin - Depuis l'arrivée des lazaristes jusqu'à la révolte des Boxeurs*, Vol. 2, pp. 179 - 179.

区的教务能够独立并让自己担任代牧之职。他似乎认为与巴黎外方传教会商讨西湾子在辽东代牧区中的新角色才更为现实。①

该诏书颁布不久,另一问题出现了。那就在教廷 1840 年 8 月 28 日颁布的上谕中并没有指定蒙古代牧区与辽东代牧区之间详细的地界划分。因此,一系列的"领土争夺战"便由此产生。1842 年 10 月孟振生派遣当时在蒙古传教的遣使会士秦葛哔(Josepf Gobet,1808—1853)到两个代牧区的边境进行观测勘察。其得出的结论是:

> 蒙古与满洲之间的边界以长城为起点,向东北方向延伸大约有 354 里格,直到一条名为"柳条边"的河为止。从那里再往东北走都是满洲的地盘。②

如按照秦葛哔这样的划分,松树嘴子和八家子两大传教站皆在蒙古代牧区的管辖范围之中。但为了能与巴黎外方传教会保持良好的关系,孟振生愿意把八家子让给巴黎外方传教会,而把松树嘴子传教地留给自己的法籍遣使会。怎可知,辽东代牧方若望并不领情,他认为八家子和松树嘴子都是辽东代牧区不能割舍的重要堂口。因此,方代牧亲赴罗马去澄清边界的划分问题。③

1845 年 10 月 7 日,经过方若望和弗兰索尼枢机主教的商讨,教廷颁布了蒙古和辽东代牧区之间的边界划定办法,即以北京经线作为两个代牧区的指定分界线。如此一来,除热河地区外,整个东部蒙古全都归入辽东代牧区的范围里。孟振生当然对此不满

---

① 1841 年 2 月 22 日,孟振生写给巴黎遣使会总会长的信。参见 Alfred Milon, *Mémoires de la Congrégation de la Mission (Lazaristes)- La Congrégation de la Mission en Chine*, Vol. 3, p. 403.

② Jozef Van Hecken, *Documentatie betreffende de missiegeschiedenis van Oost-Mongolië*, Vol. 2, pp. 188–189.

③ A. Thomas, *Histoire de la Mission de Pékin-Depuis l'arrivée des lazaristes jusqu'à la révolte des Boxeurs*, Vol. 2, p. 181.

意,以蒙古代牧之名再次上书传信部。而摇摆不定的传信部又在1848年1月15日再次颁布诏书,把东蒙古地区的黑水和松树嘴子划给了蒙古代牧区。孟振生以谦卑的口吻去信方若望报告教廷新的边界安排:

> 这对我来说是难过的,主教大人,我必须以行动来抗拒一位我所爱慕而又敬佩的同仁,一位杰出的主教。①

但方若望并未被孟振生的谦卑所打动,在其回信中毫无掩饰地向孟振生表达了自己在边界划分上坚持斗争到底的态度:

> 我要向传信部上书到底,直到我们能够得到一个清楚而又具体的决定,我仍要继续在1845年10月颁布的这个上谕中提到的传教地行使我的教务权利。②

此后,方若望又两次赴罗马。但时值威尼斯革命爆发,罗马教宗庇护九世避居意大利加埃塔(Gaëta),所以在代牧区边界划分问题没有得到解决。虽然后来此事又交托给巴黎外方传教会总会长朗罗(Charles-François Langlois,1767—1851)和遣使会总会长爱典(Jean-Baptiste Étienne)进行协商,但仍没有任何进展。

在1852年2月12日孟振生寄给方若望的信中,再次提及了这长久不得解决的边界事宜,孟氏以谦卑而又谨慎的口吻,把教廷最新颁发的诏书内容转告给了方若望:

> 十二月的时候我在上海收到了一封从传信部来的信,同

---

① 1848年11月23日孟振生给方若望的信。参见 A. Thomas, *Histoire de la Mission de Pékin - Depuis l'arrivée des lazaristes jusqu'à la révolte des Boxeurs*, Vol. 2, pp. 182-183.

② 1848年12月25日方若望给孟振生的信。参见 A. Thomas, *Histoire de la Mission de Pékin - Depuis l'arrivée des lazaristes jusqu'à la révolte des Boxeurs*, Vol. 2, p. 183.

时也收到了一份宗座诏书。这是对我们那漫长而乏味的谈判给出的一个总结。信中说该诏书的副本也寄给了您。如果您还没有收到的话，我很荣幸地再寄给您一次。上谕的内容现在很明确了，北京经线已经被取消，八家子的整个区域留在了辽东代牧区中，以及松树嘴子村，那是同以松树嘴子为名的地区中最大的教友村。而其他的周边的地区则属于蒙古代牧区。①

孟振生信中所提及的这份诏书，是教廷在 1851 年 9 月 7 日颁布的。其最后的结论是将八家子整个划分给辽东代牧区。而蒙古代牧区则掌管松树嘴子地区的教务。但是，众多信徒聚集的松树嘴子村，则是以一个"国中之国"的形式划分给了辽东代牧区。这看似有些奇怪的划分结果，却暂时平息了这场代牧区边界争夺的持久战。但是，作为"飞地"的松树嘴子村，为后期的辽、蒙教务管理埋下了一个潜在的隐患。十五年后的 1866 年，圣母圣心会接管了蒙古代牧区，良明化就松树嘴子村的归属问题与方若望再次进行了协商。良明化以辽东代牧区面积广大，巴黎外方传教会成员人手不足为由，劝说方代牧把松树嘴子村让给蒙古代牧区，但这一提议未得获准。但是，在南怀义的一封写于 1866 年 8 月的信中可见，那时的方若望对让出松树嘴子村给蒙古代牧区的问题，好像已经不再顽固反对，但仍推说时机未到。南怀义在信中这样写道：

> 我刚刚收到司维业 7 月 17 日的信。……他在信中说，他去辽东（满洲）代牧区访问了巴黎外方传教会的方若望代牧主

---

① 1852 年 2 月 12 日孟振生写给方若望的信。参见 A. Thomas, *Histoire de la Mission de Pékin - Depuis l'arrivée des lazaristes jusqu'à la révolte des Boxeurs*, Vol. 2, pp. 184 - 185.

教。主教大人说将要放弃松树嘴子给我们,但是现在我们还不能接手那个地方。①

十年之后,蒙古代牧巴耆贤再一次尝试协商该事宜。那时候方若望已于 1870 年离华返欧,在离任期间指派包神父(Joseph Boyer,1824—1887)代其主持辽东教务。包神父虽有意与巴耆贤协商,但恰恰这时方若望又回到了辽东,导致协商一事再次夭折。直到 1878 年方代牧去世,杜代牧(Constant Dubail,1838—1887)在 1879 年 5 月 23 日接任后,松树嘴子村的归属问题才有了新的进展。

1880 年在北京举行的主教会议上,杜代牧和巴耆贤会面。杜代牧对把松树嘴子村归还给蒙古代牧区的建议欣然同意,但仍要听取巴黎外方传教会的意见才行。最后于 1881 年满洲沙岭的会议上,巴黎外方传教会通过了把松树嘴子交与蒙古代牧区的决定。随后,两位代牧在 1881 年共同向教廷传信部提交了关于两个代牧区边境划分的申请。1883 年 4 月 15 日传信部颁布宗座诏书,同意两个代牧区的最终结论,为这四十三年之久的代牧区边界争夺战画上了一个句号。②

---

① 1866 年 8 月 24 日南怀义写给司各特总院的信。参见 Scheut Missiehuis, "Geschiedenis van Scheut, onuitgegeven brieven van 1866, Pater Verbist aan zijn medebroeders te Scheut," in Scheut Missiehuis eds., *Missietijdschrift: Missiën van Scheut*, Brussel: Scheut, 1929, p.116.

② 圣母圣心会与巴黎外方传教会之间关于代牧区边界问题谈判的具体内容,参见 Jozef Van Hecken, *Documentatie betreffende de missiegeschiedenis van Oost-Mongolië*, Leuven: Private uitgave, Vol.3, 1970, pp.237-242. 另,法文遣使会文献与圣母圣心会的荷文文献在松树嘴子交接的问题上所记录的内容不吻合。法文文献上指出在 1866 年松树嘴子村就已经归属到蒙古代牧区之中了。疑有误。参见 A. Thomas, *Histoire de la Mission de Pékin - Depuis l'arrivée des lazaristes jusqu'à la révolte des Boxeurs*, Vol.2, pp.185-186. 关于蒙古代牧区边界问题的具体研究,参见庄宏忠:《清至民国天主教在蒙古地区的传播及其环境适应研究》,博士学位论文,复旦大学历史地理研究中心,2017 年,第四章"领地划分:以蒙古传教区东部界限争端为中心"。

图 2-6 松树嘴子主教府

图片来源：KADOC-KU Leuven, Photo archive of the Generalate of CICM

第三节　圣母圣心会进入蒙古代牧区

大德十一年(1307)，孟高维诺设立汗八里总主教区，圣统制首次在中国落地生根。自明末之后，葡国保教制度开始插手中国教务，使天主教的圣统制不再统一。此后，葡国掌控的传教区与教廷建立的代牧区开始明争暗斗，争夺在华教权。直到1946年4月11日，教宗庇护十二世颁布诏书，圣统制在中国再次建立，教廷全面掌握了中国传教区，原代牧区制度也随之退出历史舞台。[①] 圣母圣心会是代牧区制度下最后一个管理蒙古地区的传教团体，这些比利时传教士把一个荒凉、庞大、穷困、以汉族垦丁为主的塞外天主教避难所，逐渐发展成为热河、西湾子、绥远、宁夏四个代牧区以

---

① 《中国公教圣统成立教皇颁布敕令》，牛亦未译，《教友生活》1947年第2卷第2期，第16—17页。

及集宁和赤峰两个国籍监牧区。① 本小节以时间为序,把蒙古代牧区在圣母圣心会时期的演变以及热河代牧区(又称"东蒙古代牧区")的创立过程作简要梳理。

一、孟振生弃蒙赴京

在南堂驻守的葡籍北京教区主教毕学源于 1838 年去世后,葡国政府已无意再派遣新的传教士来京。而当时唯一驻京的葡籍遣使会传教士赵若望,自然就成为了葡国任命的新主教。但罗马教廷并不同意葡国的决定,始终只认可赵若望原北京署理主教的职位。为解决此僵局,教廷传信部部长弗兰索尼枢机主教在 1846 年 4 月 28 日致函赵若望,要求他做出选择:或服从教廷,成为头衔为克莱蒂保力斯(Claudiopolis)的北京代牧主教;或把北京的主教职位让给在蒙古代牧区的孟振生代牧。同时,此信还附上了一封 1846 年 3 月 20 日签署的传信部宗座诏书,其内容是废除赵若望北京教区署理主教的职务并任命孟振生为接班人。② 1847 年 3 月 25 日,赵若望在写给孟振生的信中明确了自己的选择,他在信中说:

> 总的说来,我已经不会再思虑这些问题了。福音上说,恺撒的归恺撒,天主的归天主。我对教廷颁布的诏书给予尊重,我也不应做出任何反抗的行为或发出反对的声音。但是,我忠诚于我的国家。我生为葡国人,死为葡国鬼,这对我也就足够了。③

---

① 《圣统制下全国主教各教区姓名一览表》,《庆祝中国教会体制建立二周年纪念特刊》,1948 年,第 47—48 页。

② 教廷传信部在 1846 年 3 月 20 日颁布的上谕。参见 Alfred Milon, *Mémoires de la Congrégation de la Mission (Lazaristes)- La Congrégation de la Mission en Chine*, Vol. 3, pp. 511 - 513.

③ 赵若望在 1847 年 3 月 25 日写给孟振生的信。参见 A. Thomas, *Histoire de la Mission de Pékin - Depuis l'arrivée des lazaristes jusqu'à la révolte des Boxeurs*, Vol. 2, pp. 248 - 249.

第二章 从元代基督教到热河代牧区的沿革

赵若望清楚地表达了他对葡国和葡王的忠诚。在葡国和教廷两边。他选择了效忠自己的国家。① 赵若望放弃教廷任命，意味着孟振生要升为北京教区署理主教。但是，孟振生好像对接手赵若望的职位并不热衷，并怀有一些顾虑。他多次劝说赵若望能够继续留京行使主教职务。但赵若望去意已决，他在写给孟振生的回函中这样写道：

> 阁下，这是您第三次给我写信督促我不要拒绝教廷的任命，并让我明白您在担任蒙古教务的工作上已经力不从心。我理解您不想成为我离开北京教区署理职位的原因，并成为里斯本政府或澳门官员的敌人。我知道对我的离任您在当中没有做任何手脚，正相反，您总是尽力想留住我，所以您无须为此担心。其实我离开的真正和唯一的原因是不同意教廷对我的任命而已……②

图 2-7 原葡国北京教区主教赵若望

图片来源：Desconhecido, CC0 1.0 Universal（CC0 1.0）Public Domain Dedication

孟振生于 1847 年 6 月 11 日在胡林店村（Hou-Lin-Tien）与赵若

---

① 在《燕京开教略》中也提到此事，但其讲述赵若望之所以不受教廷之名是因为拉尊尼与中国签署了中法条约，该条约与葡国无关而让出主教职位。"前所谓赵主教者，自毕学源卒后，代权署理北京教务。教皇即欲擢为此属之主教。赵主教以法国与中国既订和约，北京教务，已与葡国无涉，赵主教原系葡人，恐有搀越之嫌，决意不肯受命。" 参见［法］樊国梁：《燕京开教略》，陈方中主编：《中国天主教史籍汇编》，第 410 页。

② 赵若望写给孟振生的信（日期不详）。参见 A. Thomas, *Histoire de la Mission de Pékin - Depuis l'arrivée des lazaristes jusqu'à la révolte des Boxeurs*, Vol. 2, pp. 249-250.

望会面,以北京教区署理的身份亲自递上传信部对赵若望的革职牧函。自此,从1583年利玛窦在葡国的保教权下入华,到最后一名葡国主教赵若望离开中国,葡国在华传教区二百六十四年的历史从此落下帷幕。孟振生在他的信中如下描写了赵若望离开北京时的情形:

> 我的心十分地沉重和苦楚。特别是在他(赵若望)离开的那天。在他看到传信部的牧函之前,他的目光看起来还有些自欺欺人,寄望于有回头路可走。在6月15日的凌晨4点,他坐上了来自北京的马车去往河北,我相信他现在已经到达了澳门。①

此时,孟振生不但是蒙古代牧区的代牧主教,也是北京教区的署理主教。② 因京城当时仍不准外籍教士驻扎,在赵若望的建议下,孟振生把自己的主教驻地从西湾子迁往更便于管理北京教区的保定府安家庄(Ngan-Kia-Tchoang),那里是耶稣会在明万历三十三年(1605)建立的教友村。③ 又鉴于孟振生身负多职,教宗额我略十六世允许孟氏物色一位蒙古代牧区助理。1848年7月25日,孟代牧在西湾子祝圣法籍遣使会士孔神父(Florent Daguin,1815—1859)为蒙古代牧区助理主教(Coadjuteur),孔主教留任西湾子执掌蒙古教务。④

---

① 孟振生的信(日期不详)。参见 A. Thomas, *Histoire de la Mission de Pékin - Depuis l'arrivée des lazaristes jusqu'à la révolte des Boxeurs*, Vol. 2, p. 251.

② 因葡国主教赵若望离职,孟振生接任北京教务的事情。在赵州以及河间府还引发一次北京教区的分裂事件。该事件由与葡国教士一起工作的江西籍神父许若望发起,他带领信徒追随葡籍主教赵若望而不服从孟振生。此分裂事件历时九年。参见樊神父:《遣使会在华传教史》,吴宗文译,第120—121页。

③ 樊神父:《遣使会在华传教史》,吴宗文译,第113—114页。

④ 孔主教,法国人,1815年1月4日出生于隶属于法国里昂教区的博热(Beaujeu)。1839年8月30日加入遣使会。1840年9月21日抵达澳门,在那里教授神学直到1842年2月15日赴蒙古传教区。1843年3月11日到达西湾子。1848年7月25日在西湾子由孟振生祝圣为蒙古代牧区助理主教。主教头衔为特洛阿德(Troade)。当孟振生于1856年被委任为北京(直隶)代牧主教时,放弃了蒙古代牧职位。孔主教于1857年9月19日接替其蒙古代牧职位。在首位从喇嘛皈依而成为神父的凤氏的陪伴下,孔主教于1859年5月9日在苦力吐(Koulytou)去世。参见 Joseph Van Den Brandt, *Les Lazaristes en Chine, 1697 - 1935, notes biographiques*, pp. 45 - 46.

1850年12月24日,遣使会总会长爱典去信遣使会在华的所有会长。要求他们在1851年8月4日到宁波共同商讨教务事宜。① 主持北京和蒙古传教区的孟振生计划在赴宁波之前任命一位助理主教代管北京教区事务,正如蒙古代牧区孔主教的角色一样。教宗庇护九世在1848年3月28日的一封牧函里也同意了孟振生的这个想法。因此,1851年6月22日,当孟振生从宁波途经赵州(Tchao-tchow)时,祝圣了在那里传教的董若翰(Jean-Baptiste Anouilh, 1819—1869)为北京教区的助理主教,②主教头衔为阿拜多斯(Abydos)。祝圣地点是在宁晋的小营里(Siao-Yng-Ly)。

第一次鸦片战争的爆发和一系列不平等条约的签订,让在华的天主教传教士看到了一线能够重获传教自由的曙光。教廷这时也督促所有在华代牧主教能够积极交流,对在华传教事业做出长远打算。宗座拟定各位在华代牧在1848年聚集香港,举行中国教务大会。但多位与会主教考虑赴英国占领的香港会受到清廷的猜疑。因而,此大会日期延后至1851年11月7日,并改在上海举行。1851年8月4日遣使会在宁波召开修会大会不久,代牧们又

---

① 就是在这次"宁波会议"上,所有与会的各个遣使会传教区的会长于1851年10月8日给法国外交部长提交了一封联名信。督促法国政府对在华传教士以及传教区予以保护,并要求清廷履行在1845年与拉萼尼签订的《黄埔条约》。参见 A. Thomas, *Histoire de la Mission de Pékin - Depuis l'arrivée des lazaristes jusqu'à la révolte des Boxeurs*, Vol. 2, p. 322.

② 董若翰,法国人,1819年11月8日出生于法国的普拉特(Prat)。1843年7月18日加入遣使会初学院,1846年晋铎。其后在亚眠(Amiens)教授哲学。1847年10月23日从马赛港乘坐"海星号"(Stella del mare)赴华。一起同行的还有遣使会的高慕理(Aymeri)、罗神父(Guillet)、张神父(Allara)以及十二位仁爱会的修女,他们在1848年的6月21日到达澳门。董若翰在1849年9月9日到达安家庄。1858年12月14日被任命为首任直隶西南代牧区代牧。1869年2月18日在正定府去世,葬于柏棠小修院(Pe-t'ang)圣堂中。参见 Joseph Van Den Brandt, *Les Lazaristes en Chine, 1697 - 1935, notes biographiques*, p. 52; A. Thomas, *Histoire de la Mission de Pékin - Depuis l'arrivée des lazaristes jusqu'à la révolte des Boxeurs*, Vol. 2, pp. 313 - 314.

转赴上海参会。① 在这两次会议上,大家都谈到重新划分中国代牧区的事宜。无论是遣使会内部,还是在华的众代牧们都建议重新划分北京教区,但孟振生对此提议并不支持,他在信中这样写道:

> 在宁波的会议上浙江代牧顾主教(François-Xavier-Timothée Danicourt,1806—1860)和林安当(Jean-Antoine Simiand,1799—1871)都建议分割北京教区的教务,但我持反对的意见。他们说以前北京的一半由葡国的南堂负责,另一半由法国传教士负责。此外,还有宛平县(Wan-p'ing hsien)以及北京城的东部等。②

虽然孟振生对分割北京教区并不赞同,但仍要服从大多数代牧的意见,作为北京教区署理,他于 1851 年 12 月 21 日上书教廷传信部,提出划分北京教区。③ 他在信中说:

> 如果教廷传信部能够同意我的主张并且根据我的意见从北

---

① 关于这次上海会议的具体内容。参见[法]史式徽:《江南传教史》第一卷,天主教上海教区史料译写组译,上海:上海译文出版社,1983 年,第 196—198 页。

② 孟振生在 1852 年 7 月 7 日写给某司铎的信。参见 A. Thomas, *Histoire de la Mission de Pékin - Depuis l'arrivée des lazaristes jusqu'à la révolte des Boxeurs*, Vol. 2, pp. 327 - 328, footnote. 1.

③ 孟振生在 1851 年 12 月 21 日给传信部的信中,对北京教区有如下的描述:自从山东、蒙古和满洲(辽东)从北京教区分离而各自成为代牧区后,北京教区现在只有一个直隶省了。该省也称直隶北部,从东到西有 1828 里远。里面包括十一个称为"府"的头等城市。还有其他二等城市,称为直隶的"州",在它们下面有一百三十八个城镇。在这些城镇里又包含数百个村子。所以这个省里有大量的居民居住,我无法给出一个确定的数字。根据最新的记录显示,我们有三万六千零九十八位信徒,分布在四百九十六个信徒聚集点。自从我做北京教区署理以来,我已经有几次拜访过这些信徒了。参见 A. Thomas, *Histoire de la Mission de Pékin - Depuis l'arrivée des lazaristes jusqu'à la révolte des Boxeurs*, Vol. 2, p. 329. 除了孟振生,遣使会总会长爱典在 1852 年 7 月 27 日也上书传信部部长,要求把直隶北部交给遣使会来管理。在人手不够的情况下,可以把河南和江西代牧区的教务转交给耶稣会和巴黎外方传教会,代牧可以在直隶北部继续供职。参见[法]史式徽:《江南传教史》第一卷,天主教上海教区史料译写组译,第 337 页。

京教区中建立起三个代牧区的话,我恳求圣座能够给我们北部的代牧区,因为我们在直隶的信徒大部分都在那里居住。除此之外,我们克服诸多困难并投入大量资金而建立的住院和修院也在那里。

另外两个代牧区,在我看来,最好的方法是把西部的代牧区给耶稣会,东部的代牧区给巴黎外方传教会。如果您想知道我心目中两位新主教的人选,我认为能够在德行上、学识上和经验上胜任这份职责的是:耶稣会在江南代牧区的南格禄(Claude Gotteland,1803—1856)和巴黎外方传教会在辽东代牧区的张敬一(Siméon-François Berneux,1814—1866)。①

划分北京教区的方案提交教廷后,一等就是五年,但这并不意味着传信部没有理睬孟振生的建议。恰恰相反,传信部自知北京为全中国极重要之地区,需要更多的时间来慎重地安排。而孟振生在上书划分北京教区后,又向教廷强调划分后之弊端,即北京教区的完整性遭到破坏,以及新耶稣会传教士的再次入京会对遣使会造成巨大威胁,并将带来一系列的纷争。1856 年 9 月 8 日孟振生在写给江南代牧区耶稣会会长梅德尔(Mathurin Lemaitre,1816—1863)的信中,也直言不讳地提到了他对耶稣会入京的忧虑:

---

① 孟振生在 1851 年 12 月 21 日写给传信部的信。参见 A. Thomas, *Histoire de la Mission de Pékin - Depuis l'arrivée des lazaristes jusqu'à la révolte des Boxeurs*, Vol. 2, pp. 330 - 331. 另,1814 年耶稣会复会,随后在 1842 年有三位新耶稣会士抵达上海,并按照传信部的安排接管江南代牧区的教务。《中国天主教传教史概论》中有记:"一八一四年耶稣会在欧洲重行恢复,吾中国于是有复请耶稣会士来华之运动,中国传教史,在十九世纪之初叶,乃有一线曙光之出显矣。……传信部长枢机勿郎沙尼(Fransoni)于一八四〇年一月十三日,报告耶稣会总长罗伯济为山东主教兼理江南教务,并请遣派会士前往助理等情。是月十六日,总长接受传信部之请求,即选派会士来华。被选者,乃法国巴黎省之南格禄司铎(Gotteland)……同时被选者有艾方济(按:François Estève,1807—1848)、李秀芳(按:Benjamin Brueyre,1810—1880),一行三人。三人于一八四一年四月二十日乘轮东来,翌年七月十一日到上海。"参见徐宗泽:《中国天主教传教史概论》,第 185—186 页。

当时在 1851 年我写信给传信部说明在北京教区建立代牧区的意见时,我并没能够与我们同会会士和传教同仁对此计划进行深入的商讨。甚至他们并不了解这件事情的具体情况。1852 年我(从上海)回来后,他们都对此表示了极力的反对。其原因是他们担心将来在我们两个修会之间会发生不愉快的冲突。他们都不赞成划分北京教区的想法,特别是把它划成三个。

　　如果教廷真的想立代牧区,那建立两个就足矣。一个分给我们遣使会,另一个分给巴黎外方传教会,他们与我们更有能和睦相处的希望。所以我决定尊重他们的这些想法,把这一信息如实汇报给传信部,我相信传信部将依靠他们的智慧做出决定。但其后我没有收到任何传信部的回复,我想可能这件事情已被否决而不用付诸执行了。①

　　就是在 1856 年 8 月,孟振生接到了一封来自梅德尔的信。② 信上说教廷已经把直隶的一部分教务委托给了耶稣会。这让孟振生大感意外。③ 在 9 月 8 日的信中,他如此回复梅德尔:

　　　　为了使一切都向好的方向发展并且保持我们之间的友谊……我认为现在还不是耶稣会来这里建立他们传教区的时

---

　　① 1856 年 9 月 8 日孟振生写给江南代牧区耶稣会神父梅德尔(Mathurin Lemaitre)的信。参见 A. Thomas, *Histoire de la Mission de Pékin - Depuis l'arrivée des lazaristes jusqu'à la révolte des Boxeurs*, Vol. 2, pp. 329 - 330。据《江南传教史》记载,孟振生于 1852 年 3 月上书传信部,撤回他先前的对划分北京教区的申请。参见[法]史式徽:《江南传教史》第一卷,天主教上海教区史料译写组译,第 337 页。
　　② 在耶稣会的文献上说梅德尔这封信写在 1856 年的 6 月。参见[法]史式徽:《江南传教史》第一卷,天主教上海教区史料译写组译,第 339 页。
　　③ 在遣使会文献上的解释是:耶稣会经过教廷的内线知道了孟振生想把北京教区划分为三个不同代牧区的计划。因此,耶稣会在教廷内部运作,促使教廷最后颁布了这项划分代牧区谕令。参见 A. Thomas, *Histoire de la Mission de Pékin - Depuis l'arrivée des lazaristes jusqu'à la révolte des Boxeurs*, Vol. 2, p. 330.

候。为了避免严重的弊端,我想最明智的做法是您放弃这一做法。在此期间等待庄稼的主人在思想和内心都准备好的时候再欢迎您的到来。①

虽然信中孟振生表示了自己的不满,但这并没有打消耶稣会神父们来京的意愿。② 与此同时,在 1856 年 11 月 3 日,孟振生收到耶稣会郎怀仁(Adrien Languillat,1808—1878)的信,告知其教廷已经选他为广平府(直隶东南)代牧区的代牧。③ 耶稣会这一"先斩后奏"的做法,让孟振生不得不在教廷的指示下祝圣郎怀仁为新代牧。孟振生随后把祝圣郎怀仁的事情汇报给了传信部:

> 今天我通知阁下您,广平府代牧区的新代牧郎怀仁已经来到了我们中间。他出示了教廷的任命诏书,因此我在 1857 年 3 月 22 日公开祝圣了他为主教。④ 我们热情地招待了他及和他一起同行的耶稣会士卡达神父(Catta)。我们在东部和北部的代牧区界限问题上也达成了一致。我们转交了我们在东部的全部教务。……此外,我委任我们三四位传教士帮助他,并且我转交给新代牧三位教区神父(按:Ki Crux、Soun

---

① 1856 年 9 月 8 日孟振生写给梅德尔神父的信。参见 A. Thomas, *Histoire de la Mission de Pékin - Depuis l'arrivée des lazaristes jusqu'à la révolte des Boxeurs*, Vol. 2, p. 331.

② 新耶稣会士再次赴华之前,其实就已经有先进入北京重操旧业的想法。"传教部之谕,显与葡萄牙国有简任中国北京主教及南京主教之权利,大为冲突。罗公来华时,预计可能继续北京毕主教钦天监监副之缺,以故随带物理学仪器及天文仪器甚多。同行四人皆为传教部司铎。一千八百三十四年,至澳门知继任钦天监副之事。毫无希望。"参见史式徽,《江南教务近代史》,渔人译,《圣教杂志》1921 年第 3 期,第 122 页。这次耶稣会同意接受一部分直隶教区的原因是,如果在华拥有两个传教区,将有利于人事间的调动和调配。参见[法]史式徽:《江南传教史》,第一卷,天主教上海教区史料译写组译,第 338 页。

③ 传信部的诏书是于 1856 年 5 月 27 日签发的。参见[法]史式徽:《江南传教史》第一卷,天主教上海教区史料译写组译,第 338—339 页。

④ 祝圣的地点是南张庄。参见[法]史式徽:《江南传教史》第一卷,天主教上海教区史料译写组译,第 339 页。

Miranda、Shu Alves,中文名待考)。①

割让北京教区就此已成事实,教廷把东南直隶代牧区正式移交给了耶稣会。② 但是,原计划管辖西南直隶代牧区的巴黎外方传教会,却始终不愿意接受这项委任,给出的原因是他们不想看到遣使会传教士的感情受到伤害,因为他们知道遣使会从一开始就不愿意看到北京教区被划分。③ 因此,教宗庇护九世便把西南直隶代牧区交由孟振生作为署理代为领导。④ 然而让人意想不到的是,教廷寄给郎怀仁的委任诏书中又有另一份诏书,明令把西南直隶代牧区也交由耶稣会管理。不难想象,这对耶稣会掌管东南直隶代牧区后已忧心忡忡的遣使会士们来说,又是当头一棒。孟振生立即去信传信部部长一问究竟,他在信中说:

> 有一件事我要及时向阁下您询问……最近我们发现在宗座诏书的书写上有个很大的失误,需要及时更正。在圣座的诏书中教宗除了让耶稣会照管东南直隶代牧区之外,又把另一个代牧区——西南直隶代牧区,也委托给了耶稣会。上谕里写着"duos praedictos vicariatus"(按:即"上述的两个代牧

---

① 1857 年 3 月 30 日孟振生写给传信部的信。参见 A. Thomas, *Histoire de la Mission de Pékin - Depuis l'arrivée des lazaristes jusqu'à la révolte des Boxeurs*, Vol. 2, pp. 333 – 334.

② 三个代牧区最后的命名是在 1856 年 11 月 21 日孟振生写给传信部的信中提及的,孟振生写道:"在 1851 年 12 月 21 日的信中我没能告诉您'北部北京''东部北京'和'西部北京'三个代牧区的正式称谓。尤其是'西部北京',其实它既不在东部也不在西部,而最大的'北部北京'其实也不在北部。这三个代牧区应该这样命名才对: 1. 北直隶,主教驻地: 北京;2. 东南直隶,主教驻地: 广平府;3. 西南直隶,主教驻地: 正定府。"参见 A. Thomas, *Histoire de la Mission de Pékin -Depuis l'arrivée des lazaristes jusqu'à la révolte des Boxeurs*, Vol. 2, p. 335.

③ [法] 史式徽:《江南传教史》第一卷,天主教上海教区史料译写组译,第 338 页。

④ 罗马起初决定将直隶西南代牧区让给巴黎外方传教会,但该会不肯接受,乃请孟主教在任命主教前,暂时代理,孟主教乃遣董助理主教前往。参见樊神父:《遣使会在华传教史》,吴宗文译,第 128 页。

区")这样的内容,这绝对是一个错误。①

诏书中的拉丁原文"duos praedictos vicariatus",明确地指出是"上述的两个代牧区"都委托给耶稣会。内容出现这样的错误,是否就是孟振生所谓的"笔误",那也是仁者见仁智者见智了。但孟振生作出的快速回应,让传信部召回了这份诏书并加以修改。②

1858 年 12 月 14 日,庇护九世任命遣使会士董若翰为首任西南直隶代牧区代牧。转年的 2 月 5 日,传信部部长巴尔纳博枢机签署诏书,正式委托遣使会来管辖西南直隶代牧区。至此,划分北京教区的风波正式结束。在这三个新的代牧区里,耶稣会负责东南直隶代牧区,遣使会负责直隶北部和西南直隶两个代牧区。

二、蒙古代牧区转交圣母圣心会

三个直隶代牧区成立后,孟振生随之身兼三职,蒙古以及直隶的两个代牧区都为其所掌管。事实上,自从孟振生 1846 年成为北京教区署理主教后,他已不再操劳蒙古代牧区上的工作了,那里一切的事务都由蒙古助理主教孔主教代为处理。因此,孟振生自感蒙古代牧之职已名存实亡,于是他在 1857 年向教廷提议,任命孔主教为蒙古代牧:

> 我在蒙古代牧区的助理主教——孔主教,十年来几乎独

---

① 孟振生写给传信部部长巴枢机的信,日期不详。参见 A. Thomas, *Histoire de la Mission de Pékin - Depuis l'arrivée des lazaristes jusqu'à la révolte des Boxeurs*, Vol. 2, p. 337, footnote, 1.

② 该诏书一事,在薛孔昭撰写的《郎怀仁主教小传》里也有提及,但该书中说,1856 年的诏书中任命他为东南直隶代牧的同时又任命其为西南直隶代牧区的临时署理。这很难让人相信会是"笔误"可以造成的错误。所以在该小传中认为这是一个"难以解释"的错误。参见[法] 史式徽:《江南传教史》第一卷,天主教上海教区史料译写组译,第 340 页,脚注 7。

自主持着蒙古代牧区的教务,在那里他也已经承担着我们修会整个的工作。另外,对我来说一个代牧职已经足够了。因此在我看来,把我的蒙古代牧职和工作撤销并转交给孔主教完全是行得通的。①

教廷接受了孟振生这个合理的建议,于 1857 年 9 月 19 日颁布诏书,委任孔主教为蒙古代牧区第二任代牧,并从孟主教手里接过特洛阿德(Troade)的主教头衔。但孔主教做正式代牧的日子并不长,他在一次去往黑水地区巡视信徒时突感不适,写信给驻西湾子的代牧区代理者(Provicar)戴济世(François-Ferdinand Tagliabue, 1822—1890),请他派遣一位华籍神父替他照顾该地区信徒。② 随即,蒙古凤神父来巡视信徒,之后又去看望生病的孔主教。凤神父到达孔主教驻地三天之后,即 1859 年 5 月 9 日,孔主教就在当日下午五时去世了,享年仅四十四岁。孔主教去世后,蒙古代牧区的工作留给了戴济世管理,但戴氏仅为代理,并非掌有代牧之权。而遣使会总会长爱典也没有再积极主动地推选心仪的传教士来填补这个空缺。

蒙古代牧职位的空缺没有让遣使会过于担忧是有其原因的。

---

① 1857 年 1 月 6 日孟振生写给教廷的信。参见 A. Thomas, *Histoire de la Mission de Pékin - Depuis l'arrivée des lazaristes jusqu'à la révolte des Boxeurs*, Vol. 2, pp. 360 - 361.

② 戴济世,法国人,1822 年 11 月 29 日出生于法国埃那(Aisne)。1843 年 6 月 17 日晋铎。1852 年 9 月 24 日在巴黎入遣使会。1854 年 6 月 17 日抵达浙江宁波,并在宁波发愿。随后进入蒙古代牧区传教。在孔主教去世后于 1855 年担任蒙古代牧区的代理。1868 年 9 月 25 日被委任为江西代牧区代牧安若望(Jean-Henri Baldus, 1811—1869)的助理主教,主教头衔为庞培欧波利斯(Pompeiopolis)。1870 年 11 月 11 日在正定府由田嘉璧主教(Delaplace)祝圣为主教。1884 年 8 月 5 日,他转居北京,于 1890 年 3 月 13 日在京去世并葬于正福寺天主堂。参见 Joseph Van Den Brandt, *Les Lazaristes en Chine, 1697 - 1935, notes biographiques*, p. 57. 据另一文献记载,戴氏的出生日期是 11 月 28 日,1845 年晋铎。参见 A. Thomas, *Histoire de la Mission de Pékin - Depuis l'arrivée des lazaristes jusqu'à la révolte des Boxeurs*, Vol. 2, p. 451, footnote. 1.

当时中国紧闭的大门已被列强的大炮和一系列的不平等条约逐渐攻破，百年禁教谕令的废除赋予了中国广阔而自由的传教空间。遣使会需要在中国相对更重要的传教区里倾注他们有限的人力和物力，而当初作为"避难"天堂的塞外地域，逐渐失去了它往昔的作用。而更重要的是，遣使会已经为自己脱身蒙古代牧区物色到了合适的人选——南怀义的圣母圣心会。

1861年，正在巴黎总会的孟振生收到了南怀义的一封信，那时的南怀义正在着手筹建圣母圣心会。当他得知孟振生在巴黎时，便试图邀请这位在中国德高望重的主教来商议自己赴华的计划，南怀义在给孟振生的信中这样写道：

> 我给您写信的第二个原因是，我非常热切地希望得到主教您的支持和帮助。随信附上我三周前寄给罗马传信部的一份到中国传教的计划，请您查看。这份计划也得到了比利时主教的支持。因此我想有必要与您共同商议此事，主的圣意把您派遣给了我们，帮助我们来了解我们的工作，或许您也可以让我们加入到您的在华教务中。①

在南怀义的这封信上，孟振生作了一个非常重要的批注，即"一切皆可积极肯定地回应"。② 南怀义渴望接手遣使会部分在华传教区域的愿望正是孟振生和遣使会总会长爱典所可遇而不可求的。经过数年的周折，南怀义终于在1864年9月1日接到传信部颁发的赴蒙古代牧区任命的诏书，传信部巴尔纳博枢机随之又附

---

① 1861年南怀义写给孟振生的信，具体日期不详。参见 A. Thomas, *Histoire de la Mission de Pékin – Depuis l'arrivée des lazaristes jusqu'à la révolte des Boxeurs*, Vol. 2, p. 444.

② 此孟振生的批注，遣使会文献记为1851年9月23日，有误，应为1861年。因为南怀义写给孟振生的邀请信是在1861年的8月。参见 A. Thomas, *Histoire de la Mission de Pékin – Depuis l'arrivée des lazaristes jusqu'à la révolte des Boxeurs*, Vol. 2, p. 444; Valère Rondelez, *Scheut, zo begon het*, p. 62.

上了一封信,信中特别提到了关于蒙古代牧主教的任命之事:

> 您的修会在中国的传教区里还处于萌芽阶段。因此,作为圣母圣心会的总会长,您必须以严谨的态度给予建议,选择修会中的一位神父,在不被授予主教职权的情况下,成为蒙古代牧区的代理(Apostolic Provicar)。……当您的传教会根基稳固之后,一位接受主教职位的代牧将在您的修会成员中诞生,正如其他修会一样。①

因此,当南怀义与四位同伴在 1865 年 8 月 25 日搭上去往中国的邮轮时,他先暂时任命自己为蒙古代牧区的代理。他们一行五人在同年 12 月到达西湾子后发现,蒙古代牧区助理主教戴济世已在数月前撤离了西湾子,转到上海的仁爱修女会做她们的主任司铎。接待他们的只有代管教务的遣使会士白振铎。② 事后,白振铎这样汇报给西南直隶代牧主教:

> 戴济世神父那时必须尽快赶赴上海,所以让我暂时负责代牧区的事务。戴济世神父在 1865 年 9 月 20 日离开了这里,我对他留给我的重任很惶恐。但最后也都安排妥当了,每个人都到达了他们新的传教点。我们的修院和学校也都和往

---

① 1864 年 9 月 1 日传信部巴尔纳博枢机写给南怀义的信。参见 A. Thomas, *Histoire de la Mission de Pékin - Depuis l'arrivée des lazaristes jusqu'à la révolte des Boxeurs*, Vol. 2, pp. 445 - 448.

② 1866 年 11 月 6 日白振铎写于正定府的信中详细描述了他接南怀义一行五人到达代牧区的经过:当白振铎在小修院教授神学的时候,忽然有人送来了一封信,说比利时的神父们已经到达北京了,他们下个星期一就会到这里。白振铎召集了村里的所有传道员告诉了他们这个消息。他们满有抱怨。他向他们解释并建议他们到离这里十二英里的宣化府去迎接这些比利时的神父们,用中国的方式表达欢迎之情,他们有些人窃窃私语,说这些比利时神父不受欢迎。到了傍晚,一些人来跟白振铎说,他们要和他一起去宣化府欢迎比利时神父。所以他和四名传道员去了宣化府,比利时的神父们为此都很感动。参见 A. Thomas, *Histoire de la Mission de Pékin - Depuis l'arrivée des lazaristes jusqu'à la révolte des Boxeurs*, Vol. 2, pp. 449 - 450.

常一样照常运作。①

虽然代牧助理主教已转去上海,但分布在蒙古代牧区各处的传教士并没有立即全盘撤出,这是传信部部长巴尔纳博枢机的有意安排。南怀义在1865年9月12日途经罗马时,传信部也指示南怀义,到达蒙古代牧区之后,应与遣使会共同商议如何划分代牧区,各自以代理代牧的角色管理属于自己的地区。② 传信部这样安排是为了人数有限的圣母圣心会能够有充分的时间熟悉新的代牧区,并且还能让这些初来乍到,毫无经验的比利时传教士们得到遣使会的一些帮助。因此,当南怀义到达蒙古代牧区时,便出现了同一代牧区有两名代理的局面。白振铎在他写给孟振生的信中也提到此事:

> 南怀义神父拿给我一封来自传信部部长巴尔纳博的信。部长让我与这位新的代牧区代理在划分代牧区的事宜上达成一致,我被任命为一部分蒙古代牧区的代理,而南神父则负责另一部分的代理之职。③

当然,不让遣使会传教士立即撤离蒙古代牧区的决定是传信部下达的,但遣使会总会在此方面也有自己的安排。1865年10月17日,就在南怀义还在赴华的路上,遣使会总会秘书德万(Auguste-Jean Devin,1829—1888)就把如何与圣母圣心会划分蒙古代牧区的工作事宜提前通知了白振铎,并在信中给出了一些

---

① 1866年11月6日白振铎写于正定府的信。参见A. Thomas, *Histoire de la Mission de Pékin - Depuis l'arrivée des lazaristes jusqu'à la révolte des Boxeurs*, Vol. 2, p. 447.

② Daniël Verhelst, Hyacint Daniëls, *Scheut vroeger en nu 1862 - 1987: geschiedenis van de Congregatie van het Onbevlekt Hart van Maria C. I. C. M*, p. 44.

③ 1865年12月23日白振铎写给孟振生的信。参见A. Thomas, *Histoire de la Mission de Pékin - Depuis l'arrivée des lazaristes jusqu'à la révolte des Boxeurs*, Vol. 2, p. 452.

具体的指示。德万在信中说：

> 我们要留住代牧区三分之二的地方，剩下的三分之一给比利时的神父们。他们接手的地方是靠近满洲的，也就是庙尔沟(Miao-Eul-Keou)那里。以这种方式，我们暂且可以留住西湾子的住院。我们总会长爱典神父也意愿你守住那里，以防比利时神父认为我们必须拱手让出这个住院。①

南怀义对这样的分配感到不满，因为西湾子是蒙古代牧区的中心，也是信徒最集中的地方，这是南怀义计划管理蒙古代牧区的起步之地。而庙尔沟地处蒙古东部，与满洲交接，在那里传教站之间的距离也比较远。② 1866 年 5 月 23 日南怀义写给自己的老朋友耶稣会士包神父(Benjamin Bossue，生卒年不详)的信中是这样说的：

> 在接手代牧区的管辖权上总是有困难的。特别是这个值得敬爱的遣使会把管辖权交给另一个既不熟知、又年轻且无经验的我们。更困难的问题是要根据传教部的指示把这个代牧区的管辖权进行划分。但对于我们来说，最重要的地方是立即接管代牧区的中心地带、在传教组织上最成熟的地方(西湾子)。③

西湾子的归属问题是遣使会与圣母圣心会的中心议题。当南怀义一行五人在上海遣使会会院留宿的时候，韩默理就已经察觉

---

① 1865 年 10 月 17 日德万神父写给白振铎的信。参见 A. Thomas, *Histoire de la Mission de Pékin - Depuis l'arrivée des lazaristes jusqu'à la révolte des Boxeurs*, Vol. 2, p. 452.

② Daniël Verhelst, Hyacint Daniëls, *Scheut vroeger en nu 1862 - 1987: geschiedenis van de Congregatie van het Onbevlekt Hart van Maria C. I. C. M*, p. 45.

③ 1866 年 5 月 23 日南怀义写给耶稣会士包神父的信。参见 Valère Rondelez, *Scheut, zo begon het*, p. 287.

第二章　从元代基督教到热河代牧区的沿革　　183

出来遣使会在蒙古代牧区的交接工作上会有一些不可告人的安排。他在其日记中写道：

> 遣使会的账房主任好像不愿意多说话，戴济世在旁边的时候更是这样。我们的会祖南怀义把什么事儿都往好处看，他认为一切都已经安排妥当了。是呀，我也是这么认为的。但是所安排的并不会是我们所期望的那样，这是我当时产生的感觉。①

不管怎样，白振铎最终还是在 1866 年的 1 月 15 日离开了自己坚守的西湾子，转去北京向孟振生复命。② 细想之下，整个蒙古代牧区已经不是遣使会执意保留的传教地，虽然白振铎与其他遣使会士一样，对离开自己多年生活和工作的蒙古代牧区感到难以接受，但总会长和孟振生去意已决，再因传教区地盘问题与南怀义争执不休已毫无意义。当白振铎在 1866 年 1 月 18 日停留宣化府时，曾写信给孟振生汇报离开西湾子的事情。孟振生在该信上作了如下一个脚注，寥寥数字表明了当时遣使会领导已经无心经营蒙古代牧区。

> 他（白振铎）做得好，总会长不想要了。(Il a bien fait. Le T. H. n'en veut pas.)③

白振铎去北京向孟振生复命后，于同年 2 月又返回蒙古代牧

---

① 1865 年 11 月 12 日韩默理的笔记。参见 Daniël Verhelst, Hyacint Daniëls, *Scheut vroeger en nu 1862－1987: geschiedenis van de Congregatie van het Onbevlekt Hart van Maria C. I. C. M*, p. 44.

② 1866 年 1 月 14 日南怀义写给司各特总院的信中指出，白振铎明日（即 15 日）启程赴京复命，标志着蒙古代牧区从此成为了圣母圣心会在华的管辖区域。参见 Valère Rondelez, *Scheut, zo begon het*, p. 287.

③ A. Thomas, *Histoire de la Mission de Pékin－Depuis l'arrivée des lazaristes jusqu'à la révolte des Boxeurs*, Vol. 2, p. 450. footnote, 1.

区,暂居在西蒙古的二十三号村。① 因为那里还有遣使会的谢福音(Claude-Marie Chevrier,1821—1870)和数位同会成员留守。② 数月后,遣使会总会长爱典自巴黎总部,明令留守在西蒙古的最后几位遣使会传教士全部撤离。③ 南怀义在 1866 年 7 月 28 日的一封信中提到了当时遣使会撤离的情况:

> 值得尊敬的杰出神父谢福音,带着总会长爱典的指示刚刚到我们这儿来了。信中安排了遣使会所有的传教士将来要负责的传教站,并且爱典要求白振铎与我(南怀义)达成协定,让所有人尽快赶赴这些指定的传教地点。因此,白振铎极力坚持我们立即接手管理最后这片西蒙古地区的教务。我想让白振铎卸下这份重任的同时又想拖延他们总会长的这个(想让他们尽早离开蒙古)愿望。④

遣使会在 1866 年的 9 月 24 日全部结束了蒙古代牧区的工作,南怀义在 9 月 27 日送最后几位该会传教士一直到宣化府。⑤ 奉总会长之命离开塞外是这些遣使会士不得已的决定,他们表现

---

① 1866 年 2 月 20 日南怀义写给司各特总院的信。参见 Valère Rondelez, *Scheut, zo begon het*, p. 287.

② 谢福音,1821 年 8 月 13 日出生于法国卢瓦尔(Loire)的圣若达尔(Saint-Jodard),1854 年 6 月 10 日晋铎为教区神父。1858 年 11 月 22 日加入巴黎遣使会。1860 年 2 月 17 日抵达上海,1861 年 8 月 15 日被派到蒙古代牧区传教。1866 年离开蒙古代牧区后,转入遣使会北直隶代牧区,1870 年 6 月 21 日在天津望海楼教堂发生的"天津教案"中被杀害。参见 Joseph Van Den Brandt, *Les Lazaristes en Chine, 1697 - 1935, notes biographiques*, p. 63.

③ 爱典的这封指示信在 1866 年 5 月 18 日由巴黎寄出。参见 Valère Rondelez, *Scheut, zo begon het*, p. 288.

④ 1866 年 7 月 28 日南怀义写给格瑞(Guierry)主教的信。参见 A. Thomas, *Histoire de la Mission de Pékin - Depuis l'arrivée des lazaristes jusqu'à la révolte des Boxeurs*, Vol. 2, p. 453.

⑤ Valère Rondelez, *Scheut, zo begon het*, p. 290; A. Thomas, *Histoire de la Mission de Pékin - Depuis l'arrivée des lazaristes jusqu'à la révolte des Boxeurs*, Vol. 2, p. 454.

出难以割舍的心情是合乎情理的。在他们的心目中,这片代牧区是在中国禁教高峰之时由遣使会一手耕耘而得的成果。《遣使会北京教区传教史》中记录下了他们当时离去的心情:

> 蒙古的教会之所以如此珍贵,是因为我们是在狂风骤雨中把它建立起来的。首位在蒙古的传教使徒是遣使会士(韩若瑟),西湾子的奠基者也是遣使会士(薛玛窦)、首任和次任蒙古代牧还是遣使会士(孟氏和孔氏)。①

遣使会士从蒙古代牧区离开后,被总会长分别派往临近的直隶教区传教。派往直隶北部代牧区的有:法籍教士谢福音和谢凤来修士(Jean-Louis-Marie Chevrier)、华籍神职赵玛窦(Tchao Mathieu,1810—1869)、郑怀礼(Tcheng Paul,1812—1873)、吴文生(Ou Vincent,1821—1870)、凤神父(Pierre Fong,1820—1893)、张神父(Tchang Michel,1843—1897)和郝正国(Ho Paul,1846—1910)。派往西南直隶代牧区(正定府)的有:法籍教士白振铎,华籍教士樊明道(Fan Vincent,1821—1897)、侯穆远(Heou Quintus,1840—1900)、郭鉴原(Kouo Pierre,1841—1910)、张树芳(Tchang Jean,1835—1912)、张延安(Tchang Paul-Joseph,1842—1914)和张振铎(Tchang Laurent,1840—1890)。② 从以上的信息可知,1866 年遣使会在蒙古代牧区的最后一批传教士至少有 15 位。其中法籍会士 3 位、华籍会士 12 位。

在西湾子的修院问题上,南怀义与白振铎也达成了共识。在

---

① A. Thomas, *Histoire de la Mission de Pékin - Depuis l'arrivée des lazaristes jusqu'à la révolte des Boxeurs*, Vol. 2, p. 454.

② A. Thomas, *Histoire de la Mission de Pékin - Depuis l'arrivée des lazaristes jusqu'à la révolte des Boxeurs*, Vol. 2, pp. 453 - 455. 另,这些华籍神父的生平简介,参见 Joseph Van Den Brandt, *Les Lazaristes en Chine, 1697 - 1935, notes biographiques*, Nr. 82, 96, 124, 136, 372, 198, 135, 193, 194, 207, 206, 192.

1865年,修院里共有不少于27位学生,其中的9位大修生中还包括6位执事、2位副执事和1位神学生。经过商议,西湾子修院的全体修生都可以按照自己的意愿自由地选择去留。① 最后,只有3位修生决意不加入遣使会而留在蒙古代牧区。②

三、蒙古代牧区的再划分

蒙古代牧区早期是以东部、中部和西部三个传教点逐渐发展起来的。西湾子为代牧区中部教务的中心,西部则以小东沟为中心,东部则是苦力吐(又写为"苦立图"),西湾子无疑仍是信徒最集中活跃的地方。③ 当南怀义到达西湾子之时,他如此描述当时的情况:

> 这里的修院有三十几个学生,年龄有大有小。在方圆八英里有两千几百位的信徒。他们分布在26个异教徒聚集的村子里。热河离这里有80英里,那里有600位信徒。几乎一

---

① Valère Rondelez, *Scheut, zo begon het*, p. 284; Daniël Verhelst, Hyacint Daniëls, *Scheut vroeger en nu 1862 – 1987: geschiedenis van de Congregatie van het Onbevlekt Hart van Maria C. I. C. M*, p. 44.

② 文献中未提到这三位修生的姓名,参见 Daniël Verhelst, Hyacint Daniëls, *Scheut vroeger en nu 1862 – 1987: geschiedenis van de Congregatie van het Onbevlekt Hart van Maria C. I. C. M*, p. 47. 但另一文献记载,1866年,有四名在西湾子修院毕业并且晋铎的华籍神父决定留在蒙古代牧区。他们是姚智(Barnabas Yao, 1840—1920)、何忠德(Larentius He, 1840—1897)、赵仲相(Petrus Zhao Zhongxiang, 1837—1891)、赵仲举(Ignatius Zhao Zhongju, 1840—1893)。参见 S. Lievens, "The spread of the cicm mission in the Apostolic Vicariate of Central Mongolia (1865 – 1911): A general overview," in Willy Vande Walle, Noël Golvers, eds., *The history of the relations between the Low Countries and China in the Qing era (1644 –1911)*, p. 304; 古伟瀛编:《国籍神父名册》, 古伟瀛主编:《塞外传教史》, 第 427—461 页。

③ A. Thomas, *Histoire de la Mission de Pékin – Depuis l'arrivée des lazaristes jusqu'à la révolte des Boxeurs*, Vol. 2, pp. 456 – 457.

年也没有一个传教士能去那里看望他们。①

南怀义与他的三名传教士在蒙古代牧区是这样分配工作的：上文提到白振铎离开西湾子后迁居到二十三号村，在那里暂时辅助管理西部蒙古代牧区的教务。中蒙古和东蒙古则由圣母圣心会的传教士来管辖。南怀义、良明化与华籍神父郑怀礼三位驻守总部西湾子，管理中蒙古的教务和西湾子的修道院。司维业和韩默理去东部传教，司维业被任命为东蒙古代牧区会长。他与两位华籍神父张玛第亚(Mathias Tchang Kingsieou, 1839—1874)和姚智(Barnabas Yao, 1840—1920)去往下庙儿沟。韩默理与华籍神父林道远(Petrus Lin Taoyuen, 1837—1891)去往黑水(马架子)，② 离苦力吐并不远。③

当韩默理途经东蒙古的老虎沟时，他看到了那里的贫穷和萧条。一座长期无人照管的小教堂里还存有早期传教士遗留下来的

---

① 1866 年 1 月 14 日，南怀义写于西湾子的信。参见 "Het ontstaan van de Missiecongregatie van Scheut, VI. -De eerste Scheutisten te Si-wan-tze," in Scheut Missiehuis, eds., *Missietijdschrift: Missiën van Scheut*, Brussel: Scheut, 1927, p. 237.

② "Het ontstaan van de Missiecongregatie van Scheut, Een oude onuitgegeven brief van Ferdinand Hamer," in Scheut Missiehuis, eds., *Missietijdschrift: Missiën van Scheut*, Brussel: Scheut, 1928, p. 177. 另，遣使会撤离后，遣使会总会长同意留下三位华籍遣使会会士辅佐圣母圣心会到十月为止，但笔者目前在遣使会法文文献中没有查到这三位华籍神父的姓名。而在圣母圣心会的文献记录中，大概可以推测出，这三位遣使会华籍神父可能是郑怀礼、张玛第亚和林道远。但是，除了郑怀礼外，张玛第亚和林道远的名字没有收录在法文文献中关于离开蒙古代牧区的最后一批华籍遣使会会士的名单里。可是，在《西湾子圣教源流》的附录 "1785—1866 年传教于蒙古的遣使会国籍神父及会外神父" 的名单中这二位的名字却均有收录(在该名单中，"郑怀礼"写为 "郑保禄"，为同一人)。参见 A. Thomas, *Histoire de la Mission de Pékin - Depuis l'arrivée des lazaristes jusqu'à la révolte des Boxeurs*, Vol. 2, pp. 453-454；[比]隆德理：《西湾子圣教源流》, 古伟瀛主编：《塞外传教史》, 第 82 页。

③ 韩默理在写给南怀义的信中说：这里的人告诉我，苦力吐(K'ou-Li-Tou)离这里不远，但我自己还没去过。参见 "Het ontstaan van de Missiecongregatie van Scheut, Een oude onuitgegeven brief van Ferdinand Hamer," in Scheut Missiehuis, eds., *Missietijdschrift: Missiën van Scheut*, p. 184.

一些物品。几年后,南怀义就是在这个贫困的小村庄里与世长辞的。韩默理在一封写给总部的信中详细地描述了老虎沟,以及那里的一所小教堂的样子:

> 在位于老虎沟峡谷里的这个传教站只有几间小屋。其中一座是砖房,其他的都是土坯房。这里也有一个小教堂,大小和我们西湾子给学生用的小堂差不多,但非常简陋。内墙都是灰色的,还布满了疙瘩,也没有刷浆。装饰物只有祭台上的三个相框和十四处苦路像。但因为潮湿,这些圣像都已经全部发霉了。在一个箱子里我发现了做弥撒用的各种颜色的祭衣,是在不同礼仪时穿的,但也已经都坏掉了。另外还有几本书,《使徒的同质》(Homo Apostolicus)、《师主篇》(De Navolging Christi)、两本《罗马教理书》(Den Roomschen Catechismus)、两本《特利腾教理书》(De Catechismus van het Concilie van Trente)、两本圣经和六本中文书。在其中的一本书上印有这样的藏书票:"北京耶稣会藏书"(ex libris Patrum Societatis Jesu Pekini)。在小堂的对面还有一个破旧的小屋,好像是厨房。这个小村子位于一个非常狭窄的峡谷里,还没有五十步宽。整个村子看起来非常地悲惨,我也完全不想住在那儿。①

严重的人手短缺,是南怀义主持代牧区工作中最大困难和挑战。在他的期盼与要求下,1866 年 9 月 5 日第二批圣母圣心会的传教士从司各特出发来到了蒙古代牧区。② 在 1866 年 2 月 20 日

---

① 韩默理首次去往黑水地区传教的一封信,日期不详。参见 "Het ontstaan van de Missiecongregatie van Scheut, Een oude onuitgegeven brief van Ferdinand Hamer," in Scheut Missiehuis, eds., *Missietijdschrift: Missiën van Scheut*, pp. 180 - 182.

② "De tweede afreis naar China," in Scheut Missiehuis, eds., *Missietijdschrift: Missiën van Scheut*, Brussel: Scheut, 1928, p. 107.

南怀义写给巴耆贤的信中，表露了他对新人到来的企盼，他这样写道：

> 我是如此的高兴，亲爱的巴耆贤，读到了您写给我的关于接收年轻的候选会士的事情。我希望那位从那慕尔（Namen）来的神父，①在您的眼中不会令您失望。……我也很希望他能尽早入会。如果他已经在您的身边，我最大的企盼是能尽早在蒙古见到他。我再次重申，您有我的许可，在8月把他派遣过来。同时希望马也耳与第二批传教士的领队费尔林敦也一同前来。我们非常需要这些有力的传教帮手，特别是在西蒙古传教的遣使会士已经通知，他们在9月就要全部走了。②

1866年11月27日，第二批圣母圣心会传教士到达了西湾子。他们是费尔林敦、季尔（Martin Guisset，1836—1919）、马也耳（Willem Meyer，1838—1909）和底以色（Jan-August Thys，1829—1913）。③与这四名传教士一道来的，还有一位劳伦先生（Laurent Franzenbach）。他与林辅臣一样，都是圣母圣心会请来的帮手。费尔林敦到达北京时这样写道：

> 上个星期五我们在晚上到了北京，司维业两天前就在这儿等我们了。他瘦了，但体格很好。我看他好像还年轻了十

---

① 在此指的是季尔（Martin Guisset）。季尔，1836年生于比利时那慕尔的香槟城（Champion），1862年在那慕尔晋铎，1865年9月已经有意加入南怀义的修会，但在那慕尔主教许可前并未声张。最后于1866年4月26日加入圣母圣心会，同年到达蒙古代牧区。参见"De opbloei van Scheut na de eerste afreis naar Mongolië," in Scheut Missiehuis, eds., *Missietijdschrift: Missiën van Scheut*, Brussel：Scheut, 1928, p. 43.

② 1866年2月20日南怀义在西湾子写给司各特巴耆贤的信。参见"De eerste afreis naar Mongolië," in Scheut Missiehuis, eds., *Missietijdschrift: Missiën van Scheut*, pp. 237-238.

③ "De tweede afreis naar China," in Scheut Missiehuis, eds., *Missietijdschrift: Missiën van Scheut*, p. 106.

岁。在接下来的四天里我们从天津坐船到北京附近的通州(T'ong-tcheou)。然后我们要骑骡子去西湾子,六天后我们会到达那里。①

在新来的传教士中,除了季尔被派往热河(东蒙古)之外,其他新来的传教士都被派去蒙古代牧区的西部(西蒙古),到那里继续白振铎当初留下来的教务,马也耳去高家营子,底以色与华籍神父何忠德去后坝(十八儿台),费尔林敦作为西蒙古区会长驻扎二十三号村,华籍神父赵仲举去岱海。在一封南怀义写于1867年2月的信中,他向司各特总会汇报了他对第二批传教士们如上的这些工作安排。②

但让喜悦之中的南怀义大感意外的是,他的老战友司维业在1867年4月5日夜晚不幸因伤寒病在东蒙古的驻地下庙儿沟去世。③ 因此,南怀义要求比利时总部派遣第三批传教士来接替东

---

① 1866年11月21日费尔林敦在北京写给司各特总部的信。参见"Geschiedenis van Scheut, onuitgegeven brieven van 1866," in Scheut Missiehuis, eds., *Missietijdschrift: Missiën van Scheut*, Brussel: Scheut, 1929, p. 139.

② 1867年2月24日南怀义在西湾子写给司各特总院的信。参见"Geschiedenis van Scheut, Onuitgegeven Brieven van 1867, Pater Van Segvelt aan den E. H. Bax in België," in Scheut Missiehuis, eds., *Missietijdschrift: Missiën van Scheut*, Brussel: Scheut, 1929, pp. 237 - 238; Valère Rondelez, *Scheut, zo begon het*, pp. 331 - 332.

③ 司维业于1867年3月25日在东蒙古的下庙儿沟(Ravijn van de Pagode)感染伤寒病,并于同年4月5日至6日的夜间去世。他去世时有辽东代牧区的巴黎外方传教会的法籍传教士陪伴。1867年4月7日从松树嘴子写给西湾子圣母圣心会关于司维业去世整个过程的信(署名巴黎外方传教会梅斯纳德神父[Alfred Mesnard]),参见"Geschiedenis van Scheut, Onuitgegeven Brieven van 1867," in Scheut Missiehuis, eds., *Missietijdschrift: Missiën van Scheut*, Brussel: Scheut, 1929., pp. 259 - 261. 在《16—20世纪入华天主教传教士列传》中有一位巴黎外方传教会的黄神父(Pierre Mesnard, 1813—1867),虽法文名字不同,但据生平描述推测,可能是同一人。参见荣振华等:《16—20世纪入华天主教传教士列传》,耿昇译,第942页。另,在南怀义写给巴耆贤的一封未注明日期的信中提到,照顾司维业的梅斯纳德神父,在司维业去世的20天后,也因感染伤寒去世。参见"Geschiedenis van Scheut, Samenvatting," in Scheut Missiehuis, eds., *Missietijdschrift: Missiën van Scheut*, Brussel: Scheut, 1930, p. 45.

蒙古的教务,即吕之仙(又名吕继贤,Theodoor Rutjes,1844—1896)和阿承恩(Lambert van Avezaath,1843—?)。① 除此之外,原遣使会的荷兰籍会士司牧灵(Antoon Smorenburg,1827—1904)在1867年12月8日转入了南怀义的队伍,能够得到这位在华传教经验丰富的新成员让圣母圣心会再添新力。②

当圣母圣心会在蒙古代牧区的传教工作逐渐稳步前进之时,南怀义在去往关东地区巡视教务的途中不幸染上了伤寒病。他于1868年2月3日从西湾子出发,2月12日抵达老虎沟之后就一病不起,23日即撒手人寰。长久梦想入华传教的南怀义虽然终于圆梦,但

图 2-8　老虎沟教堂里南怀义的墓碑,摄于1907年

图片来源:Beeldarchief Verbiest Institute, KU Leuven

---

① Daniel Verhelst, Hyacint Daniëls, *Scheut vroeger en nu 1862-1987: geschiedenis van de Congregatie van het Onbevlekt Hart van Maria C. I. C. M*, pp. 51-52.
② Ibid., p. 52.

在他多年争取来的中国传教区上，只度过了两年有余的短暂时光。①

南怀义去世后，他所担任的圣母圣心会总会长以及蒙古代牧区代理两个职位都要另寻他人接班。因此，良明化于1869年3月被选为第二任总会长，并于同年4月8日和27日，分别得到了麦赫伦教区枢机德尚普主教（Victor-Auguste Dechamps，1810—1883）和传信部部长巴尔纳博枢机的认可。因南怀义在去关东巡视之前已经把西湾子托付给司牧灵代为管理，于是司氏在1869年4月5日被传信部任命为蒙古代牧区代理，接替南怀义原有的职位。截止到1869年，在蒙古代牧区里共有九位圣母圣心会传教士，六位华籍神父。另有三十位神学生在西湾子修院里攻读。代牧区中的七个主要传教点里分布着约8 500位信徒，并有十三座圣堂以及四十三个小堂和祈祷所。②

司牧灵继位蒙古代理之职后不久，圣母圣心会的传教士们就开始对这位荷兰籍的上司产生诸多不满，认为他在行使职权上表现出一种不受欢迎的官派作风。良明化借让司牧灵回欧洲度假的机会暂时把代理职位转交给韩默理，以此缓和一下修会内部的紧张气氛。1869年11月司牧灵返回欧洲，于1870年12月8日在发愿期限结束后退出了圣母圣心会。③ 尚在比利时的巴耆贤受良明化之命来华做代牧区的正式代理，传信部也于1871年5月22日颁布了委任诏书。巴耆贤在同年10月30日与桂德真（Edouard Cuissart，1844—1926）、杨广道（Andries Jansen，1842—1913）一

---

① 南怀义从感染伤寒到去世的整个过程，参见 Valère Rondelez, *Scheut, zo begon het*, pp. 447 - 456.

② Jacques Leyssen, *The cross over China's wall*, pp. 55 - 56.

③ 有文献认为是荷兰籍的司牧灵受到了比利时籍圣母圣心会的排挤。"一顶比利时的主教帽子不适合戴在荷兰人的头上。"参见 Daniël Verhelst, Hyacint Daniëls, *Scheut vroeger en nu 1862 - 1987: geschiedenis van de Congregatie van het Onbevlekt Hart van Maria C. I. C. M*, p. 52.

同抵达西湾子。①

经过圣母圣心会传教士多年在蒙古的耕耘,其传教士也有了一定的数目。因此教廷在1874年决定有必要任命正式的代牧主教来管理该地区的教务。同年10月23日,教廷颁布诏书委任巴耆贤为孟振生之接班人,执掌蒙古代牧区的代牧主教职位。②然而,面对如此庞大的代牧区,即便巴耆贤手下有分布各地的传教士共同分担工作,但以其一人之力也很难总揽全局。南怀义刚到蒙古代牧区时就已有所预言,该代牧区有朝一日必将划分。他在1866的一封信中这样写道:

> 我向天主祈求,他能够早些赏赐给我们的传教区两位候选人,我将非常需要这样的传教士,以便向罗马推荐成为主教。因为我毫不怀疑,我们的代牧区将要一分为二。③

巴耆贤想必与南怀义怀有同

图2-9 巴耆贤

图片来源:KADOC-KU Leuven, *Missiën van Scheut*

---

① [比]隆德理:《西湾子圣教源流》,古伟瀛主编:《塞外传教史》,第52页。巴耆贤是第六批来华的传教士。在此之前又有在1869年1月23日派出的第四批梅秉和(Muiteman Gerard, 1842—1877)和德玉明(Alfons Devos, 1840—1888),在1870年4月3日派出的第五批王明达(荷兰籍,又名王明德, Ottens Theodoor, 1844—1929)和魏士通(Wilrycx Jozef, 1842—1892)。参见[比]贝文典(Leo Van Den Berg):《圣母圣心会塞外传教来华神父名册(1865—1947)》,古伟瀛主编:《塞外传教史》,第353—428页。

② Daniël Verhelst, Hyacint Daniëls, *Scheut vroeger en nu 1862 - 1987: geschiedenis van de Congregatie van het Onbevlekt Hart van Maria C. I. C. M*, p. 58.

③ 1866年8月24日南怀义写给司各特总院的信。参见"Geschiedenis van Scheut, onuitgegeven brieven van 1866, Pater Verbist aan zijn medebroeders te Scheut," in Scheut Missiehuis, eds. , *Missietijdschrift: Missiën van Scheut*, p. 116.

感。以下是一封他在 1883 年 4 月 12 日写给一位司铎的信,其中清楚地表明了他在划分蒙古代牧区上的立场。这封信也可以让我们了解到蒙古代牧区在当时的整体情况。巴耆贤这样写道:

> 当我在 1871 年到达蒙古代牧区时,那里有十一位欧洲传教士,六位华籍司铎,8 980 位信徒和 300 位慕道者。而现在呢,我们有 14 560 位信徒,1 800 位慕道者。圣婴会的孤儿院里在 1871 年有 350 名孤儿,现在不算在信徒家里寄养的,我们已经有 850 个孤儿了。代牧区里的信徒们分布在不同异教徒聚集的村落里,既零散又相距很远。通常他们是由家庭组成的,信徒的数目有 30、50、70、80、100、200、300、500 位不等,还有一处有 1 700 位。就这些数字来看,这 14 560 名信徒和 1 800 名慕道者共分布在 170 个聚集点里。从地理上来看,从代牧区的最东部到西部有 400 里格。我们现在创立了 60 多个这样的信徒聚集点,并建立了 30 多座小圣堂和祈祷所。圣婴会孤儿院也发展得很快,孤儿的数目已经成倍地增长。……我刚刚从离这里有 200 里格的东蒙古巡视回来,在隆冬中共用了五个月零十天。我们的信徒很高兴我能去拜访他们,并留宿两到三天,为那里的信徒们准备坚振圣事……有 700 位接受了坚振,其他的信徒做了告解并领了圣体。我不得不承认,这工作对我来说太繁重了。从东蒙古刚刚回来后,我又被叫去巡视西蒙古,离这里又有两三百里格的路途,并且路况很糟糕。因此,我想向传信部申请是否能够把现在这个巨大的代牧区根据信徒和慕道者的聚集点划分成东、中和西三个部分。我将与自己的信徒和传教士留在中蒙古的这个传教中心西湾子,就是当年在 1871 年划分蒙古代牧区时的中心。在东蒙古有我们五位欧洲的传教士与四位华籍司铎传

教。在西蒙古有九位欧洲传教士和一位华籍司铎。您知道，五年前教廷建立了新的甘肃代牧区并委托给我们圣母圣心会，①那里现在有我们十二位传教士管理着。②

通过巴耆贤自己的阐述，把蒙古代牧区一分为三的最主要原因是代牧区面积广大，急剧增长的信徒分布在相距很远的不同村落里，孤儿院的孤儿人量也在不断地增加。蒙古代牧区已经从萌芽阶段走向了发展阶段，而这一切教务只凭借巴耆贤一人来管理和巡视是极为困难的。当时的巴耆贤年事已高，翻山越岭巡视各个传教站的工作，对于一个六旬老者已不堪重负。③

1883年5月巴耆贤正式向罗马传信部提交了划分蒙古代牧区的提议，④同年11月19日传信部就同意了该项申请，并在25日得到了教宗良十三世（Leo. XIII, 1810—1903）的批准。12月11日教宗颁布了划分蒙古代牧区和委任代牧主教的诏书。从申请到教廷颁布诏书只历时半年而已。⑤ 自此，除了以西湾子为中心的中蒙古代牧区仍以巴耆贤为代牧主教外，以松树嘴子为中心的东蒙古代牧区首任代牧由吕之仙担任，以阿拉善旗三道河（又称为"三盛公"）为中心的西南蒙古代牧区首任代牧由德玉明担任。两

---

① 早在1848年9月30日，教廷就在孟振生的建议下拟建立青海及天山（甘肃）代牧区，但因孟振生推辞甘肃代牧的任命而没有实行该计划。在1878年5月21日，甘肃教务从陕西代牧区分离出来，成立甘肃代牧区并委任圣母圣心会管理，首任代牧为韩默理。参见刘庆志：《中国天主教教区沿革史》，第173页。

② 摘录自1883年4月12日巴耆贤在西湾子写给一位未具名司铎的信。参见 Archive Nr.：E. I. a. 1. 3. 1, Documentatie- en Onderzoekscentrum voor Religie, Cultuur en Samenleving (KADOC), KU Leuven.

③ Jozef Van Hecken, *Documentatie betreffende de missiegeschiedenis van Oost-Mongolië*, Vol. 3, p. 232.

④ 早在1880年巴耆贤就曾向罗马提交把鄂尔多斯和阿拉善地区从蒙古代牧区中分离出去的申请，但并未得到响应。参见 Jozef Van Hecken, *Documentatie betreffende de missiegeschiedenis van Oost-Mongolië*, Vol. 3, p. 232.

⑤ Jozef Van Hecken, *Documentatie betreffende de missiegeschiedenis van Oost-Mongolië*, Vol. 3, pp. 234 - 236.

位代牧均在1884年5月18日由巴耆贤在西湾子祝圣为主教。①

四、热河代牧区与其首任代牧

从蒙古代牧区划分出来的东蒙古代牧区,在1924年12月7日由教廷正式更名为"热河代牧区"。②顾名思义,它是以热河地区为主要活动范围的传教区。前文提及,早在十八世纪耶稣会士就已经进入了"中国鞑靼地区",在热河也留下了他们的足迹。比如,在巴多明1710年的一封信中就提到了他在热河传教的情形。他写道:

> 在热河驿(Je-ho-el)逗留的约三个月时间里,我把各省于此经商的基督徒集中了起来。他们每人都作了三次忏悔,但我没能找到适当场所为他们做弥撒。在那里我为约16人施了洗,这是我这次艰辛旅行中的令人安慰之处。③

鉴于当时禁教令的束缚,欧洲传教士不易四处走动,所能从事的传教活动更极为有限。华籍司铎则不然,其中耶稣会传教士刘保禄在1772年首次进入了热河地区,并在赤峰一带开教。因此,他被认为是首位入该地建立教会的传教士。

> 一七七二年北京法籍传教区中之华籍耶稣会士刘保禄,为第一游行传教者,深入热河,寻觅移居赤峰县哈达之教友,从此成为兴盛之传教区。④

---

① Daniël Verhelst, Hyacint Daniëls, *Scheut vroeger en nu 1862 - 1987: geschiedenis van de Congregatie van het Onbevlekt Hart van Maria C. I. C. M*, p. 66.
② 《传信部厘定中华教区名称》,《圣教杂志》1925年第14年第3期,第137—138页.
③ [法]杜赫德编:《耶稣会士中国书简集——中国回忆录》上卷(第二卷),第49页.
④ 杞忧:《全国各教区简史》,《圣教杂志》1934年第23卷第1期,第33页.

圣母圣心会入华后,蒙古代牧巴耆贤就以方便管理为由,把代牧区的东部以"副代牧区"(Pro-vicariat)的形式划分出来。这也成为了东蒙古代牧区的雏形,为以后建立正式的独立代牧区埋下了伏笔。他在1877年写给传信部的信中有言:

> 以教廷赋予我的职权,我们组建了以关东为中心的东部蒙古为蒙古代牧区的另一个副代牧区。我的传教同仁韩默理,是我们传教士中最资深和最有经验的一位,我把这一新的传教中心委托他来管理。以下是让我们决定把东蒙古副代牧区独立划分出来的原因:这一部分地区在行政上与蒙古其他地区不同,并且传教士往来巡视的工作极为困难也时有危险。那里有三个传教站,分别距离西湾子有60、100和170里格远。东部蒙古可以更方便地与欧洲保持联络,因为那里有一个叫"营子"(按:Ing-tse,即营口)的港口与欧洲有贸易往来。这一副代牧区需要九到十位传教士作为传教的基础。那里有四千位信徒分布在五十二个聚会点里。①

以上这段话没有提到东部蒙古传教区的具体范围,在东蒙古代牧区建立后,它的地理位置在1883年传信部颁布的上谕里有如下的规定,但也是非常地笼统简略。

> 东蒙古代牧区包含热河地区,南部与直隶北部省接壤。东部和北部与满洲接壤。西部与中蒙古代牧区相接。②

在1889年圣母圣心会的年鉴里也可以找到类似的描述:

---

① Archive Nr.:P. I. a. 1. 2. 3. 2. 1 (J. Bax - de la Propagation de la foi, 1871-1894), Documentatie- en Onderzoekscentrum voor Religie, Cultuur en Samenleving (KADOC), KU Leuven.

② 1883年12月11日教廷传信部以教宗良十三世的名义签发的划分蒙古代牧区的上谕。参见 Jozef Van Hecken, *Documentatie betreffende de missiegeschiedenis van Oost-Mongolië*, Vol. 3, pp. 235-236.

东蒙古代牧区的北部紧邻满洲南部的盛京(Chung-King)地区,①代牧区南部的边界顺着长城一直延续到北京的上端,从那里画一条通向北部的直线,这条线几乎就是东蒙古代牧区和中蒙古代牧区之间的分割线。②

在《增补拳匪祸教记》中关于蒙古代牧区范围的描述更加具体一些:

东蒙古为热河一带地方。南界长城,东与北毗邻满洲木栅,正北越辽河上流,西界直隶宣化府。东西约九百里,南北千余里。③

《热河教务史及叶主教银庆南副主教履新记略》一文,在《增补拳匪祸教记》的基础上又补充了热河范围内所包含的各个蒙旗、县府:

热河疆域……原为昭乌达暨卓索图二盟。卓索图盟距京师七百六十里,计分二部:曰喀喇沁,曰土默特;凡五旗,东起土默特左翼旗,其西南为土默特右翼旗,又南为喀喇沁左翼旗,又西为喀喇沁中旗,又西北为喀喇沁右翼旗,属热河特别行政区域。今设七县:即朝阳、凌源、隆化、平泉、承德、滦平、丰宁是也。昭乌达盟去燕京一千零一十里,计分八部:曰敖汉、曰奈曼、曰巴林、曰札噜特、曰阿鲁科尔沁、曰翁牛特、曰克什克腾、曰喀尔喀左翼,凡十一旗,今设八县,即绥东、开鲁、卓新、建平、赤峰、林西、围场、经棚是也。热河今共十五

---

① 这里的"盛京地区"是地区称谓,而非单指盛京,即沈阳市。
② M. Van Koot, "Het apostolisch Vicariaat van Oost-Mongolië," in Scheut Missiehuis, eds., *Missietijdschrift: Missiën van Scheut*, Brussel: Scheut, 1889 - 1890 - 1891, p. 59.
③ 李杕:《增补拳匪祸教记》,上海:上海土山湾印书馆,1909年,第274—275页。

县,置热河道,兼管蒙旗事务,统归热河都统管辖。……东蒙古传教区除热河全境外,兼管辽河西域辽源、康平、通辽、彰武等县。①

在1883年东蒙古代牧区成立之前,该地区有三个重要的信徒聚集区域。它们所处的地理位置可以用一个"三角形"连接起来。其中"热河"与"关东"两区位于代牧区的南部,热河靠左,关东靠右。而第三个地区是"黑水",是三角形的顶端。

其中黑水教务的驻地在马架子,1866年至1869年由韩默理和林道远管理,1869年至1873年,由梅秉和管理,其后又由高达道(Daniel-Bernard van Koot,1848—1925)、德玉亮(Heliodoor Devos,1847—1887)接手。关东地区教务的驻地在下庙儿沟,最开始由司维业主持,1867年至1873年又由桂德真管理,其后是魏士通、梅秉和(任期:1874—1877)、韩默理(任期:1877—1878)、宋德满(Hendrick Janssen van Son,1852—1879,任期:1878—1879)和马也耳(任期:1879—1883)。热河是这三个区域中最小的一个,其教务刚开始由在关东的传教士代为领导,后来在老虎沟设驻地,从1875年开始由魏士通(任期:1875—1877)、德玉明(任期:1877—1880)、卜天德(Pieter De Boeck,1852—1938,任期:1880—1883)和易维世(Aldof-Jozef Bruylant,1858—1915,任期:1883)管理。②

从以上这三个聚集地的分布情况来看,与东蒙古代牧区成立后所建立的三个传教行政中心的范围基本吻合。在1898年司各特的全体大会上决定,把东蒙古划分成三个传教区,以松树嘴子、

---

① 张智良司铎:《热河教务史及叶主教银庆南副主教履新记略》,《圣教杂志》1923年第12年第5期,第214、217页。
② 隆德理的油印手稿(无标题)。参见Archive Nr.:T. I. a. 6.2.2. Documentatie-en Onderzoekscentrum voor Religie, Cultuur en Samenleving (KADOC), KU Leuven.

马架子以及八沟为名,并在 1899 年 9 月 9 日任命首任三位区会长。松树嘴子的区会长是卢薰陶(Jaak De Groef,1860—1910),马架子的区会长是巴义田(Judocus van Acht,1866—1900),八沟的区会长是祁训真(Jozef Van Hilst,1870—1955)。① 因此,松树嘴子传教区覆盖了早期的"关东区",马架子传教区覆盖了"黑水区",八沟传教区则覆盖了早期的"热河区"。

上文提到东蒙古的首任代牧主教是吕之仙,当时他在蒙古代牧区传教已有十六年(1867—1883)。1883 年 12 月 11 日,教廷正式颁发东蒙古代牧委任诏书,圣母圣心会总会在 1884 年 1 月 2 日以电报的形式把此消息转达给了西湾子。当时在马架子做本堂的吕之仙在 1 月 15 日得知此任命时,刚好年满四十岁。

图 2-10 年轻时代的吕之仙

图片来源:KADOC-KU Leuven, *Missiën van Scheut*

根据教会法,祝圣代牧主教之事须在收到教廷委任诏书后方可进行。所以吕之仙的祝圣大典推迟到 1884 年 5 月 18 日才在西湾子举行。② 当时吕之仙的朋友范括特神父(Van Koot)也在中国,他被邀请参加祝圣典礼。范氏在

---

① Daniël Verhelst, Hyacint Daniëls, *Scheut vroeger en nu 1862 - 1987: geschiedenis van de Congregatie van het Onbevlekt Hart van Maria C. I. C. M*, p. 98. 另,贺歌南的文献中称马架子传教区为后府(Hou-fu/Lao-fu)传教区。

② 1884 年 5 月 18 日在祝圣大礼上,巴耆贤同时祝圣了东蒙古代牧吕之仙和西南蒙古代牧德玉明两位主教。参见 Daniël Verhelst, Hyacint Daniëls, *Scheut vroeger en nu 1862 -1987: geschiedenis van de Congregatie van het Onbevlekt Hart van Maria C. I. C. M*, p. 66.

写给家人的一封信中讲述了此事：

> 祝圣典礼由巴耆贤主教主持，由于缺少按照规定应该出席的两位辅礼主教，巴主教让两位神父（季尔和魏士通）代为辅礼。北京的主教田嘉璧（Louis-Gabriel Delaplace，1820—1884）也被邀请了，但是当时法国与中国之间正在打仗，所以他没能被允许离开北京。在祭台上有神父们共祭，还有修道院的修生们献唱圣歌，他们唱得铿锵有力。村子里重要的人物也都捧场出席了。典礼在早上八点开始，一个由穿着中式长袍的慕道者组成的游行队伍，把修生和司铎从修道院里迎接出来，随着鞭炮的鸣放，他们排成两条队伍走向这个不算华丽，但可以说品位十足的乡村教堂，巴耆贤主教跟在队伍的后面。在祝圣仪式的繁缛过程中，有一处让我印象深刻，当主教把祝圣圣油覆在代牧的额头时说"你们成为了基督教会的王子（按：原文如此，疑"王子"当为"牧者"）"，当时激情高昂的歌声齐鸣，贯穿了整个教堂，十分震撼。此外，教堂和修道院的各个地方都用中国的书法条幅装饰着，很多来宾代表都向新的代牧主教祝贺道喜。在下午的时候，以庄严的圣体降福仪式结束了一天的活动。①

当然，热河传教区内最为抢手、信徒最为集中的松树嘴子村，无疑成为了东蒙古代牧区的主教驻地。② 如前所述，在1883年之

---

① 范括特神父的一封未注明日期的信。参见 Jozef Van Hecken, *Documentatie betreffende de missiegeschiedenis van Oost-Mongolië*, Vol. 4, pp. 3-4.

② 天主教在十九世纪中期就已传入松树嘴子村。据《辽宁省志·宗教志》记载：1830年，曾有荷兰籍天主教传教士卡斯特劳同两名中国籍神父一起，在辽东地区南部巡回传教。其中，中国籍的何神父曾到松树嘴子传教，并在那里建造了辽东地区最早的一座教堂，同时发展了3 000位信徒。参见辽宁省地方志编纂委员会办公室：《辽宁省志·宗教志》，辽宁：辽宁人民出版社，2002年，第184页。另，《辽宁省志·宗教志》中记载的荷兰籍传教士卡斯特劳，疑有误。按其汉字发音来看，可能应为葡籍遣使会士赵若望。

前松树嘴子村仍是一个"国中之国",仍属于辽东代牧区巴黎外方传教会的管辖范围。1884年吕之仙入驻这座天主教村落时,那里还处处留有巴黎外方传教会的气息。与吕之仙一同到达松树嘴子的包如天(Evarist De Boeck,1858—1913)在7月12日的一封信中这样描述了当时他看到的情况:

> 弥撒刚刚结束,我们现在最终可以好好参观一下这座以前巴黎外方传教士们为了临近的辽东代牧区而建立的修道院了。现在我们接管了这里,这个村子的地理位置位于整个东蒙古代牧区的地盘里。松树嘴子的神父住院真的可以和我们在比利时那美丽的神父住院相媲美了,房子既漂亮又很大。庭院也很棒。一座美丽的尖拱门教堂里面装点着欧洲的彩色玻璃窗。这里的一切确实看起来都是为了日后建成一座主教府。吕之仙代牧认为这里真的是有些太漂亮了。①

吕之仙任东蒙古代牧之职共计十三年(1883—1896),直到他52岁去世为止。1896年5月25日,他给家人写的一封信中,还提到了自己久病未愈的健康问题。但意想不到的是,此信寄出还未足三个月,他就撒手人寰了。吕之仙在该信中写道:

> 我现在在天津呢。原因是四年前开始我就感觉肚子疼,一年比一年严重。我们会士建议我去让一位欧洲医生好好儿给看看。② 我这次借着去看医生,想考察一下在河间府耶稣

---

① 包如天写于1884年7月12日的一封信。参见Jozef Van Hecken, *Documentatie betreffende de missiegeschiedenis van Oost-Mongolië*, Vol.4, pp.11-12.

② 叶步司(Koenaard Abels,1856—1942)在他1896年8月7日的一封信中写道:"我们的主教已经有几个月被病折磨,最后他不得不让自己去天津看一下医生,他在高东升的陪伴下于5月18日去了天津。"参见Koenaard Abels, "Sterfgeval," in Scheut Missiehuis, eds., *Missietijdschrift: Missiën van Scheut*, Brussel: Scheut, 1895-1896-1897, p.358.

会建立的学校和其他他们从事的教务。

下个星期四(5月31日)我们希望能去河间府。① 我说"我们"是因为这次旅行有高东升神父与我做伴儿。我们坐马车要先到山海关,从那里坐早上7点的火车,大约四个半小时到的这儿。如果天主愿意,三天后我们坐自己的交通工具去河间府。一位叫德博施(Depasse)的法国医生给我开了一种食疗的谱子,而不是药品,能够管用的!② 昨天我和在天津的法国领事一起吃了顿晚饭。现在我的生活又变得滋润了。③

吕之仙在天津就医后,按原计划拜访了河间府的耶稣会。但此期间他的病情并未好转,甚至加重了。他不得不在耶稣会传教士的建议下暂居河间府修养,体力恢复后再次返津接受治疗。吕之仙在6月28日的一封信中,告诉了他的家人他第二次就医后的情况,他这样写道:

我听说医生很快就决定我必须回欧洲治疗,如果我再继续在中国巡视教务,包括我回松树嘴子要走的这段路,都会让我的生命面临危险。当时在献县的耶稣会神父戴遂良(Léon Wieger, 1856—1933)也是这么认为的。④

---

① 河间府属于东南直隶代牧区,隶属于法国耶稣会管理。最早以广平府为主教驻地,后迁至献县之张家庄。该代牧区的范围包括:河间府、大明府、广平府,以及深、晋、开、磁4州33县。参见杞忧:《全国各教区简史》,《圣教杂志》1934年第23卷第2期,第89—90页;刘庆志:《中国天主教教区沿革史》,第97—98页。

② 德博施(Depasse, ? —1901),又译"德帕斯"。法国医师。1893年任法国驻华使馆医生。1894年后在天津行医。1900年7月任"天津都统衙门"卫生局的负责人。1901年1月死于任上。参见廖一中主编:《义和团大辞典》,北京:中国社会科学出版社,1995,第454页。另,原天津的德大夫路(Rue Depasse,今称河北路)就是以他命名的。

③ 吕之仙于1896年5月25日写的一封信。参见Jozef Van Hecken, *Documentatie betreffende de missiegeschiedenis van Oost-Mongolië*, Leuven: Private uitgave, Vol. 5, pp. 20-21.

④ 吕之仙于1896年6月28日写给家人的信。参见Jozef Van Hecken, *Documentatie betreffende de missiegeschiedenis van Oost-Mongolië*, Vol. 5, p. 21.

虽然在津的法籍医生德博施与耶稣会士戴遂良都力劝吕氏直接从天津返回欧洲就医,但吕之仙却执意要回松树嘴子驻地,时为东蒙古省会长的荷兰籍传教士叶步司在他的信中解释了吕之仙如此决定的原因。他如此写道:

> 德博施医生诊断出来我们的代牧主教患上了一种不可治愈的肾病,并说如果他还想让生命维持得久一些,就必须立即返回欧洲治疗。但是医生的建议未被代牧采纳:我们的代牧不愿意死在远离他这些孩子们的地方,我们的牧人不想舍弃他的羊群,他已如此决定了。我们也收到了一封他的电报,要求我们派一辆马车到山海关去接他回来。

以下是吕之仙弥留之际的一些记录,其去世的时间虽没有明确地写下,但以该信的叙事内容来推算,应该是在1896年8月4日,星期二的凌晨一点钟左右。

> 马车的颠簸让代牧疼痛难忍,所以不得不租了一个四人抬的轿子到林山(Lin-chan)。他如此地疲倦,所以要留在那里休息一个星期才行。最后在7月11日代牧回到了松树嘴子。回来的四五天之内,代牧还能做弥撒,但最后也不行了,只能在屋里的小堂让一个年轻会士给他做弥撒。又过了七天之后,他连望弥撒的力气都没有了,只能自己念玫瑰经了。在7月29日我们决定给代牧做临终圣事……在8月2日,星期日的下午,我们围着代牧的病床站着,盼望主教能再给予我们一些什么教导……在星期一的晚上,代牧因为发烧引起全身颤抖,然后便与死亡开始争斗。大约午夜一时,代牧的嗓子里发出的嘎嘎的声音越来越频繁,呼吸也越来越困难并时有窒息。我们拿着圣蜡开始跪下祈祷,代牧甚至自己还试着用手划十字圣号。当我们走到他跟前想帮他时,代牧有力地动一

下头,那时他的灵魂就离开了身体。①

吕之仙在华传教共二十八年(1868—1896),是圣母圣心会第二批来华的资深成员。在其就任代牧期间,其三个下属传教区,即松树嘴子、八沟和后府的教务都向外延伸发展,并建立了不少的传教站(missieposten)。现简要梳理一下吕之仙去世前的这一年(1895)三个传教区内的传教站和传教士的情况。②

在松树嘴子传教区下有三个传教站:分别是松树嘴子、下庙儿沟和铁匠营子。松树嘴子总住院里驻有代牧吕之仙、东蒙古省会长叶步司、修院院长巴义田、松树嘴子本堂兼区会长李道源(Piet Spoorenberg, 1866—1941)以及传教士郭明道、司化隆(Jozef Segers, 1868—1900)、高东升和华籍神父何忠德(Ho Laurentius, 1840—1897)。下庙儿沟和铁匠营子并无本堂驻守,那里的教务分别由松树嘴子的李道源、何忠德负责巡查管理。

在八沟传教区下有五个传教站:分别是八沟、三十家子、北子山后、老虎沟、偏桥子。卢薰阿担任八沟的本堂并兼任传教区会长,三十家子的本堂是华籍神父张振铎(1840—1897),北子山后的本堂是祁训真,其助手是华籍神父郑牧灵(1850—1919),老虎沟本堂是范国安(Alois Goossens, 1866—1943),偏桥子的本堂是华籍神父贾闻道(1843—1900)。

在后府传教区下有五个传教站:分别是毛山东、苦力吐、马架

---

① 叶步司在1896年8月7日写的一封信。参见 Koenaard Abels, "Sterfgeval," in Scheut Missiehuis, eds., *Missietijdschrift: Missiën van Scheut*, p. 358.
② 正式成立这三个传教区是在1898年的圣母圣心会全体大会上决定的。后府传教区在1898年后改称为马架子传教区。在代牧区中的传教驻地等级从大至小大致可分为:驻有主教或区会长的总堂,驻有固定本堂神父的堂口,仅有祈祷教堂的公所,以及简单的教友聚集处。这些祈祷公所或教友的聚集处由附近的本堂神父定期或不定期地来负责巡视或举行弥撒。

子、佟家营子和 Ching-Yen-Erh(按：中文名待考)。毛山东的本堂马也耳兼任传教区会长，在苦力吐有本堂德步天(Leo De Smet，1870—1926)和实习传教士马文明(Herman Raymakers，1868—1936)，在马架子有本堂魏拓铎(Jan Uijt de Willigen，1866—1911)，助手是华籍神父武岗(1850—1930)，佟家营子由本堂薄福音(Polydoor De Beule，1852—1909)和副本堂杜广宣(Richard Trouve，1867—1907)两位负责，Ching-Yen-Erh 由华籍神父王俊琳(1856—1907)负责。①

就以上数据来看，吕之仙在离世之前，他的代牧区内共有十六位圣母圣心会传教士以及六位华籍司铎，分别在代牧区内的十三个传教站工作。1897 年 7 月 9 日，教廷颁布诏书任命荷兰籍的叶步司为吕之仙的接班人。他成为了东蒙古代牧区的第二任代牧，同年 10 月 31 日被祝圣为主教。② 1896 年 12 月 20 日，向迪吉(Henri Raymakers，1860—1928)接管了叶步司原东蒙古省会长的职务。③ 在此值得一提的是，东蒙古代牧区的首两位代牧都是圣母圣心会的荷兰籍会士。并且，当 1878 年 6 月 21 日新开辟甘肃代牧区时，首位甘肃代牧也委任给了荷兰籍会士，即韩默理。④ 很显然，这些事实并没有应验当初司牧灵在 1870 年离开圣母圣心会时所说的一句话："一顶比利时的主教帽子不适合戴在荷兰人的头上。"⑤

---

① Jozef Van Hecken, *Documentatie betreffende de missiegeschiedenis van Oost-Mongolië*, Vol. 5, pp. 19 - 20.
② Ibid., pp. 29 - 30.
③ 叶步司在 1891 年 5 月 14 日被任命为东蒙古省会的首位省会长。参见 Daniël Verhelst, Hyacint Daniëls, *Scheut vroeger en nu 1862 - 1987: geschiedenis van de Congregatie van het Onbevlekt Hart van Maria C. I. C. M*, pp. 96 - 97.
④ Daniël Verhelst, Hyacint Daniëls, *Scheut vroeger en nu 1862 - 1987: geschiedenis van de Congregatie van het Onbevlekt Hart van Maria C. I. C. M*, p. 63.
⑤ Ibid., p. 52.

图 2-11　叶步司晋升代牧银庆留影

图片来源：KADOC-KU Leuven, *Missiën van Scheut*

叶步司执掌东蒙古代牧职权一直到他在 1942 年 2 月 4 日去世为止。在这数十年间，该代牧区在传教站和传教士数量上发生了显著的变化。虽然在传教区的划分上仍为三个，即松树嘴子、八沟和后府（马架子），但下属的传教站却有显著增加，并逐渐转为有传教士常驻的正式堂口。以 1909 年的数据为例，该代牧区从起初建时的十三个传教站，已经扩展到了二十二个堂口。除此之外，神职人员也从原来的二十二位，增长到了五十六位。其中四十四位为圣母圣心会欧籍传教士，十二位为华籍司铎。

1924 年 12 月 7 日，罗马传信部把东蒙古代牧区更名为热河代牧区。1932 年 1 月 30 日，教廷从热河代牧区划分出赤峰监牧区，委托中国神职管辖。监牧区的范围包括赤峰、建平、围场、经棚、宁城、全宁六县。首任监牧为赤峰籍赵庆化（Lucas Tchao, 1874—1955）神父。1949 年 4 月 21 日，监牧区升格为赤峰教区，赵庆化也晋升为教区主教。①

小　　结

本章以时间为轴，简要梳理基督宗教在塞外地区传播的过程，并试图以原始文献为基础，归纳出各个传教修会在蒙古地区活动期间所面对的困难、冲突以及他们在传教史上所作出的贡献。进而观照这片广阔、荒凉的塞外地区，从一个"避难天堂"演变到三个代牧区并立的内在原因，特别是圣母圣心在其中所充当的重要角色。

京城与塞外以长城为隔，口外热河之地为皇家园林，不是旁人，特别是西洋教士可以轻易涉足的地方。十八世的"礼仪之争"带来了全国禁教，传教之事化为泡影。耶稣会士凭借自身的西学知识得以继续留京为清廷效力。他们借履行"皇差"之便踏入塞外，采取巡游的秘密传教方式在那里建立了信徒聚集地。加之内地汉人为求谋生也到口外寻求土地耕种，其中不乏信奉天主教者。因此，塞外各地，尤其在长城周围的信徒逐渐发展起来。"耶稣会时期"的塞外教会可以说具有"隐蔽传教"和"信徒自养"这两大特点。

然而，欧洲复杂的政治环境迫使教廷解散了耶稣会。法国不甘放弃在华的宗教影响力，试图再另谋一个"知根知底"的法籍传教修会来接替耶稣会在华的传教事业。教廷也为抗衡葡国在华的

---

① 赤峰监牧区的成立日期又记载为1932年1月21日，在此以1932年《公教进行》的报道为准。参考《热河属赤峰划为新教区》，《公教进行》1932年第4卷第42期，第176—177页；杞忧：《全国各教区简史》，《圣教杂志》1934年第23卷第1期，第36页；刘庆志：《中国天主教教区沿革史》，第67页。

"保教"势力,不遗余力地支持法国。这时的法国遣使会在若干"候选者"中脱颖而出,1784年派出罗广祥一行三人来华。为了补足传教人手上的缺失,罗氏着手建立培养本地神职的修道院,其中山西籍薛玛窦就是他们早期培养的华籍会士之一。罗氏去世后,同会的法籍传教士南弥德接替其会长职务。在此期间,中国禁教风波加之法国大革命的反教会浪潮,让法国无力再派教士来华。屈指可数的几位在华传教士需要奔波各省之间进行秘密传教,年已七旬的法籍教士刘方济各在河南被擒拿,此事件让在华遣使会遭到致命打击。受到牵连的会长南弥德在1820年被驱逐至澳门,遣使会在北堂的大本营也人去楼空。薛玛窦虽然接替了南弥德在华职权,但力单势薄的他被信徒出卖,不得不离京另寻生路。这时在口外的信徒聚集地西湾子,成为了他避难的首选。薛玛窦的到来让塞外天主教进入了它的"遣使会时期",其最大特点为"在华天主教的避风港"。

1833年法籍遣使会传教士孟振生的到来,让西湾子这座"沙漠绿洲"式的小村庄,一跃成为了中国禁教时期的教务中心。随着当地教堂、学校、修道院等硬件设施的建设,这个口外的天主教据点逐渐走向了正规的发展道路。

1839年,巴黎外方传教会的方若望带着建立辽东代牧区的诏书来到西湾子。这位"不请自来"的新主人,让孟振生不得不向各方求助,以保自己一手建立的口外教务不致付之东流。鉴于法国遣使会极力表示不满及施加压力,教廷下令再把辽东代牧区一分为二,以"蒙古代牧区"之名,把西湾子及周边地区留给遣使会。然而,两个法国传教会之间的"争夺战"并没有就此结束,长久未得解决的代牧区边界问题一直是双方矛盾的焦点。

鸦片战争爆发后,中法《北京条约》的签订让遣使会在华的传教方向有了根本性的转变。天主教借不平等条约重新获得了传教自由,法国一跃又成为天主教在华的"保护伞",遣使会因此把其工作重心转到了京城。贫寒荒凉的塞外地区逐渐失去了往日"避风港"的作用,遣使会也逐渐失去了继续耕耘蒙古代牧区的愿望。此时,南怀义的圣母圣心会成为了塞外教会新时期的主人。1865年底,南怀义一行五人来到了西湾子,虽不能说顺利但也是和平地接手了遣使会的工作,开启了塞外天主教的第三个发展时期——以"自由"和"发展"为特点的"圣母圣心会时期"。

来华后的圣母圣心会,不仅人手奇缺,而且经验不足。在这样的困境下,统领在华工作的南怀义和司维业又因伤寒先后去世,使这个新修会成了无舵之船。与南怀义一同来华的良民化接替总会长职位,巴耆贤也从比利时赶来承担起了蒙古代牧的职位。让一时措手不及的圣母圣心会再次步入正轨。

蒙古代牧区方圆辽阔,信徒逐年递增,遍布各地的传教据点又相距遥远,年事已高的巴耆贤感到不堪重负,因此要求传信部考虑把代牧区一分为三。1883年,中蒙古、东蒙古和西南蒙古代牧区同时成立。东蒙古,即热河代牧区由此诞生,让天主教在塞外的历史进入了一个全新并持续发展壮大的阶段。

自清政府禁教以来,长城以北的荒凉之地长时间地成为了天主教信徒眼中的"世外桃源"。而对于不同时期的传教士来说,广阔的塞外草原则扮演着不同的角色并具有更深层的意义:耶稣会把那里看作是自己征服远东计划中的一个"目标",遣使会把那里看作是自己在烈日沙漠旅途中的一块"绿洲",圣母圣心会则把那里看作是成就自己在华传教梦想的一方"田园"。在这片异乡土地上,他们生活了近百年之久。我们在接下来的一章里,借着闵宣化——一位圣母圣心会汉学家的传教足迹,来深入探讨这群以荷兰语为母语的比利时传教士在华不平凡的生活与经历。